池口恵観（いけぐち・えかん）

高野山真言宗宿老　百萬枚護摩行者　高野山別格本山清浄心院住職
定額位大僧正　鹿児島市烏帽子山最福寺開山　藤沢市江の島大師法主

昭和十一年十一月十五日、鹿児島県肝属郡東串良町に生まれる。

高野山大学文学部密教学科卒業。

行者であった両親の指導を受け、幼少の頃から真言密教・修験道の修行に励む。

高野山真言宗北米・南米総監部巡回伝導部長として真言密教の海外布教。

平成元年五月、前人未到の百万枚護摩行を成満。

八千枚護摩行を百二座成満（中国西安大興善寺にて二座）。

世界各地で戦争犠牲者の供養と世界平和祈願の巡礼を行っている。

平成十一年、山口大学より医学博士号を授与される。

現在まで、同大学をはじめとする全国十八の大学で客員教授、非常勤講師を務める。

ロシア連邦ハバロフスク医科大学客員教授・名誉医学博士。

ロシア連邦科学アカデミー東洋学研究所顧問・客員教授・名誉歴史学博士。

台湾大学客員教授。

平成十四年、「密教学芸賞」受賞。

総理大臣経験者の安倍晋三氏など多くの政治家と親交があることから、「永田町の怪僧」の渾名がある。

日本救国論

池口恵觀

はじめに

私は現在、高野山真言宗の宿老という役職を仰せつかり、大所高所から高野山真言宗を見守る立場にありますが、本職はお大師さま、すなわち弘法大師空海以来、連綿と受け継がれてきた真言行者の一人です。日々、大きな火を焚く護摩行を勤めながら、衆生救済・国家鎮護・世界平和を祈っております。

昭和天皇が崩御された年に、一日一万枚と全国から送られてくる添え護摩三千本ずつを百日間連続で護摩を焚く、前人未到の「百萬枚護摩行」を成満し、「炎の行者」と呼ばれています。また、密教行者が生涯に一度成満できるかどうかと言われる「八千枚護摩行」も、これまでに百二回成満しています。

その私が本書を出すことができたのは、平成二十二年から今日まで、月刊誌『月刊日本』に、私の時評が連載されてきたからです。その連載を出版していただけるというのは、まさに望外の喜びです。

私の時事問題の解釈の仕方は、まず土台にお大師さまの国家安泰と衆生救済の考え方と、それに加えて世界平和実現への私自身の目線があります。

　そして、この極東の島国・日本に根づいてきた自然や社会に対する揺るぎない信頼があります。仏教・儒教・神道の上に構築された武士道精神を軸に積み重ねられてきた日本固有の精神には、世界を明るく照らす光があり、私はそのことを読者の皆さまに繰り返し繰り返し説いて参りました。

　私が内外の出来事をどのように受け止め、その先にどういう社会を展望しているのか、少しでも共感を持っていただければ、これに勝る喜びはありません。

令和五年三月吉日

高野山真言宗宿老
百萬枚護摩行者
高野山別格本山清浄心院住職
定額位大僧正
池口　恵観

目次

はじめに……………2

平成二十二年（二〇一〇）……15

北条時宗にみるリーダーのあるべき姿
改めて思いめぐらす興亜観音の意味
武士道精神を体現する指導者よ、出でよ！
〝民の父母〟を目指した上杉鷹山の大欲
横綱白鵬の気概と内閣総理大臣の気概
「五箇条の御誓文」に投影された国家理念

平成二十三年（二〇一一）……29

万延元年の遣米使節団を支えた身を敬する心
日本の政治に求められる深沈厚重のリーダー

総理も認めた？　孫文を支援した大アジア主義
日の丸の掲揚なき「建国記念の日」を憂う
震災復興に求められる後藤新平の気概と胆力
菅首相に読ませたい佐藤一斎の『言志四録』
中江藤樹が説く総理大臣の要諦は「謙の一字」
国難克服に必要な弘法大師の国家鎮護の祈り
増税論者・野田総理に求められる恩田木工の心
野田総理は全身全霊で「正心誠意」を実践せよ
民主党政権は沖縄の「あま世」を招来できるのか？

平成二十四年（二〇一二）……53

オリンパス、大王製紙事件が反省迫る経営者の心
政府は決死の覚悟で日朝正常化に取り組むべきだ
野田総理は魂を込めて過密過疎解消策を語れ！
崩れゆく日本社会を救うために仏心ある政治を！
なおざりの解剖献体慰霊祭に魂を入れるべきだ！
「命も金も要らぬ」山岡鉄舟と小沢元民主党代表の落差

消費税増税で野田総理に必要な死地に臨む武士の覚悟
民主党のリーダーに欠けている『貞観政要』的心構え
教育現場の改革に必要な「教育勅語」の精神と気概
南海トラフ巨大地震の被害想定とポスト民主党政権
安倍自民党総裁の再登板で出る？ 日中関係好転の芽
前途多難な石原新党は「青嵐会」の志を生かせるか

平成二十五年（二〇一三）……79

政治指導者に求められる「天下一人を以て興る」の気概
安倍総理は「昭和の吉田松陰」の血を生かせるか
「文明の衝突」解決に世界の宗教家の智慧を活かせ
平沼議員が取り上げた「改革者・山田方谷」の意味
靖国神社参拝を支えるビッター神父と怨親平等思想
渋沢栄一の「論語と算盤」の理想を忘るなかれ！
「三本の矢」 毛利元就の治世理念にも学べ
「孫文─頭山満」の絆を日中再構築に活かせ！

国難時に世直しに邁進した松平定信の指導者像
新渡戸稲造が示した「男一匹」が日本を救う！
食品偽装事件で見直される江戸時代の商道徳

平成二十六年（二〇一四）……103

赤穂浪士討ち入りと新井白石の礼楽振興の狙い
新しい道徳教育用に「教育勅語」のリユースを
日本の指導者に求める空海の「虚往実帰」の心
『アンネの日記』破損事件で想起する杉原千畝
日韓新時代を築くには日韓併合時代の再検証を
日米対立の狭間で苦悩した新渡戸稲造に学ぶ
朝鮮総連ビルを「平和慰霊祈念靖国公園」に！
W杯予選敗退で想起した特攻隊と「神風神社」
高野山創建千二百年を機に日本人本来の心を
石破前幹事長の逡巡――「蟻の一穴」となる恐れ
「女性が輝く社会」に不可欠な津田梅子的な志
難所にさしかかった安倍総理に求められる胆力

平成二十七年（二〇一五）……129
日本の政治家に求められる『葉隠』の覚悟！
空海こそ「永続敗戦」状況から抜け出す法！
「文明の衝突」回避に日本は役割を果たせ！
西川農水相辞任で生じた安倍政権の〝陰り〟
改めて『武士道』に学ぶ桜と大和魂の〝連環〟
バンドン会議六十周年に偲ぶ大東亜会議の理念
文科大臣・都知事に五輪を担う覚悟はあるのか
安倍政権に黄信号点る？ 安保法制国会の〝不毛〟
東京五輪を機に「戦没者慰霊・平和祈念公園」を！
「戦後七十年談話」に続き日中関係改善に尽力を！
「新・三本の矢」政策に望む「経世済民」の理想
明の鄭和による海洋進出には大国の「誇り」があった！
平成二十八年（二〇一六）……155
ＴＰＰ合意を機に想起する江戸末期の農村復興の〝魂〟
今こそ求められる河合栄治郎的な人格教育の〝光〟

〝五代ブーム〟と大阪再興に奮闘した五代友厚の志
中山恭子代表の「日本のこころ」に新風を期待する！
熱気・パワーともに新進党に劣る岡田民進党の前途多難
バブル崩壊後の日本の亡国現象と通底する中国の仏教ブーム
オバマ大統領の「広島慰霊」を受容した「怨親平等」の伝統
英の「ＥＵ離脱」教訓に大きな〝パラダイム転換〟に備えよ
先進諸国は「布施の心」で「文明の衝突」状況を回避せよ！
アフリカ諸国への経済支援は利益より相手国への敬意優先で！
在任記録狙う安倍首相に願う「美しい国」の「美しい引き際」！
日ソ国交回復六十年、日ロ首脳会談は「一歩前進」への試金石

平成二十九年（二〇一七）……181

想定外が続発する時代に求められる慎重かつ毅然たる政権運営
師走の日ロ首脳会談・真珠湾慰霊が照らした日・米・ロの新時代
トランプ大統領で懸念される「恩義・忘恩・報復」の日米関係
森友学園国有地取得問題で露呈した？ 安倍政権周辺の気の弛み
新しい道徳教科書は日本の偉人の逸話を音読で親しめる形に！

国民の政治への信頼復活に向け政治家は徳に満ちた光を発せよ！
明治維新百五十年を前に西郷隆盛と庄内藩の交流に学ぶこと
陽明学者・熊沢蕃山が残した民の人情を忖度する政治家論！
危険水域に入った安倍政権だが、「ポスト安倍」は「安倍」？
政治の停滞から脱却するため仏心を体現する政治家よ出でよ！
混乱の船出をした小池新党「希望の党」の〝光と影〟
安倍首相は「謙虚」より難題克服に全身全霊で取り組むべき

平成三十年（二〇一八）……207

引退を余儀なくされた横綱日馬富士暴力事件の〝舞台裏〟
明治維新百五十周年に改めて脚光浴びる西郷隆盛の人物像！
平穏な社会情勢のもとでの生前退位、新天皇の即位を願う！
「首相への敬意」をマスコミに説いた〝後藤田発言〟！
安倍首相は朝鮮半島の新たなパラダイム構築に全力で取り組め
いま政治家・官僚に求められる山岡鉄舟の「深沈厚重・磊落豪雄」！
朝鮮半島新時代に臨む日本に欠かせない雨森芳洲の「誠信」の外交！
サッカーW杯での西野采配は「武士道精神」の発露でもあった！

西日本豪雨で問われた「平成の大合併」「地方創生」の成果?!
記録的な猛暑の中で「新たな文明」の確立に思いを馳せる！
国際情勢の地殻変動に「中庸国家日本」で対応する法とは！
明治維新百五十年の終わりに会津藩主・松平容保を見直す！

平成三十一年～令和一年（二〇一九）……233

カルロス・ゴーン逮捕で改めて日本の企業精神の根を探る！
安倍首相は予期せぬ株価暴落を逆手に引き際を飾れるか？
細野議員の「二階派入り」に思う小選挙区制度の限界！
アベノミクス・安倍外交の成果問われる長期政権の正念場
高野山別格本山清浄心院に護摩堂・永代供養堂創建の意味
新一万円紙幣に託された真の日本経済再生への〝天の声〟
米大統領の大相撲観戦で想起された江戸大相撲の〝剛毅〟
金融庁報告書問題が物語る永田町・霞ヶ関の沈滞ムード
仏教の「四恩」に感謝できる社会の再構築を祈る！
厚労省には任せておけない！外地の戦没者遺骨収集

危機に立つ電力！ 東電、関電の経営陣に猛省を促す
佐藤政権を支えた多士済々と安倍政権大臣の違い！

令和二年（二〇二〇）……… 259

日中関係再構築に欠かせない共有する思想・道徳
政治家の劣化を正すには神仏との交流が不可欠だ！
コロナウイルス対応で決まる？ 安倍長期政権の評価
新型コロナの国難状況後に求められる政治家像!?
新型ウイルス関連語「三密」から「三密加持」を想う
新型コロナ終息後の新たな国際平和を願って
コロナ後の「新たな日常」のカギとは！
「米中新冷戦」を超えて日中新時代を！
安倍首相はコロナ禍の衆生救済に全力を！
安倍首相を支え続けた真言行者の思い！
国民生活目線の菅首相と安倍前首相の役目
平安京を守護してきた「鎮護国家」の道場・東寺

令和三年（二〇二一）……285

コロナ後の社会に欠かせない「教育勅語」の心
新型コロナ禍で迎えた「辛丑」の日本の進路
五輪中止論の台頭と１９４０年の返上
この非常時に霞ヶ関を襲った接待疑惑！
「大震災10年」から学ぶべきこと！
コロナ後に「怨親平等」と「天の思想」を！
コロナ後の経済再生に欠かせぬ〝石田心学〟！
ポストコロナの変革に向け政治家は原点回帰を！
横浜市長は「三渓園」を造った原三渓に学べ！
出でよ！ 東洋的指導者像を身に付けた政治家
岸田首相はオーラを出し国民をリードせよ！
自公政権を選択した総選挙と政治の新潮流！

令和四年（二〇二二）……311

仏教と国民・政治・社会との交流を取り戻せ
日中対立の危機に空海の偉業を忘れるな！

『鎌倉殿の13人』から学ぶべきこととは？
ウクライナ侵攻で危機に立つか？　プーチン政権
亡くして思う石原慎太郎不在の穴の大きさ！
ロシア・ウクライナ紛争後に求められる人材！
ロシア・ウクライナ紛争後に来る世界とは!?
新たな世界平和構築に活かせ日本の国づくり理念！
不透明時代乗り切りに欠かせない安倍元総理の初心
元総理暗殺事件で暴露された旧統一教会詣で！
武家政治600年を貫いた「道理の遵守」！
日本・中国の新時代は四書五経の再確認から

令和五年（二〇二三）……337

『貞観政要』に学ぶ大唐帝国二代目の治世術
演説で魅了した戦前の政治家・中野正剛に学ぶ
出でよ！　国家・国民の幸せに汗をかく指導者！

平成二十二年（二〇一〇）

二月　バンクーバー冬季五輪
六月　鳩山内閣退陣、菅内閣発足
　　　小惑星探査機「はやぶさ」が地球に帰還
七月　参院選で民主党が敗北（ねじれ国会）
九月　尖閣諸島沖・中国漁船衝突事件
十一月　延坪島砲撃事件

北条時宗にみるリーダーのあるべき姿

鎌倉時代の二度にわたる元寇のとき、我が国は初めて他国の軍隊に攻め込まれるという国難状況に陥りました。時の政治リーダーは北条時宗です。時宗は、二度にわたる元寇すなわち蒙古襲来に敢然と立ち向かい、国を守ったリーダーとして、日本史の教科書にも出てくる人物です。時宗はいかにして蒙古襲来に立ち向かったのでしょうか。

時宗は当時流行の仏教・禅宗に深く帰依し、当時の宋から複数の禅僧を招いていました。その中の一人に、無学祖元という名僧がいたのです。無学祖元が鎌倉にやってきたのは、一回目の蒙古襲来の文永の役と二回目の弘安の役の間のことです。当時、時宗はまだ三十歳前の若者です。一回目の文永の役では、神風つまり台風によって蒙古軍を撃退することができたものの、いつまた再び蒙古軍が襲来するかを考えると、剛胆で知られるさすがの時宗も臆病な気持ちにとらわれることもあったのです。そこで時宗は無学祖元に、「人生の最大の憂いは臆病になることだと言われる。いかにすれば臆病から脱することができるか」と問いただしたところ、無学は、「それは簡単なことだ。臆病のよって来たるところを閉じればよい」と答えました。時宗がさらに、「臆病はどこから来るのか」と問うと、無学は、「時宗より来たる。試しに明日から自分を捨てて、無心になってみよ」と説きました。自分を捨て無心になって国家・国民のことを考えれば、自ずと道は開けると説いたのです。

無学はまた、時宗に対して、次のような日々の修養の心得五カ条を与えています。

「一、外界の庶事に心意を奪われる莫れ　一、外界の庶事物に貪著すること莫れ　一、念を止めんとする莫れ。念を止めざる莫れ。ただ一念不念を努めよ　一、心量を拡大すべし　一、勇勢を保持すべし」

要するに、リーダーたるべき者、ささいなことや物にとらわれず、心を広く持ち、勇気を保って、国家・国民のことだけを考えて行動しなければならない、ということです。そして、無学は蒙古軍の二度目の来襲を目前にして苦悩する時宗に対して、大きな文字で「莫煩悩」（煩悩することなかれ）と書いて渡し、「国難を前に悩めば胆力が萎縮し、的確な決断ができない。リーダーは煩悩・雑念を断ち切り、無心に事に当たることが肝要だ」と諭したのです。こうした無学の薫陶、叱咤激励を受けて北条時宗は二度目の蒙古襲来にも敢然と立ち向かい、再び神風の援護も得て、蒙古軍を撃退したのです。このとき、国家存亡の危機に際して、全国の武士が立ち上がって九州博多に向かい、全国各地の僧侶が、宗派を問わず勝利のために祈りを捧げたと言います。これも、時のリーダー、北条時宗がいかに衆望を担っていたかを物語っています。

時宗は元寇の戦いが終わった後、鎌倉に円覚寺を創建し、無学祖元を初代の住職としていますが、この円覚寺創建の目的は、文永の役、弘安の役で非業の死を遂げた日本、蒙古両国軍の戦死者を慰霊することでした。不幸にも敵・味方に分かれて戦争を戦ったとしても、戦いが終わったら、敵・味方の区別なく、両軍の戦死者を同じように慰霊することが、やがて両国の平和につながるという、仏教の「怨親平等」思想を、北条時宗は実践したのです。私は、この北条時宗に、国を守るリーダーのあるべき姿を見るような気がするのです。平時には仏教に深く帰依しながら、仏教者に教えを乞い、国難来たるときには、国家・国民のために敢然と立ち向かう。そういうリーダーだからこそ、全国の武士が立ち上がり、僧侶が一斉に国家安泰の祈りを捧げたのです。当然、一般の人民も国を守るために祈ったに違いありません。

そういう国のかたちというものは、一朝一夕に形づくられるものではありません。鎌倉幕府では、北条泰時が編纂した武家政治の指導理念である「御成敗式目」、泰時の弟・重時が家訓として残した「極楽寺殿御消息」などが代々受け継がれ、北条時宗という未曽有の国難を乗り切った、強いリーダーを輩出したのです。「御成敗式目」にしても、「極楽寺殿御消息」にしても、最も強調していることは、神仏を敬い、大切にするということです。

昨今の政治リーダーは、「政教分離」を奉ずるあまり、神社仏閣にお参りすることを敬遠する人が少なくないようですが、仏教者の立場から申し上げれば、日頃から神社仏閣にお参りして、心身を浄め、鋭気を養っていれば、イザというときに、心身の底から気力がみなぎり、我が国を守るパワーも湧き上がってくる、と私は思うのです。

（平成二十二年七月号）

改めて思いめぐらす興亜観音の意味

相模湾を見下ろす熱海市の伊豆山大洞台というところに、「礼拝山興亜観音」という法華宗に所属するお堂があります。このお堂が建立されたのは昭和十五年ですが、発願したのは松井石根大将です。本堂には二つの堂々たる位牌が納められており、一つには「支那事変中華戦没者霊位」と、もう一つには「支那事変日本戦没者霊位」と書かれています。松井大将は支那事変で非業の死を遂げた日中両方の戦没者の霊を弔うために観音堂を建立されたのです。建立縁起には、次のように書かれています。

《支那事変は友隣相撃ちて莫大の生命を喪滅す。実に千歳の悲惨事なり。然りと雖も、是所謂東亜民族救済の聖戦たり。惟ふに此の犠牲たるや身を殺して大慈を布く無畏の勇、慈悲の行、真に興亜の礎たらんとする意に出でたるものなり。予大命を拝して江南の野に転戦し、亡ふ所の精霊算なし。洵に痛惜の至りに堪えず。茲に此等の霊を弔ふ為に、彼我の戦血に染みたる江南地方各戦場の土を獲り、施無畏者慈眼視衆生の観音菩薩の像を建立し、此の功徳を以て永く怨親平等に回向し、諸人と倶に彼の観音力を念じ、東亜の大光明を仰がん事を祈る》

要約すれば、「支那事変は東亜民族救済のための聖戦ではあったが、隣の国同士が戦って、莫大な戦死者を出したのは、痛惜の至りであった。ここに中国江南地方の各戦場の土を持ち寄り、怨親平等の心で両国の戦没者を慰霊しつつ、観音さまのお力を念じることによって、東亜に大きな光明をもたらさんことを祈る」という意味です。

松井大将は退役後、この地に隠棲し、毎朝二キロの山道を登って観音堂にお参りし、観音経を唱えたと言われていますが、戦後、昭和二十一年に戦犯として逮捕され、東京裁判で南京事件の責任が問われ、二十三年に絞首刑に処せられたのです。興亜観音の建立縁起に書かれている「怨親平等」とは、仏教の教えの一つで、不幸にも敵・味方に分かれて戦争を戦ったとしても、戦争が終わったら、敵・味方の区別なく戦没者を慰霊すべきであり、それが将来の平和の礎になるという考え方です。松井大将は、この仏教の怨親平等の教えの実践者だったのです。

この松井大将の心は戦後に受け継がれました。七人のA級戦犯が処刑されたのは、昭和二十三年十二月二十三日で、その日、七人の遺骸は横浜市保土ヶ谷区の久保山火葬場で荼毘に付されています。進駐軍によって遺骨が散骨されるのを恐れた、東京裁判の弁護士たちが、命がけで火葬場に入り込み、遺骨灰の一部を拾い集めて、ひそかに興亜観音に運び込み、埋葬したのです。つまり、東京裁判で絞首刑になったA級戦犯の遺骨灰は、松井大将が発願して建立した興亜観音に埋葬されているのです。さらに、興亜観音には、松井大将の部下戦死者二万三千百四柱が祀られているほか、B・C級戦犯の刑死者千六十八柱の供養碑も建立されています。

朝鮮戦争当時の興亜観音にまつわるエピソードが残っています。七人のA級戦犯処刑の執行責任者だったヘンリー・ウォーカー中将は、昭和二十五年に勃発した朝鮮戦争に従軍し、米軍を率いて仁川上陸を果たしましたが、同年暮れ、戦場視察に向かう途中、自動車事故で亡くなっています。そのとき、韓国軍の関係者から、興亜観音に七人のA級戦犯の遺骨が埋葬されていることを聞かされた中将の副官が、その後、怨霊供養の目的で興亜観音を参拝したということです。七人の遺骨が興亜観音に埋葬されていることは、長年伏せられていましたが、昭和三十四年に、興亜観音奉賛会会長の実業家、高木睦郎氏の発案で、吉田茂元総理の揮毫による「七士之碑」が建立され、その碑の下に七士の遺骨が埋葬されたことが、知る人ぞ知る事実となったのです。この碑の裏側には、処刑前の七人の最期の署名が彫り込まれています。

戦後六十五年目の夏を迎えるにあたり、私が胸の奥深くで考えていることは、靖国神社とA級戦犯の問題を何とか解きほぐし、天皇陛下や総理大臣に靖国参拝をしていただけるようにできないものか、ということです。

私も詳しいことは存じ上げないのですが、靖国神社にはA級戦犯の遺骨は納められていないということです。一方、興亜観音にA級戦犯の遺骨が埋葬されているのは、知る人ぞ知る事実です。

怨親平等の理念からすれば、靖国神社と興亜観音を区別するのは、私としても決して本意ではありませんが、両方をより意味のある存在にするためには、仏教で言うところの方便として、靖国神社は広く戦没者を慰霊する施設とし、興亜観音は戦犯刑死者を慰霊する施設として考えることが、果たして可能だろうか、と思いをめぐらしているところです。

（平成二十二年八月号）

武士道精神を体現する指導者よ、出でよ！

いまから十数年前の、バブル崩壊後の不況が深刻化した暗い時代に、ある雑誌が識者に対して、「歴史上の人物で現代の日本を率いるにふさわしい人物は誰か」というアンケートを取ったことがあります。トップは西郷隆盛でした。西郷隆盛のモットーは「敬天愛人」です。天を敬い、人を愛す。何と的確に人間社会の真理をついた、何とシンプルな言葉でしょうか。この「敬天愛人」という言葉だけで、西郷が今もなお多くの人々に親しまれていることに納得がいきます。

西郷は、リーダーのあるべき姿について、「命もいらず、名もいらず、官位も金もいらぬ人は始末に困るものなり。この始末に困る人ならでは、艱難を共にして国家の大業は成し得られぬなり」という有名な言葉を残しています。この言葉は、勝海舟の代理として、西郷と江戸無血開城の談判をした山岡鉄舟を評した言葉と言われていますが、西郷自身の生きざまを語った言葉でもありました。以来、政治家や官僚の理想の姿を語る言葉としてよく引用されてきました。

キリスト者の内村鑑三が英語で書いた『代表的日本人』という本の中には、上杉鷹山、二宮尊徳、中江藤樹らと並んで、その筆頭に西郷隆盛が取り上げられ、「武士の最大なるもの、また最後のもの」と最大の賛辞が贈られています。内村鑑三は、「子孫のために美田を買わず」と言い、武士道の極地ともいうべき無私無欲の精神で生きた西郷を「武士の鑑」と見ていました。内村鑑三にとって、西郷は武士道精神の最大かつ最後の体現者だったのです。

それでは、武士道精神とは一体どういうものでしょうか。内村鑑三とほぼ同世代で、同時代を生きたキリスト者に、新渡戸稲造がいます。彼もやはり英語で、『武士道』という本を書いています。新渡戸はその中で、武士道精神は仏教、神道、儒教の思想が混合して形成されたものだと説いています。

仏教の影響については、「仏教は武士道に、運命に対する安らかな信頼の感覚、不可避なものへの静かな服従、危険や災難を目前にしたときの禁欲的な平静さ、生への侮辱、死への親近感などをもたらした」と書いています。また、神道については、「他のいかなる信条によっても教わることのなかった主君に対する忠誠、先祖への崇敬、さらには孝心などが神道の教義によって教えられた。そのためサムライの傲岸な性格に忍耐心がつけ加えられた」と書いています。

さらに儒教の影響については、「道徳的な教義に関しては、孔子の教えが武士道のもっとも豊かな源泉となった。孔子が述べた五つの倫理的な関係、すなわち君臣、父子、夫婦、兄弟、朋友の関係は、彼の書物が中国からもたらされるはるか以前から、日本人の本能が認知していたことの確認にすぎない。冷静、温和にして世才のある孔子の政治道徳の格言の数々は、支配階級であった武士にとってとくにふさわしいものであった。孔子についで孟子が武士道に大きな権威をおよぼした。彼の力のこもった、時にははなはだしく人民主権的な理論は、思いやりのある性質を持った人々にはことのほか好まれた」と解説しています。

新渡戸は『武士道』の最後で、社会の環境が武士道と敵対的にさえなり、武士の徳、武士の誇りが消えつつあることを憂いつつ、しかし、武士道は徳として生き残ると、こう記しています。

「武士道は一の独立せる倫理の掟としては消ゆるかも知れない。しかしその力は地上より滅びないであろう。その武勇および文徳の教訓は体系としては毀れるかも知れない。しかしその光明その栄光は、これらの廃址を越えて長く活くるであろう。その象徴とする花のごとく、四方の風に散りたる後もなおその香気をもって人生を豊富にし、人類を祝福するであろう。百世の後その習慣が葬られ、その名さえ忘らるる日到るとも、その香は、路辺に立ちて眺めやれば、遠き彼方の見えざる丘から風に漂うて来るであろう」と。

残念ながら、現在の日本の政治家や官僚からは、武士道精神が失われてしまっています。しかしそれは、日本各地の野辺や丘には今もなお遍満しています。武士道精神が日本新生をもたらすと確信し、その実践に全身全霊で努めている人に、その馥郁（ふくいく）たる香りが届いているはずです。私は、その中から人間的な大きな器を持ったリーダーが生まれて来ると確信しています。

（平成二十二年九月号）

〝民の父母〟を目指した上杉鷹山の大欲

今年の夏、百歳以上のお年寄りに所在不明者が続出するという、衝撃的な出来事が起こりました。きっかけは、七月末に東京・足立区で、百十一歳のはずの男性が、自宅でミイラ化した遺体で発見されたことでした。この男性は三十年も前に、「即身成仏になる」と言って部屋に閉じこもり、そのまま生きていたことになっていたのですが、実は閉じこもって間もなく、亡くなっていたようです。家族はそのことに気づいていたはずですが、対外的には生きているとし、年金を受け取っていたということで、その後、この家族は逮捕されました。

なぜこのような「真夏の怪談」のような事態になったのか、いくつかの理由があると思いますが、一つには、高齢者を把握する行政側のお役所仕事があるのではないかと思います。その仕事に全身全霊で取り組んでいれば、いかに人口が多い都会であっても、お年寄りを所在不明のまま放置しておくことはできないはずです。もう一つの要因は、親子関係の断絶、家族の絆の崩壊ということです。ごく普通の家族関係を維持している人にとって、親・兄弟姉妹の所在が不明で、生死さえもわからないということは、常識的には考えられないことです。しかし、今回の事件はそれが各地で現実に起きていることを、白日のもとにさらけだしました。

所在不明のお年寄りのほとんどは、おそらくすでに亡くなっていらっしゃるはずです。亡くなったお年寄りを亡くなっていないことにして、年金を受給しているというのは論外ですが、家族に葬儀をしてもらうことなく、行政からも見捨てられて亡くなっていったお年寄りたちの無念は、いかばかりだったでしょうか。こうした〝無縁社会〟の問題を耳にするにつけ、私は戦後政治の蹉跌を考えざるを得ません。

日本の政治が政権交代によって一段と混迷の度合いを深めているなかで、国民的な輿望を担う、強力なリーダーシップを持ったリーダーが待望されています。そう考えるとき、私は江戸時代の一人の藩主を想起します。それは、江戸時代の名君の一人に挙げられる上杉鷹山です。上杉鷹山の「鷹山」は号で、本名を治憲といいます。日向高鍋藩の藩主の次男に生まれ、若くして上杉家の養子となり、十七歳の若さで米沢藩主の座に就いた人です。

当時の米沢藩は、かつて百二十万石を誇っていた領地が十五万石にまで減ったにもかかわらず、家臣の数は以前のままで、財政が逼迫していました。今でいえば、財政再建のために役人の大幅な人員削減を必要としていたのです。しかし、江戸中期の米沢藩は、代々の藩主が過去の栄光にしがみつき、藩政改革を怠ってきました。その結果、必然的に年貢の取り立てが厳しくなり、農民が相次いで先祖伝来の土地を捨てて逃げ出すありさまで、領地を幕府に返還することが真剣に論じられる、最悪の財政危機に陥っていたのです。

そんな危機的状況の中、改革派の家臣たちから、藩政改革の切り札として担ぎ出されたのが上杉鷹山です。鷹山は藩主に就任早々、大倹約令を発令し、自ら率先して一汁一菜の食事をし、木綿着を着用したと言われます。また、改革意識に燃えた若手家臣を登用し、新田開発などにも取り組み、見事に米沢藩再生の道を開いたのです。

若き藩主・上杉鷹山が藩政改革にリーダーシップを発揮できたのは、トップに立つリーダーとしての理念、価値観がしっかりと備わっていたからです。十七歳で藩主に就任した際、鷹山は「受け継ぎて国のつかさの身となれば忘るまじきは民の父母」という歌を詠んでいます。藩主は民の父母であり、民の幸せを第一に考えなければならぬ、という藩主の心構えを詠んだ歌です。

鷹山はまた、藩主就任に際して、春日神社の神前に、次のような決意を誓っています。

「一、学問、武術を怠らぬこと。一、自分は人民の父母であるという心構えを第一とすべきこと。一、質素倹約を忘れぬこと。一、言行の不一致、賞罰の不正、無礼な行為をせぬこと」

国も地方も深刻な財政危機に陥っている現在の日本において、国のリーダー、地方のリーダーを問わず求められているのは、上杉鷹山のようなリーダーとしての確固たる理念、価値観です。リーダー自らが「民の父母」という揺るぎない信念をもって政治に邁進すれば、その人徳は国民にも伝わり、自然に国と国民が一体になって難局にあたろうとする空気が醸成されてくるのです。

国にしても、地方にしても、リーダーが国家・国民のために全身全霊で尽力するという大欲を忘れ、小さな権力欲に翻弄されていたのでは、国も、地方も、民も救われないのです。

（平成二十二年十月号）

横綱白鵬の気概と内閣総理大臣の気概

大相撲秋場所で横綱白鵬が四場所連続の全勝優勝を果たし、連勝記録を六十二にまで伸ばしました。これで戦前の大横綱双葉山の六十九連勝まであと七勝と迫りました。白鵬は双葉山に勝るとも劣らぬ大横綱になりました。特に私が素晴らしいと思うのは、白鵬の心技体ともに備わった人間としての大きさです。白鵬はモンゴル出身の横綱であり、二十五歳の若者です。天皇賜杯を受け取ったあと、土俵下で行われたインタビューでの受け答えは、立派の一語に尽きるものでした。

「私は決して力が強い人間ではありません。ただ、運がありました。しかし、運は努力した人間にしか来ないのです。相撲だけではなく、いろいろなことに精進することで、神様が運を与えてくださるのだと思います」日本の国技、大相撲を背負って立つ横綱としての誇り、責任感、覚悟、自信がみなぎる白鵬の姿に、私は新渡戸稲造が『武士道』の中で説いた、義・勇・仁・礼・誠などの徳目が光り輝いているのを感じました。白鵬は連勝を続けている間に、日本人の横綱以上に日本人らしい横綱に磨かれてきたような印象を受けます。私は、白鵬がこのまま勝ち進み、双葉山の六十九連勝を抜くのみならず、八十連勝、九十連勝と連勝記録を伸ばしながら、一段と人間を磨き、日本の心を体現する大横綱として輝いてくれたら、精神的荒廃が進む日本社会にも、少なからぬ良い影響を及ぼしてくれるのではないかと、祈りにも似た気持ちを禁じ得ないのです。

ところで、秋場所の千秋楽、菅直人総理が内閣総理大臣杯を授与するために土俵に上がり、大きな総理大臣杯を担いで白鵬に手渡しました。そこで思い出したのは、就任間もない小泉純一郎総理が土俵に上がった平成十三年五月場所千秋楽の日のことです。その日は横綱貴乃花がケガをおして強行出場し、本割りでは横綱武蔵丸に敗れたものの、優勝決定戦で武蔵丸を倒して優勝しました。そのときの貴乃花の表情が、私の寺のご本尊不動明王のような形相だったことを、今でも忘れることができません。また、小泉総理が表彰状を読み上げたあと、「痛みに耐えてよく頑張った。感動した。おめでとう」と、心からふりしぼるような言葉で貴乃花を絶賛し、館内の拍手喝采を浴びたことも昨日のことのように思い出されます。この土俵上での感動の言葉が小泉人気に拍車をかけたのでした。小沢一郎さんとの激しい民主党代表選挙を勝ち抜き、改造内閣を発足させたばかりの菅総理も、小泉総理にあやかろうとしたのかも知れません。しかし、「自民党をぶっ壊す」と言って、決死の覚悟で総理・総裁の座を勝ち取った小泉総理とは、そもそもはじめから覚悟の決め方に差があり、土俵上の菅総理は、白鵬の存在感に圧倒されていた感がありました。宮崎県知事賞を授与するために土俵下に控えていた東国原知事によれば、菅総理が土俵に上がったとき、館内から「売国奴！」「辞めちまえー」といった凄まじい野次が飛んだそうです。尖閣諸島周辺の日本領海で、海上保安庁の巡視船に故意に衝突してきた中国漁船の船長を逮捕したにもかかわらず、中国政府の執拗な抗議や対抗措置に抗しきれず、処分保留で釈放してしまったからです。

当初、菅総理以下、関係閣僚は「日本の法律に照らして粛々と対応を進める」との態度を貫いていました。この時点で多くの国民は、菅内閣はこの問題に関して中国の圧力には屈しないだろうと受け止め、政府の対応を支持していたはずです。しかし、日中の民間交流を中止したり、レアアース（希土類）の対日輸出にブレーキをかけるなど、中国政府の抗議や対抗措置は次第にエスカレートし、中国河北省で日本の建設会社フジタの社員四人が、国家安全保安局に拘束されるにいたって、ついに那覇地検は釈放を決断したのです。発表した那覇地検の次席検事は、日中関係に配慮した決断であることを、苦渋の表情で語っていました。しかし、政府関係者は口をそろえて、「那覇地検の判断だ」と語り、仙谷官房長官などは「那覇地検の決断を諒とする」とまで言いました。外交関係に配慮した決断を那覇地検が単独で行えるはずがありません。中国側からの執拗な抗議、対抗措置に政府が屈したとしか考えられません。政府は処分保留のまま釈放した責任を、那覇地検に押しつけたのです。

菅政権は国民から中国に対する弱腰を見透かされ、菅総理が国技館で「売国奴」呼ばわりされる醜態をさらすことになったのです。弱冠二十五歳の横綱白鵬が、日本の国技である大相撲を一人で背負いながら、「天下一人をもって興（おこ）る」の気概を見せているのに比べて、日本国総理大臣にその気概が感じられないのは、誠にさびしいかぎりです。

（平成二十二年十一月号）

「五箇条の御誓文」に投影された国家理念

昨今、民主党政権に対して、確固たる政治理念、長期的な国家ビジョンが感じられないという不満が、国民の間に渦巻いています。特に今回の尖閣諸島問題では、国家主権が侵されているにもかかわらず、中国に配慮した弱腰の対応が目立ち、多くの国民に大きな失望を与えました。菅直人内閣の支持率が再び急落したことが、その失望の大きさを雄弁に物語っています。現在の日本は、「国難来たる」という状況に置かれていますが、日本が歴史の大きな転換点において重要な国家理念、国家戦略を選択してきたケースがいくつかあります。なかでも聖徳太子が制定した「十七条の憲法」、北条泰時が制定した武家政治の規範「御成敗式目」とともに重要なのが、明治維新に出された「五箇条の御誓文」です。幕末の肥後熊本藩に横井小楠という思想家がいます。小楠は若くして江戸に遊学し、熱烈な尊皇攘夷論者だった水戸藩の思想家・藤田東湖と親交を結び、水戸藩に来ないかと誘われるほど、才能を高く評価された人です。小楠はまた、「松下村塾」を開き、勤王の志士たちに大きな影響を与えた吉田松陰や、尊皇攘夷派の理論的指導者だった真木和泉らと親しく交際し、勤王の志士の一人として、常に国の行く末を考えていました。明治維新の十年前、小楠は松平慶永に招かれて、越前藩の政治顧問に就任します。その翌年に大老・井伊直弼による「安政の大獄」が起き、松平慶永は隠居・謹慎処分、吉田松陰や越前藩士・橋本左内らが死刑に処せられ、さらにその翌年には「桜田門外の変」で井伊大老が暗殺されています。

そんな疾風怒濤の時代に、小楠が越前藩のために著したのが『国是三論』です。「国是」の「国」は越前藩のことですが、小楠の視野に日本という国があったことは、疑う余地はありません。「三論」とは経済・外交・教育の三つのことで、小楠はこれを「天・富国論」「地・強兵論」「人・士道論」の三つに分けて論じています。明治維新以降の日本は「富国強兵」を国是とし、「西洋に追いつき、追い越せ」と「脱亜入欧」路線を突っ走りましたが、小楠の国是には「富国・強兵」の他に「士道」が入っていました。「富国・強兵」だけではいずれ国は行き詰まること、日本の伝統精神である「士道」を忘れてはならないことを洞察していたのです。小楠は「人・士道論」で、「文武の道は武士としての職務上の本分であり、政治上の要点である」と言い、文武とは「おのずと外に滲み出た徳、その思いやりの気持ちや道理、強さ、やさしさ」を指す一つの徳性のことだ、と説いています。要するに、富国強兵だけでは国家は成り立たず、指導者はもちろん国民が文武両道をわきまえ、日本の伝統的な士道の精神を体現することが国家の安定にとって不可欠だ、と主張したのです。

越前藩で横井小楠の薫陶を受けた藩士の中に、明治新政府の参与になった由利公正がいます。第一条「広く会議を興し万機公論に決すべし」で始まる「五箇条の御誓文」を最初に唱えたのは由利だと言われています。「五箇条の御誓文」は、第二条以下に、「上下心を一にして盛んに経綸を行うこと」、「官武一途庶民に至るまで各その志を遂げること」、「旧来の陋習を破り天地の公道に基づくこと」、「知識を世界に求め皇基を振起すること」が謳われています。この「五箇条の御誓文」には、由利を通して、小楠の国家理念が色濃く投影されています。明治国家の骨格づくりに大きな影響を及ぼした小楠は、明治維新の翌年、尊皇攘夷派の志士に暗殺されました。明治国家がその後、西南戦争で、のちに内村鑑三に「武士の鑑」と賞賛された西郷隆盛を死に追い込み、士道を置き去りにして、「富国強兵」路線をひた走ったのは、小楠の暗殺と決して無縁ではなかったような気がします。

「憲法十七条」や「御成敗式目」にしても、「五箇条の御誓文」にしても、歴史的な大変革期に出された国家理念を振り返ってみると、常に為政者と国民の一体化、神仏を畏敬し天地の道理に基づくことの必要性が謳われており、日本の伝統精神と新しい時代の息吹を調和させ、日本をより崇高なレベルの国家に高めようとした、その時々のリーダーの熱い思いが伝わってきます。

深刻な「国難来たる」状況に追い込まれている現在の日本に必要なものは、「憲法十七条」「御成敗式目」「五箇条の御誓文」などに匹敵する、今後百年、二百年と日本を支え導く高邁な国家的指導理念です。日本再生に向け、現時点で日本が持ち得るありとあらゆる智慧と叡智を総動員する形で、日本の伝統精神を踏まえた新しい国家理念、国家ビジョンを、世界に向かって打ち出すべきです。それは何も日本のためだけではなく、世界平和の実現に向けた、日本という国家、日本人という民族の尊厳をかけたプロジェクトなのです。（平成二十二年十二月号）

平成二十三年（二〇一一）

一　月　チュニジア革命、「アラブの春」が始まる
二　月　エジプト革命
三　月　東日本大震災
四　月　ウサマ・ビン・ラディン死亡
八　月　リビア革命
九　月　菅内閣退陣、野田内閣発足
　　　　米国・ウォールストリート占拠運動
十二月　北朝鮮・金正日総書記死亡

万延元年の遣米使節団を支えた身を敬する心

平成二十二年は幕末の万延元年（一八六〇年）に、日本が公式にアメリカに初の遣米使節団を送ってから、ちょうど百五十周年にあたる記念すべき年でした。遣米使節団は首都ワシントンを訪れ、当時のブキャナン大統領を公式に表敬訪問しています。その後、ボルチモア、フィラデルフィアを経て、最後の訪問地であるニューヨークに到着しました。遣米使節団の人気は日増しに高まり、最後の訪問地であるニューヨークを訪れたとき、市は一行に敬意を表し、ブロードウェーでパレードが催されましたが、五十万人の観衆で溢れかえったと伝えられています。遣米使節団は羽織・袴に二本差し、頭はちょん髷という前近代的ないでたちで、英語をしゃべることもできなかったのですが、その堂々として礼儀正しい立ち居振る舞いで、アメリカ人のハートをわしづかみにしたのです。遣米使節団の堂々として、礼儀正しい立ち居振る舞いの背後に、仏教、儒教、道教、神道などが渾然一体となって成り立っていた武士道精神があったことは、言うまでもありません。欧米人はそのことを、それから約四十年後に、新渡戸稲造が英語で『武士道』を書いたときに、初めて知るのです。

赤穂浪士が吉良邸に討ち入る際、大石内蔵助が打ち鳴らしたと言われるのが山鹿流の陣太鼓です。山鹿とは赤穂藩に仕えていた兵学者・山鹿素行のことです。素行の著作の中に士道を説いた『山鹿語類』という本があります。その中にこんな一節があります。

「人間が天地すなわち大自然・大宇宙から生まれているというのは昔からの法則であり、君主は天地の代理として人民に恵みを与え、国土を正しく守る人であるから、天子と呼ばれ、天地の命令を司ることを職業としているのである」。これは君主をはじめとする武士の社会的責務を説いたものです。現代に当てはめれば、政治家や官僚は天になり代わって政治や行政を行っているのであり、天の命に背いてはならないということです。

素行はまた、「君臣・父子・夫婦・兄弟・朋友の五つの倫理は、すべての人がわきまえなければならない人倫である。

しかし農・工・商に携わる人々は仕事に忙しくその道を究めることがなかなかできない。したがって、武士がその道を究めることに専念し、農・工・商に携わる人々の模範にならなくてはならない。そのためには「武士は文武両面において徳と知恵を備えなければならない」と指摘しています。ここには、国の経済を支えているのは農・工・商に携わる人民であり、武士ではない、という素行の考え方が表れています。江戸時代は士農工商の身分制度がハッキリとしていた時代で、武士はいわば特権階級でしたが、その身分制度が成り立つためには、武士が経済活動に従事する農・工・商に尊敬されなくてはならないことを、素行は見抜いていたのです。

現代は身分制度の時代ではありませんが、政治家や官僚は、基本的には江戸時代の武士と同じで、国民の経済活動の上に成り立っており、天の命をわきまえ、人倫の道を体現しなければならないのです。素行は上に立つ者の資質についていろいろ指摘しています。その一つが「義と利をわきまえること」です。義とは「内に省みて恥じ畏れる心があり、物事を実行した後に自らへりくだること」、利とは「内に欲にまかせて恥じ畏れる心なく、外に現れる行為としては身の安逸に従うこと」です。「利の政治家」では覇道の政治しかできず、王道の政治を行うには「義の政治家」が必要だ、と言っているのです。素行はまた、「身を敬する」ことの重要さを説いています。「敬する」とは「慎む」という意味です。身を敬するためには、まず威儀を正すことが肝心だと言っています。威儀を正すということは、礼節にかなった振る舞いをするということです。威儀を正し、礼節にかなった振る舞いをすれば、間違いは起こさないというのです。素行はさらにこう説いています。

「外面において威儀が正しければ、内面の徳も正しい。外面が乱れれば、内面も必ず乱れる。外面の威儀をつまびらかに究明し、天の法則に合うように身を守れば、心構えの要点は自ずから明らかになる。威儀は礼節の形であり、礼節は敬することを根本とする。威儀に志を立てている人々は、平生から敬することを工夫すれば、道は少しも遠くはなく、むしろ近くにある」。つまり素行は、外見は内面の鏡であり、為政者が身を慎み、威儀を正せば、自ずからそこに徳が生まれ、天の道にかなった政治が行える、と説いているのです。政治家が威儀を正して天の道にかなった政治を行えば、それを鏡として国民も身を敬するのです。威儀に志を立てる政治リーダーが少なくなったことが、今日の日本を歪め、乱しているのではないでしょうか。

（平成二十三年一月号）

日本の政治に求められる深沈厚重のリーダー

月刊『文藝春秋』新年号に、お茶の水女子大学名誉教授の藤原正彦さんと作家の宮城谷昌光さんの「英語より『論語』」と題する対談が載っています。副題には、「英語の公用語化で企業はつぶれる。日本人が依るべきは、中国の古典にあり」とあります。お二人は、英語を話せるようになることよりも、中国の古典を読んでその教養を身につけることのほうが、日本人にとっては大事だ、と言われるのです。私も、日本の政治家や経営者が宰相学、帝王学を身につける上で、中国古典ほど良い手本はないと思います。『論語』の中に「為政篇」という章があります。理想の政治を説いた章であります。その冒頭に、「子曰く、政を為すに徳を以てすれば、譬えば北辰の其の所に居て衆星のこれを共(めぐ)るがごとし」という一節があります。「北辰」というのは北極星のことで、「衆星」はすべての星という意味です。つまり、孔子は「道徳を基本とする政治を行えば、北極星が不動の位置にあって、全星座がその周りを整然と回っているように、政治もスムーズに行うことができる」と説いているのです。北の夜空にきらめく満天の星を眺めながら、道徳を基本とする政治の重要性を説いた孔子の思いは、時空を超えて、現在の日本の政治リーダーにも響いてほしいものです。政治における道徳の重要性について、「子曰く、これを道びくに政を以てし、これを斉(ととの)うるに刑を以てすれば、民免れて恥ずる無し。これを道びくに徳を以てし、これを斉うるに礼を以てすれば、恥ずる有りてかつ格(ただ)し」という一節もあります。つまり、孔子は「法律・政令によって指導し、刑罰に頼って取り締まりを行うならば、人民は刑罰さえ免れれば、何をしようと恥と思わないようになる。道徳によって指導し、礼によって取り締まるならば、人民は恥をかいてはいけないと、自然に正しい道に立ち帰るものだ」と言っているのです。『論語』一つを採ってみても、宰相学に資する話が次から次へと出てきます。中国の古典は宰相学の宝庫です。寺子屋や藩校で、子どもの頃から四書五経に親しんだ江戸、明治の政治リーダーが、現代の政治家より人格・識見ともにはるかに深みがあるように見えるのは、当然のことかも知れません。

また、中国戦国時代の儒者である荀子は、「君は舟なり、庶人は水なり。水はすなわち舟を載せ、水はすなわち舟を覆す」と言っています。「為政者は舟であり、人民は水である。水は舟を浮かべもするが、沈めもする」という意味で、人民の信頼がなければ為政者はその地位を保てないと、荀子は説いているのです。荀子は政治リーダーの要件として、「地位を維持するためには、公正な政治を行い、人民を愛すること」「国を反映させるためには、礼儀の大切さを認識し、部下に敬意を払うこと」「業績を上げるためには、有能な人材を登用すること」を挙げています。民主党政権は果たしてどうでしょうか。

江戸時代に「儒学者必読の書」と言われた『近思録』という朱子学の教科書があります。その中に、北宋時代の儒者・張横渠（ちょうおうきょ）の、「天地の為に心を立て、生民の為に命を立て、往聖の為に絶学を継ぎ、万世の為に太平を開く」という名言が収められています。政治リーダーが天地になり代わって心を磨き、人民の運命を成り立たせてやり、先哲の学問を絶やすことなく修めることが、万世のために太平を開くことにつながる、というリーダーの心構えを説いた言葉であります。この最後の「万世の為に太平を開く」という部分は、東洋思想家の安岡正篤さんが昭和天皇が終戦のときに読み上げられた「終戦の詔勅」の、「堪え難きを堪え忍び難きを忍び、以て万世のために太平を開かんと欲す」という部分に採り入れられたことで有名です。日本のリーダーはそこまで、中国古典の深い言葉を活かしてきたのです。安岡さんがよく引用した明（みん）の官僚・呂新吾が書いた『呻吟語』には、どういう人格がリーダーにふさわしいかが説かれています。第一等の人格は、「深沈厚重（しんちんこうじゅう）」の人格、第二等の人格は、小さな型にはまらず、気迫が盛んで、スケールが大きい「磊落豪雄（らいらくごうゆう）」の人格、第三等の人格は、頭が良くて才があり、弁舌が立つ「聡明才弁（さいべん）」の人格です。情報もカネも瞬時に世界を駆けめぐる、めまぐるしい現代において、どこまでも深く、しっとりと落ち着いて、限りない内容を持っている深沈厚重の大人（たいじん）を見つけるのは、針の穴にラクダを通すことより難しいことかもしれませんが、東洋的な政治リーダーのあり方としては、本来、そういう人物が最高だと考えられていたのです。日本の歴史上の人物として、真っ先に浮かぶのは西郷隆盛でしょうか。戦後の総理大臣で言えば、大平正芳総理でしょう。いずれにしても、総理のリーダーシップが大きく問われるいま、日本に求められているのは、深沈厚重のリーダーではないでしょうか。

（平成二十三年二月号）

総理も認めた？　孫文を支援した大アジア主義

菅直人総理は通常国会冒頭の施政方針演説で、高らかに三つの国づくりの概念を謳いあげました。第一は「平成の開国」、第二は「最小不幸社会の実現」、第三は「不条理をただす政治」。耳ざわりがいいのですが、具体性に欠ける感じは否めません。菅総理の施政方針演説の中で、私が一カ所だけ「おやっ」と思ったのは、「アジア太平洋諸国との関係強化」のくだりで、「中国の近代化の出発点となった辛亥革命から、今年で百年になります。革命を主導した孫文には、彼を支える多くの日本の友人がいました」と語った点であります。中国・南京の紫金山という山の中腹に、中山陵という広大な観光名所があります。言うまでもなく、中華民国建国の父・孫文のお墓で、「中山」というのは、孫文の号です。孫文が一九一一年の辛亥革命により、それまでの清国を倒し、新たに建国した中華民国は、その後、蔣介石の国民党に率いられて日本と戦い戦勝国となりました。しかし戦後、毛沢東の共産党軍との内戦に敗れて、台湾に逃げのびたのです。現在の中華人民共和国は、孫文が建国した中華民国とは直接つながっておらず、現在の建国の父は毛沢東です。しかし、中山陵が南京を代表する観光名所となっていることからもわかるように、現在の中国でも、孫文は「国父」と呼ばれ、多くの中国国民に尊敬され、親しまれています。

辛亥革命を成し遂げるために、何回も失敗しながら苦闘していた孫文を、物心両面からサポートしたのが、「革命浪人」と言われた宮崎滔天であり、福岡に本拠を置いた玄洋社の頭山満です。最近になって、孫文のサポーターとして脚光を浴びているのは、現在のカネに換算して一兆円を超える資金を孫文の革命に投じたという、長崎出身の梅屋庄吉という人ですが、宮崎滔天、頭山満、梅屋庄吉はいずれも大アジア主義者です。戦前の大アジア主義者の系譜に連なる人たちは、戦後、日本のアジア侵略の片棒を担いだ人として忌避されてきました。孫文の来日は明治三十年が最初ですが、孫文は生涯に十六回日本を訪れ、滞在日数は合計八年十カ月にも及んでいます。

孫文が亡くなったのは大正十四年のことですから、明治三十年から亡くなるまでの二十八年間の、約三分の一を日本で過ごしたことになります。いかに孫文が日本を頼りにし、日本人が孫文をサポートしたかが、これでよく理解できます。孫文は広州の蜂起に失敗して以来、十回に及ぶ蜂起の末、ようやく明治四十四年十月十日に辛亥革命に成功し、中華民国を建国したのです。その一ヵ月後、頭山満、宮崎滔天らは革命援助団体「有隣会」を結成し、玄洋社関係の支援者が、革命援助のために相次いで上海入りしています。また、有隣会は戦病者を救援するため、医師、看護婦、薬剤師などから成る救療班を結成し、いち早く現地に送り込みました。一行は革命軍が創設した南京陸軍病院で活動する一方、現地の女性たちに看護法を教え、大いに感謝されたといいます。

戦前の日本には、中国や朝鮮の近代国家としての自立を真剣に願い、心から支援した人々がたくさんいたのです。そのことが戦前の侵略行為の免罪符になるわけではありませんが、それを歴史的事実として日中両国民が共有してもいいのではないかと思います。そして、孫文をサポートした人たちの共通の思いは、東アジアがまとまって欧米列強の侵略主義をはね返すということでした。その思いは東南アジアからインド、中近東、そしてアフリカにまで連なっていたのです。欧米に負けてなるものかというアジアの連帯意識が、この一世紀の間にかえって弱まり、日中は新たな反目の時代に入ろうとしています。そういう意味で、私は、菅総理が施政方針演説で、孫文を支えた多くの日本人がいたことに触れながら、日中友好の必要性に言及したことを諒としたいと思います。

ただ、菅総理は従来、どちらかといえば、戦前の日本のアジア侵略を否定し、大アジア主義を忌避するスタンスを取ってきた人です。孫文を支えた大アジア主義者を取り上げたのは、総理就任時、内閣を「奇兵隊内閣」とネーミングして、長州出身であることをアピールしたような、一つのパフォーマンスである可能性もあります。

私は、従来から菅さんに一抹の危うさを感じていました。日本人の心と言いますか、拠って立つ根っこと言いますか、そういうものが感じられなかったからです。つまり、菅さんという人は戦後民主主義は体現しているけれども、日本の伝統的な精神や美徳を体現する人には見えなかったのです。施政方針演説で突如、孫文のサポーターを持ち出された菅総理に、戦前の大アジア主義にいのちを燃やした人たちの評価についてお聴きしたいという思いを持ったのは、私だけではないのではないでしょうか。

（平成二十三年三月号）

日の丸の掲揚なき「建国記念の日」を憂う

去る二月十一日「建国記念の日」、私は改めて考え込んでしまいました。というのも、鹿児島市の自宅から私の寺・烏帽子山最福寺まで、クルマで向かっている間に、日の丸を掲げている家がほとんどなかったからです。「建国をしのび、国を愛する心を養う」ことを趣旨として、「建国記念の日」が制定されたのは、昭和四十一年のことです。翌昭和四十二年から二月十一日が祝日とされてきました。「建国記念の日」である二月十一日は、明治五年から昭和二十三年までは「紀元節」、まさしく建国を記念する日でした。『日本書紀』に書かれている、初代の神武天皇が橿原(かしはら)の宮で即位された日が、西洋暦の二月十一日にあたることから、明治五年にその日を「紀元節」と定めて、日本国民の大切な祝日として祝ってきていたのです。しかし、敗戦後の昭和二十三年、GHQにより紀元節は廃止されたのでした。サンフランシスコ講和条約で独立を回復した昭和二十六年頃から、「建国記念日」の制定を求める動きが出始め、昭和三十二年、自民党衆議院議員らが「建国記念日」制定に関する法案を議員立法で提出しました。ところが、野党第一党の社会党が、「神武天皇の即位の年月は科学的根拠がない」「建国記念日の制定は戦前の軍国主義につながる」などと猛反対し、法案は審議未了のまま廃案となったのです。

その後、「建国記念日」制定に関する法案は九回提出、廃案を繰り返した末、昭和四十六年、「建国されたという事象そのものを記念する日」という奇妙な解釈のもとに、名称に「の」を入れた「建国記念の日」を制定する法案が成立しました。私は、その「建国記念の日」が制定されるまでの難産の経緯が、つまり、戦後の激しいイデオロギー対立時代の残滓が、今日の「建国記念の日」の国旗掲揚の少なさ、ひいては教育現場の国旗・国歌問題に影を落としていると考えています。国民の多くは「日の丸・君が代」を支持しており、一部の左翼系の人たちが反対しているというのが、今日の日本における国旗・国歌に対する評価の実態です。子どもの教育を預かる日教組が、戦後六十年、一貫して「日の丸・君が代」に反発してきたことが、子どもたちの愛国心の涵養を妨げ、「建国記念の日」の国旗掲揚の少なさにつながっているのかと思うと、その罪は大きいと言わざるを得ません。ただ、教育現場で「日の丸・君が代」をめぐる争いが顕在化してきたのは、一九九〇年代に入ってからです。文部省の通達により、公立学校において、日の丸の掲揚と君が代の斉唱が事実上、義務づけられたことがきっかけでした。組合員は、憲法第一九条の「思想・良心の自由」を盾に反発し、平成十一年、広島県立世羅高校の校長が卒業式当日に文部省の通達と日教組の反発の板挟みに悩み、自殺するという悲劇が起きるに至ったのです。この悲劇を契機に「日の丸・君が代」の法制化が急浮上し、時の小渕恵三内閣が国旗・国歌法案を国会に提出して可決されました。その後、安倍晋三内閣時代に教育基本法が改正され、五つの教育の目的の一つに「伝統と文化を尊重し、それらをはぐくんできた我が国と郷土を愛するとともに、他国を尊重し、国際社会の平和と発展に寄与する態度を養うこと」が明確に謳われ、日本の伝統と文化を反映する「日の丸・君が代」の重要性が改めて認識されました。

東京都教育委員会が平成十五年に、「卒業式での国旗掲揚及び国歌斉唱に関する職務命令」を通達した結果、多くの高校の教職員が違反し、処分が行われました。そのうち四百一名が、「国歌斉唱の起立・強制は、憲法で保障された思想及び良心の自由を犯している」として、東京都と都の教育委員会を相手に東京地裁に提訴しました。地裁判決は、原告側の訴えを一部認め、教職員一人につき三万円の慰謝料を支払うよう、都に命じました。東京都側はこの地裁判決を不服として東京高裁に控訴し、その判決が今年一月に出ています。高裁判決は一審判決を全面的に取り消し、原告側の逆転敗訴となったのです。原告の教職員たちは最高裁に上告しましたが、私は、東京高裁の判決は誠に常識的な、納得のいくものだと思います。最高裁が高裁判決を支持すれば、教育現場における「日の丸・君が代」をめぐる争いに終止符が打たれると期待しています。

ただ、「建国記念の日」に日の丸を掲げる一般家庭は、ごくわずかにとどまっているのが現実です。戦後六十年の間に植え付けられた、祝日に日の丸を掲げることを遠慮する心性を取り除くには、まだしばらくの時が必要です。国旗・国歌法ができても、教育基本法で愛国心が謳われようとも、心の底から「日の丸・君が代」を敬愛し、祝日には日の丸の掲揚を、式典では「君が代」の斉唱を実践しなければ、「仏つくって魂入れず」ということにもなりかねません。祝日には日の丸を——真の日本救国への第一歩です。

（平成二十三年四月号）

震災復興に求められる後藤新平の気概と胆力

今回の大震災からの復興は、原発事故の処理も含めて、中・長期的かつ国家的な大事業とならざるを得ません。復興の舵取り役には、国民の信望を集めながら、全人格で国民を力強く牽引するリーダーが求められています。菅直人総理は自民党の谷垣禎一総裁に、大連立含みで、副総理兼震災復興大臣のポストに就くよう要請したようですが、谷垣総裁は拒絶しました。「原発を勉強したいから」と言って、地震翌日、緊急事態に陥っている原発を視察したり、事故対応に四苦八苦している東電に、早朝から乗り込んで、幹部社員を怒鳴りつけるような総理から、唐突に入閣を要請されても、とても「はい」とは応えられなかったことでしょう。

今こそ必要なのは、国民の輿望を担って不惜身命の心で復興に邁進するリーダーです。そこで想起される人物が、関東大震災後、内務大臣兼帝都復興院総裁として東京の都市復興計画を立案した後藤新平です。奇しくも後藤新平は、今回の震災で大きな被害を受けた岩手県の出身です。後藤新平は母方の大叔父に江戸末期の医師・蘭学者として知られる高野長英がいる武士の家に生まれ、医師からスタートしています。愛知県医学校で医師となり、二十四歳の若さで同医学校の校長兼病院長となっています。当時、岐阜で演説中に暴漢に刺されて負傷し、「板垣死すとも自由は死せず」と言った板垣退助を診察した際、後藤は板垣に対して「閣下、御本懐でございましょう」と言ったというエピソードが残っています。後藤新平は二十歳代から肚がすわっていたのです。その後、後藤新平は日清戦争の帰還兵に対する検疫業務に従事しているとき、陸軍参謀であった児玉源太郎の目にとまり、台湾総督となった児玉に呼ばれて台湾の民政長官に就任しました。新渡戸稲造をはじめとする気鋭の研究者を台湾に招聘し、児玉―後藤のツートップで、民主的な台湾統治に尽力したのです。朝鮮統治と比較して台湾の統治がうまくいき、現在もなお日本に親愛の情を持つ台湾のお年寄りが少なくないのは、児玉―後藤ラインの統治が良かったからだという見方が定説となっています。台湾で指導力を発揮した後藤が次に向かったのは満州でした。満鉄初代総裁に就任した後藤新平は台湾時代のスタッフをスカウトし、満鉄のインフラ整備を推進するとともに大連などの都市建設に邁進しました。当時の日本は、満州は日本の生命線だとして満州における権益の確保に必死でしたが、後藤新平は日本・清国・ロシアが協調して満州の開発に取り組むべきだと考えていたと言われています。台湾統治、満鉄経営で赫々たる実績を上げた後藤新平は、その後、遂に政治の中枢に入り、桂内閣では逓信大臣を、寺内内閣では内務大臣、外務大臣を務め、その後、東京市長を務めたのち、関東大震災の翌日、山本権兵衛内閣で内務大臣兼帝都復興院総裁に就任し、震災復興計画を立案、震災後の東京の青写真を描いたのです。

注目すべきは、現在とは政治体制が違うとはいえ、関東大震災の翌日に内閣改造が行われ、その年の四月まで東京市長を務めていた後藤新平が、内務大臣兼帝都復興院総裁に就任するという、迅速な復興態勢が取られたことです。後藤がその地位にあったのは翌年の一月までです。当時の内閣は震災の翌日に震災対応の救国態勢をつくり、四カ月で復興計画を立案し、本格的な帝都再建に動き始めていたのです。その間、後藤新平は当初、大規模な区画整理、公園や幹線道路整備などを盛り込んだ、当時の国家予算一年分に相当する十三億円という復興計画を打ち出しています。「大風呂敷」と言われたこの計画は、財界などからの猛反発を招き、最終的に帝国議会で認められた復興予算は五億七千五百万円に縮小されました。しかし、後藤新平が壮大な復興プランを打ち出したからこそ、現在も基幹道路となっている昭和通り、靖国通り、外堀通りなどの幹線道路ができたとも言えるのです。昭和通りなどは、当初計画では幅が七十二メートルだったと言います。後藤新平の「大風呂敷」には、さまざまな毀誉褒貶があることはたしかですが、大震災からの復興には、後藤新平のような気概と胆力と構想力が不可欠であることも確かです。

今日の日本は財政危機に立たされており、民主党政権は「二番じゃダメなんですか」の仕分けに代表されるように、公共事業の削減策を推進してきました。しかし、大震災の復興を進める過程では、公共事業を増やさざるを得ません。そのあたりの発想の転換を、肚をすえて国民に訴え、断固として推進していくリーダーシップを誰が取るのか。苦しい財政の中で、パラダイム転換を迫られている日本の舵取りは、「一千万人といえども我ゆかん」「天下一人をもって興る」の気概を持ったリーダーに委ねられるべきです。

（平成二十三年五月号）

菅首相に読ませたい佐藤一斎の『言志四録』

日本の指導者像が大きく揺らいでいます。菅直人首相からは、かつての日本の指導者が無意識のうちに身につけていた、日本の伝統精神や心が全く感じられないのです。菅首相は理科系の人ですから、そういうものには関心がないのかも知れませんが、国民的な衆望を担う政治指導者の器というものは、国家・国民の奥深くに流れる伝統精神や心を体現する人でなければ、身につけることはできないのです。以前、小泉純一郎首相が外務官僚ともめ事の絶えなかった田中真紀子外務大臣に対して、「部下を引き立て、気持ちよく仕事に取り組めるように働かせる」「小さな過失にこだわり、人を容認して用いることがないならば、使える人は一人もいなくなる」といった、「大臣の心得」ともいうべき戒めの文章を渡したことがありました。それは江戸時代末期の儒学者である佐藤一斎が、美濃・岩村藩のために作った「重職心得個条」の一節でした。

一斎は岩村藩の藩士で、晩年は幕府直属の儒学者として生きた人です。一斎の門下生には佐久間象山、横井小楠、渡辺華山、中村正直といった幕末から明治にかけての著名な知識人がおり、さらにその人脈には勝海舟、西郷隆盛、坂本龍馬、吉田松陰、高杉晋作、木戸孝允、伊藤博文、山県有朋といった明治維新の英傑が連なっていました。一斎は幕府直属の儒学者でしたが、一斎の智慧や思いが幕藩体制を揺り動かし、明治維新を準備したのです。一斎が後半生の四十年をかけて残した書に、西郷隆盛も座右の書として愛読した『言志四録（げんししろく）』という有名な本があります。四書五経などをもとに、指導者の身の処し方や人生訓などが説かれており、日本の指導者のバイブルとして読み継がれています。『言志四録』は「言志録」「言志後録」「言志晩録」「言志耋録（てつろく）」の四編から構成されています。第一編「言志録」を読むだけで、指導者の要諦が満載されています。原文は簡潔な古文で、「声に出して読みたい日本語」になっていますが、ここでは主に現代語で一部を紹介したいと思います。たとえば「君子」について、こう言っています。「君子は、人としての道を立派に踏み行う人をいうのであり、昔は徳のある人にはそれ相応の地位がつけられていた。徳の高低によって地位も尊卑の区別があった。後世になると、徳のない人でも良い位につく人が現れてきたため、君子という言葉も、位が高いというだけでそう呼ぶようになった。今の君子は、それだけの価値がないのに、君子という名声を得て、少しも恥と思わないのだろうか」。君子とは為政者を指します。君子を総理大臣と読み替えたら、「今の総理大臣はそれだけの価値も徳もないのに、総理大臣という名声を得ている。それを少しも恥ずかしいと思わないのだろうか」ということになります。

一斎はまた、指導者の身の処し方について、「一般的に、自分を厳しく責める人は人を責めるにも厳しい。他人を思いやることに厚い人は自らに対しても寛容である。しかし、これはいずれも厳しいか寛容かの一方に片寄っている。立派な指導者は自分を責めるには厳しいが、人を責める場合は寛容である」と説いています。原発事故に関連して、政府関係者が「東京電力が」「原子力安全委員会が」「原子力安全・保安院が」などと、責任逃れの発言を繰り返していますが、政府はもう少し責任感を持って、事故の実態把握や収束に真剣に取り組むべきです。

だから一斎も、「社稷の臣の執る所二つあり。曰く、鎮定。曰く、機に応ず」、つまり、「国家の存亡を託されている重臣の仕事は、二つある。国民に不安のない生活を送らせる鎮定と、危急存亡のときに臨機に対応することである」と説くのです。原発事故を含めて、政府の大震災への対応は、臨機に行われたとは、とても言えません。

また、「下情(かじょう)は下事(かじ)と同じからず。人に君たる者、下情には通ぜざるべからず。下事にはすなわち必ずしも通ぜず」とは、「民の気持ちと、民の日々の仕事は、同じことではない。為政者たる者は、民の気持ちに通じていなければならないが、民の仕事をする必要はない」ということです。一国の首相が震災直後、事故対応に追われる原発を視察したり、東電本社に早朝から怒鳴り込むなどは、指導者として取るべき対応ではなかったのです。まさに、「処しがたきの事に遇わば、妄動することを得ざれ。すべからく機の至るをうかがいて、これに応ずべし」。指導者は処理の難しいことに直面したときは、みだりに動くべきではなく、好機のくるのを考えながら、その対応をすべきだったのです。最後に、菅首相に通じるかどうか、「事の処理に当たっては、たとえ自分が道理にかなっていたとしても、一点でも、自分の有利になるような私心があっては、それが道理上の一点の障害となって、道理が通じなくなるものである」――。

（平成二十三年七月号）

中江藤樹が説く総理大臣の要諦は「謙の一字」

衆人環視の中で表明した辞意をうやむやにし、延命を図ろうとされている菅直人総理に関して、新渡戸稲造が『武士道』で説いた廉恥心に照らして、総理には恥を知る心がないのか、と私は感じています。また、東洋思想の真髄の一つである「天を敬う心」もお持ちではないのではないか、とも感じます。日本人は昔から、武士から農民、職人、町人、子どもに至るまで、「お天道さまが見ていらっしゃるから、間違ったことはできない」と、自らを厳しく律して生きてきたものです。

江戸時代に「天を敬う心」の重要性を力説し、学問化したのは、「日本陽明学の祖」とされ、後に近江聖人と呼ばれた中江藤樹です。中江藤樹が琵琶湖畔の農村に生まれたのは、江戸幕府が開かれた五年後です。若き日の藤樹は理想主義者で、大義名分を重んじた幕府のブレーン・林羅山らの路線を批判し、伊予大洲藩を脱藩します。自由な身となった藤樹は、「四書五経」を徹底的に研究し、聖人の教えや規範に従うだけでは、生き生きとした人間性を失い、良好な人間関係を築けないことに気づき、普遍的な真理すなわち宇宙の真理に基づく生き方と、自己の主体的な生き方を、どう調和させるかを探究したのです。そして藤樹は、「心すなわち理」という、中国の王陽明が打ち立てた陽明学と出会い、宇宙の真理と人間の心が同じであることを確信したのです。宇宙の理と人間の心がつながっているという考え方は、弘法大師空海、お大師さまが説かれた、この大宇宙に存在するすべての生命は仏さまの子である、という考え方と通底します。

中江藤樹の著書に『翁問答』があります。この本のテーマは「人間一生涯の道」で、「人間にはそれぞれの分に応じた位があり、その職分を尽くし、自己の人間としての完成を図り、社会秩序を確立することこそ、人間一生涯の道の実践だ」と説いています。そして藤樹は、人間一生涯の道の根本は「孝徳」であると言い、「孝徳」は「愛敬（あいけい）」の二文字に帰着すると説いています。「愛」とは人に親切にして愛すること、「敬」とは目上の人を敬い、目下の人を軽んじないことです。孝徳こそが人を愛し敬う普遍的な原理であるとし、親を愛敬する孝徳を孝行、臣下が主君を愛敬する孝徳を忠、主君が臣下を愛敬する孝徳を仁、親が子を愛敬する孝徳を慈、妻が夫を愛敬する孝徳を順、夫が妻を愛敬する孝徳を和と名づけて、孝徳の実践を奨めたのです。これらの孝徳は、現在の日本では、まさに風前の灯火となっています。菅総理はその風潮が生んだ総理であり、そういう孝徳とは無縁のリーダーなのでしょうか。

『翁問答』で藤樹は、為政者の心得にも言及し、為政者の要諦について、「謙の一字」と答えています。藤樹は「自分の位が高いことにおごり自慢する魔心の根を断ち捨て、人の踏み行うべき道を示す本心を明らかにし、かりそめにも人を軽蔑せず、慈悲深く万民に思いをかけ、士にも礼を失わず、家老や側近の忠告をよく聞き入れ、自分の知恵をひけらかさないこと」が「謙徳」だと説いたのです。総理の座にあることに慢心せず、人の歩むべき道を手本として示し、人を軽蔑せず、万民に慈悲を注ぎ、自分の知恵をひけらかさず、周囲の部下の忠告をよく聞き入れる――。そういう態度こそが為政者のあるべき姿であると、中江藤樹は説いているのです。

いずれにしても、中江藤樹は普遍的真理の上に新しい時代の武士道を確立しようと奮闘し、弟子の熊沢蕃山らを通じて、その後の武士のあり方に大きな影響を及ぼしました。東日本大震災後の日本は、未曽有の国難状況に立ち尽くしています。六十五年前の戦後をリードしたのが、新しい世代のリーダーたちであったように、大震災後の新しい日本の再生には、新しい社会理念やリーダーシップが求められています。私はそのキーワードになるのが、お大師さまや中江藤樹が力説した、宇宙の普遍的真理に照らした生き方だと確信しています。

真理の「理」という字には、もともと「玉をみがき治める」という意味が込められていますが、一般的には「人の踏み行うべき道」「宇宙の本体」「筋道」「ことわり」といった意味で、ものごとの本質を指す言葉です。東日本大震災後の日本は、再び宇宙の光に照らして「理」を追求する国に生まれ変わる必要があります。総理大臣の「総理」とは、本来「すべての理を治める人」という意味です。人の行うべき道や宇宙の真理、物事の道理に通じた人でなければ、総理大臣は本来務まらないのです。大震災、原発事故を乗り越えて、新しい日本を再生するために、宇宙の大いなる営みに感応できる、有徳のリーダーの出現を願わずにはいられません。（平成二十三年八月号）

国難克服に必要な弘法大師の国家鎮護の祈り

私は、大震災以来、なぜ今、日本は大震災に見舞われ、政治はその対応に醜態をさらしているのかについて、日々の護摩行の灼熱の火の前で、何回も思いを巡らしました。そして、弘法大師空海、お大師さまが、深刻な旱魃から国家・国民を救うために、雨乞いをしたときの願文の中の、次のような言葉を思い出しました。

「三綱弛び紊れて五常廃れ絶ゆるときは、すなわち旱撈飢饉し邦国荒涼せり」。これは「君臣・父子・夫婦の肝要な三つの道が弛み乱れ、仁・義・礼・智・信の常に行うべき五つの道がすたれて絶えるときには、日照りや長雨、飢饉が起こり、国中が疲弊し荒涼となる」という意味です。

ひるがえって昨今の日本社会を眺めてみますと、政治家が耳ざわりの良い公約を掲げて国民を欺いたり、亡くなった親を生きていることにして年金をだまし取ったり、子どもが親を殺したり、親が幼い子どもを殺したり、オレオレ詐欺が横行したり、モラルの崩壊が著しいのです。その深刻なモラルハザード状況の中で、大震災が起き、原発事故まで誘発されたわけですから、これは一種、日本社会の精神的荒廃に対する、天からの警告であったと受け止めるべきかも知れない、と私は感じたのです。そして、お大師さまが国家鎮護の祈りを捧げた人であったことに思いを致し、自分の生きる道も国家鎮護、衆生救済の祈りに専心することだと、改めて肝に銘じました。

お大師さまは、「国家は生きとし生けるものの拠り所であり、父母も国王も衆生も仏教者も精妙な因果の糸で結ばれている」と教えています。だからこそ、「王が非法を行えば、国は衰え弱る。たとえ正しい理法で王になっても、正しい理法を行わなければ、人民はみな破滅する。それは象が蓮池を踏むようなものだ。国土が飢饉に襲われるというのは、国王が理法を捨てたためだ。そうなれば、王位は安定せず、諸天はみな怒り恨む。諸天が怒りを抱けば、その国は破れ、滅亡するだろう」と、為政者を戒めたのです。また、入定の直前、お大師さまは弟子たちに、「兜率天にあっては自分は雲の間から地上をのぞき、お前たちの様子をよく観ていよう。そして、五十六億七千万年ののちに、必ずや弥勒菩薩とともに下生して、衆生救済に当たりたい」という言葉を遺しています。お大師さまの場合、入定イコール死ではありません。実際、私たち真言宗徒は、お大師さまは今もなお高野山奥之院に生きていらっしゃると考え、毎日、食事を捧げています。お大師さまは五十六億七千万年ののちまで生き続け、衆生救済に全身全霊で取り組もうとされた人でした。

お大師さまは、「国家のため」「皇室のため」を片時も忘れたことがない人でもあり、国家鎮護の修法を五十一回も行っていますが、そもそも、お大師さまは国家鎮護を一つの目的として、真言密教を開かれたのです。高雄山の寺名を神護国祚寺に、東寺を教王護国寺に改められたのもそのためです。また、国家鎮護のために、文化、学問、産業振興、科学、工芸、芸術など、ありとあらゆる方面で世のため人のために不惜身命の努力をしています。さらに、日本古来の神道と仏教の融合を図ることによって縄文以来の日本の伝統的な神々と仏の融和をも図りました。お大師さまの時代から三百年ほど下った時代の白河上皇は、「法を弘め国を守る高僧、古今多しといえども、わが朝にことに恩深きこと、高野大師に過ぎたるはなし」と、お大師さまを讃えられたということです。

嵯峨天皇とお大師さまの交流は有名な話です。二人の交流はお大師さまが入定されるまで続きました。その間、嵯峨天皇はお大師さまが高野山に国家鎮護と真言密教の修行のための寺院を開くことを許され、さらに父・桓武天皇が平安京に遷都された際、都を守護する寺として西寺とともに建立された東寺を、真言密教の根本道場・教王護国寺としてお大師さまに与えられました。お大師さまが嵯峨天皇の精神的支柱となり、嵯峨天皇はお大師さまの活動を全面的にバックアップされた形の中に、国家のリーダーと宗教家の究極的な関係を見る思いがします。

日本人のDNAには、お大師さまの時代から、自然と共生し、天皇と国民が一体感を持ち、八百万の神を敬うといった感性が刷り込まれていたはずです。そして、そのDNAは必ずや現代の日本人の魂の奥深くにも眠っているはずです。東日本大震災の復旧・復興と並行して、国家百年の計として、そのDNAを覚醒させることこそ、日本再生の本質だと、私は思っています。日本および日本人が、そのことに目覚め、日本本来の光を取り戻したとき、東北はじめ東日本は新生の輝きを放ち、日本は国際的に尊敬を集める国としてよみがえると、私は確信します。

（平成二十三年九月号）

増税論者・野田総理に求められる恩田木工の心

菅直人総理が退陣し、野田佳彦総理が誕生しました。野田政権の前途には、大震災の復興、原発事故の収束をはじめ、財政再建、円高・デフレ対応、経済立て直し等々、難問が山積しておりますが、私が気になっているのが、日本の財政危機の行方です。日本は真剣に財政赤字問題に取り組み、国民にも我慢を強いる毅然たる態度が、早晩必要になるに違いありません。もちろん政治家も議員定数を削減するとか犠牲を求められ、毎日「首相の動静」で、有名料理店での夕食が報じられるようなことも、自粛しなければならなくなるでしょう。

信州・松代藩に、江戸中期に不退転の決意で財政改革に取り組んだ家老がいました。その名を恩田木工と言い、その改革への取り組みは『日暮硯』という本に残され、岩波文庫にもなっています。同書に基づき、恩田木工の財政改革を紹介します。松代藩の財政改革の責任者に指名された恩田木工は、江戸から国許に帰ると、まず妻子・家来を集め、妻には「離婚するから親元へ帰るがよい」、子供には「勘当するから、どこへでも行くがよい」、家来には「全員解雇するから、どこへでも新しい奉公先に行くがよい」と言い渡したといいます。一同が「何か不届きがあって、追い出されるのでしょうか」と尋ねると、「何も不届きはないが、財政改革の役目を果たすのに邪魔になるからだ。他に理由はない」と答えます。そこで妻が、「どういう理由で邪魔になるのでしょうか。得心させて下されば、お暇をいただきます」と言いますと、恩田木工は「自分は今後、決して嘘は言わない。ふだんは御飯と汁以外は食べない。衣服は木綿以外は着ない。そう決めた。そうしないと、財政改革の役目は果たせないからだ。お前たちは今までのように、嘘も言いたいだろうし、野菜も食べたいだろう。また、木綿以外の衣類も着たいだろう。だから、お前たちと縁を切るのだ」と答えます。

この恩田木工の不退転の決意に対して、妻子や親類や家来たちはどう反応したのか。ここが江戸時代の人たちの偉いところです。一同曰く、「私たちも嘘は言いません。御飯と汁以外は食べません。木綿以外は着ません。

ですから、今までどおり、お側に置いて下さい」。まず第一に、家族・親類・家来たちの気持ちを一つに固めた恩田木工を、『日暮硯』の筆者は、「前代未聞の賢人なり」と絶賛しています。

恩田木工はまた、領民に対して、「自分は今後一切嘘はつかないし、言ったことは守る。だから、万事心をゆるして相談してくれ。また、贈り物は一切受け取らない。賄賂も受け取らない。足軽を派遣して年貢を強引に取り立てることはやめる。労役を課すことはやめる。年貢の一年分・二年分の前払い制度はやめる。御用金は今後一切申し付けない」という約束をしています。この約束に領民は安堵し、「誠に闇の夜に月の出でたる心地、胸の曇りも晴れて、これより行末安楽になるべし」と、喜び勇まぬ者はなかったと、『日暮硯』は書いています。これくらい民の信を集めないと、財政再建はできないのです。

恩田木工は、神仏に対する敬虔な心の持ち主でもありました。『日暮硯』は「木工殿は国の政道に心を用いるのみならず、信心を第一にして、公にも勧め、自身にもなおもって神仏を信仰して、平日帰依僧を招き供養して、先祖の追福厚く祈り、自身にも日課念仏を勧め、後生菩提のみを願うこと、目前希代の賢仁なり」と賞賛しています。つまり、信心を第一にする信仰の人であったからこそ、慈悲深い心で領民を善導し、財政の立て直しをやり遂げることができたのだ、と言っているのです。

大震災後の景気が悪いときに、財政再建のために増税に踏み切ることは、被災者をはじめ国民の多くにさらなる負担をかけることになり反対だ、という声が根強くあります。しかし、九百兆円を超えた借金がいつ亡国の引き金になるかわかりません。早晩、政治が断固たる決意で財政再建路線に舵を切らざるを得なくなる日がきます。問題は、そのとき恩田木工のように、自ら率先して我慢の生活を実践し、なおかつ国民の信を集める政治家が存在するかどうかです。

増税論者でもある野田新総理は、「赤いべべを着た金魚よりも、泥くさい泥鰌でありたい」と言われました。泥まみれになって、国家・国民のために奉仕するという気概を示された言葉です。その言や良し、泥まみれになって奮闘される指導者の姿を、ぜひ拝見したいものです。

（平成二十三年十月号）

野田総理は全身全霊で「正心誠意」を実践せよ

民主党政権三人目の総理が率いる野田佳彦内閣がスタートしました。民主党代表選挙で、「赤い金魚より泥臭いドジョウでありたい」と、国家・国民のために汗をかくことを表明し、支持率五〇～六〇パーセントという上々の船出をした野田内閣でしたが、早くも前途多難な航海を余儀なくされているようです。

野田総理はもともと保守的なバックボーンを持った人です。実際、野田総理は「民主の保守派」を自任し、石破政調会長の、「保守とは何ですか」との質問に対し、「保守とは日本の文化と伝統を守ることです」と応じています。野田総理だけでなく、松下政経塾から政治家を目指し、国会に上がってきた人たちは、多かれ少なかれ、本来保守の血を持った人が多いのではないかと、私は見ています。

そういう野田総理が、「もう、ノーサイドにしましょう」と言い、未曽有の国難状況を乗り切るために、大連立内閣を模索しようとしても、右から左まで、さまざまな議員が混在する民主党内が、一つにまとまるはずはありません。野田総理は今、立ちはだかるハードルの多さ、高さに、改めてため息をついておられるように見えます。野田総理が「ドジョウ発言」をされたとき、国民の多くは一瞬、新鮮な輝きを感じました。しかし、野田総理の輝きは、急速に失われつつあります。

ところで、野田総理は所信表明演説で「正心誠意」という言葉を使われました。普通「誠心誠意」と書きますが、野田総理はあえて、勝海舟が『氷川清話』の中で使った、「政治家の秘訣は、何もない。ただただ正心誠意の四文字ばかりだ。この四文字によりてやりさえすれば、たとえいかなる人民もこれに心服しないものはないはずだ」という一節から、「正心誠意」を引用されたのです。

「意を誠にして、心を正す」ことは、政治家にとって、忘れてはならない心構えです。野田総理がその心構えで政治に邁進されることは、国民にとって頼もしいことです。しかし、その「正心誠意」という言葉に魂がこもっておらず、総理の一挙手一投足にその言葉が体現されていなかったら、勝海舟の至言も「絵に描いた餅」になってしまいます。野田総理はドジョウのように泥まみれになり、正心誠意を実践していくことが肝要です。

晩年の勝海舟に師事した巌本善治(いわもとよしはる)という人が編んだ『海舟座談』(岩波文庫)があります。その中で勝海舟は、「不撓の精神をもって、その道を自得した」江戸時代の人物として、荻生徂徠、新井白石、貝原益軒、中江藤樹、渡辺崋山、佐久間象山、横井小楠らと並べて、室鳩巣を採り上げています。

室鳩巣は江戸時代中期の儒者で、八代将軍徳川吉宗のブレーンとして、享保の改革にも携わった人です。鳩巣が加賀百万石の前田藩に仕えていたとき、「今は世も末となって人の心も素直でなく、風俗も日ましに卑しくなっている」として、『明君家訓』という教訓書を書き残しています。

そこには「悪い点は遠慮なく注意してくれるように」「何度でも懲りずに諫めてくれるように」「本物の学問をしてこそ生きがいがある」「学問とは心がけと行いを正す修業のことだ」といった教訓が説かれていますが、武士の心構えを説いた項目も少なくありません。

「昨今の武士の風俗は、質素で素朴な傾向が少なく、外見を飾り、わが身を裕福そうに見せかけている。自分と同じ位の者、あるいは身分の下の者に対しては、特別に高慢に振舞ってみせ、まるで飾りたてた木の人形のように見える。……武士というものはその身分よりへりくだって、万事につけてやり方が無造作で、外見をつくろい自分を飾る気持ちのないことこそが本来のあり方である」と、武士は質素・素朴を旨とすべきだと説いています。

室鳩巣から学ばねばならないことは、指導者にとって理念、志、心構えがいかに大切かということです。確固たる理念、志、心構えを持ち、全身全霊で物事に当たれば、その姿勢は必ず多くの人々の共感を得、結果的に多くの人々を救うことにつながるのです。

民主党政権は、理念、志、心構えとはほど遠い、芯のない、ぶれる、揺れる政治に終始してきたような感じがします。野田総理が室鳩巣や勝海舟といった先人の至言を、魂で受け止め、全身全霊で実践されることによって、日本の政治が回天し、国難状況の打開につながることを祈るばかりです。

(平成二十三年十一月号)

民主党政権は沖縄の「あま世」を招来できるのか？

去る十月二日に、宮城県大崎市で、神仏合同の東日本大震災犠牲者の慰霊法要を行いました。犠牲者の霊を慰めると同時に、被災した神仏の再生を祈ってきました。

法要と言えば、今年は鹿児島県の島で、二つの大きな法要を執り行いました。一つは、四月七日に徳之島などみの岬公園で行った、「地福徳之島三十三聖地旧跡めぐり開山法要」であり、もう一つは、十月十七日に行った、「屋久島七福神霊場開創大法要」です。

徳之島には、古くは古代の地神イビガナシを祀る秋津神社、太古に馬で来た神様ノロを祀る水神様から、第二次大戦の英霊を祀る特攻平和慰霊碑、戦艦大和慰霊碑に至るまで、三十三の聖地・旧跡が存在しています。今年、徳之島島民は、これら三十三の聖地・旧跡を「地福徳之島三十三霊場」として開山し、いよいよ祈りの心を深めようとされたのです。同霊場の開山は、東日本大震災から一カ月も経っていない時期でした。私は、この国難状況を乗り越えるカギは、日本人が本来の祈りの心を取り戻すことにあると考えていました。徳之島三十三霊場の開山は、天の時を得ており、震災復興、日本再生に必ずや福音をもたらすに違いないと確信しました。

屋久島七福神霊場開創大法要は、屋久島に新たに七福神霊場が開創されたのを記念して、大導師に高野山真言宗宗務総長の庄野光昭大僧正をお迎えして行いました。屋久島に伝わる自然崇拝の心、自然との共生を求める祈りの心こそが、屋久島の自然を守り、心穏やかな人々の輪を広げると確信し、全身全霊で七福神霊場の開創の準備を行ってきました。秋晴れのもと、屋久島の古式にのっとって行われた法要・式典は、まさに平安絵巻を見るような優雅さでした。

今年、こうして鹿児島県下の二つの島で、祈りの霊場の開山・開創を祝う法要を行ったことを思い出すにつけ、普天間基地移設問題に翻弄される沖縄県民は、あまりにも不幸だと思わざるを得ません。野田内閣は、名護市辺野古沿岸部への移設を強行すべく、相次いで沖縄に閣僚を送り込み、仲井真知事や名護市の稲嶺市長らの説得を行っています。しかし、「最低でも県外」という言葉に騙され、怒り心頭に発している沖縄県民は、辺野古移設に猛反発しており、とてもスムーズに行くとは思えない状況です。

昨年、月刊『文藝春秋』六月号に、ノンフィクション作家の佐野眞一さんの、前名護市長・島袋吉和さんに対するインタビュー記事が載っていました。島袋さんは昨年一月の市長選挙で稲嶺さんに千数百票差の僅差で敗れた前市長ですが、普天間移設受け入れ問題に深く関わってきた人です。

インタビューの中で、島袋さんは、「私が市長選に当選して二期目を務めていたら、当初の計画通り二〇一四年には普天間基地の辺野古沖への移設は完了していたはずです」と語っていました。沖縄県民に「最低でも県外」との期待を抱かせたことによって、普天間移設問題を五里霧中の状況に追いやった民主党政権の罪は大きかったと言わざるを得ません。

私は、沖縄の米軍基地を手放しで容認しているわけではありません。本来なら、日本の防衛はアメリカに依存するのではなく、日本国民がそれなりの覚悟を持って行うのが当然です。しかし、日本国民からその覚悟が失われています。日本人が自分の国は自分で守るという常識を取り戻すまでは、日本は日米安保を堅持していかざるを得ないと思います。ただ、民主党政権が沖縄県民の意思を無視して事を急ぐと、政権は危機に立たされるでしょう。

昭和二十二年に亡くなった、「沖縄学の父」伊波普猷（いはふゆう）は、遺作『沖縄歴史物語』の最後を、《地球上で帝国主義が終わりを告げるとき、沖縄人は「にが世」から解放されて、「あま世」を楽しみ、十分にその個性をいかして、世界の文化に貢献することが出来る》という言葉で結んでいます。沖縄返還から来年で四十年、この間、沖縄の人たちは「にが世」から解放されて、「あま世」を楽しんだことがあったでしょうか。政治家を含めて、私たち日本人は、本来なら、徳之島や屋久島と同じく祈りの島であった沖縄の「あま世」について、自らの国は自らが守るということも含めて、真摯に考えるべきときが来ていると思わずにはいられません。

（平成二十三年十二月号）

平成二十四年（二〇一二）

三月　世界人口が70億人を突破
四月　スマトラ島沖地震
五月　東京スカイツリー開業
九月　尖閣諸島国有化
十一月　米大統領選でオバマ氏が再選
十二月　衆院選で自民党が勝利（政権交代）
　　　　第二次安倍内閣発足

オリンパス、大王製紙事件が反省迫る経営者の心

東日本大震災による未曽有の国難状況の中、企業社会を揺るがす二つの事件が、閉塞感に覆われた日本経済をいよいよ暗くしています。オリンパスの損失隠し事件は、内視鏡分野では世界の七五パーセントのシェアを持つ、国際的企業のオリンパスが、バブル時代の投機の失敗を、組織ぐるみで不正に隠蔽してきたうえに、イギリス人社長を起用しておきながら、その社長が事件の真相糾明に乗り出すと、元社長らがその社長を半年足らずで追放したという、国内的にも国際的にも、誠に恥ずかしい事件です。私はオリンパスの事件を知ったとき、明治二十四年に制定されたという「住友家法」を思い出しました。

第一条　我が営業は、信用を重んじ、確実を旨とし、以て一家の鞏固、隆盛を期す。

第二条　我が営業は、時勢の変遷、理財の得失を計り、弛張、興廃することあるべしと雖も、苟も浮利に趨り、軽進すべからず。

この「浮利を追わず」は長年、住友グループの経営理念として定着してきましたが、先のバブル景気の際、住友銀行（現三井住友銀行）が地上げなどによって浮利を追いかけ、さまざまな事件に関与したことによって、住友グループの堅実なイメージは地に落ちてしまったという苦い経験をしています。オリンパスもまた、バブルの時代に浮利を追いかけ、バブル崩壊で出た損失を「飛ばし」という手法で隠蔽し、世の中を欺いてきた結果、信用を失墜させたのです。時代の流れによって、経営に弛張、興廃があることはやむを得ないとしても、決して浮利に走ったり、軽進してはならない、という理念を持って、誠心誠意経営にあたっていれば、オリンパスもその名を汚すことはなかったに違いありません。オリンパスは大正八年の創業で、当時の社名は高千穂製作所でした。高千穂の峰は日本神話にも出てくる神々が集まる山で、社名はそこから取ったものです。戦後、ギリシャ神話で神々が住むオリンポス山にちなんで、オリンパス光学工業となり、八年前にオリンパスという社名になったので

す。高千穂の神々も、オリンポスの神々も、怒り悲しんでいるに違いありません。

　また、大王製紙の事件は、同族経営の三代目が、経営者であることを忘れてカジノにのめり込み、子会社などに出させた百億円を超す資金を、あっと言う間に使い果たしてしまったという、開いた口がふさがらない事件です。「売り家と唐様(からよう)で書く三代目」という川柳があります。「初代が苦心して財産を残しても、三代目にもなると没落して、ついに家を売りに出すようになるが、その売り家札の筆跡は唐様でしゃれている」という意味で、遊芸にふけって、商いの道をないがしろにする人を皮肉った川柳です。リヤカーを引きながら古紙回収業からスタートした初代が、製紙会社を興し、二代目が初代とともに経営に邁進し、製紙業界では「四国の暴れん坊」と畏怖される、業界三位の企業に発展させたが、三代目がその財産を食い潰そうとしている図では、まさに川柳そのものです。

　最近では、家訓というのはあまり聞かなくなりましたが、日本には古来、戦国武将などが残した立派な家訓が伝えられています。その中に通底するのは、神仏への帰依です。例えば、自ら仏門に入っていた北条早雲は、「神仏を拝むことは人のつとめである。それには、ただ真っ直ぐで穏やかな心を保ち、正直一途に上を敬い、下を憐れみ、すべてをありのままに認めて、あるものをあるとし、ないものはないとする心構えでいることが、神仏の御心にかなうものと言えよう」と言っています。

　また、中国地方を治めた毛利元就が、還暦のとき、三人の息子に書き送った『毛利元就書状』という手紙の最後には、「自分が十一歳の頃、一人の旅の僧が来て、念仏の法を説いた。それ以来、家中の者がその法を毎朝行ってきた。その法とは、朝日を拝み、念仏を十遍ずつ唱えることだ。このことが我が身を守るよすがとなっているのではないかと思う。お前たちも、この法を毎朝行うがいいだろう」とあります。

　現代における領主である経営者が、領土や領民の繁栄と幸せを忘れ、自らの欲望や体面ばかりを考えていたのでは、日本はますます精神的荒廃を深め、衰退していくばかりです。政治家も企業経営者も、神仏を大事にする日本本来のリーダーシップのあり方を、もう一度噛みしめて、この未曽有の国難状況からの脱出に全身全霊で取り組んで頂きたいものです。

（平成二十四年一月号）

政府は決死の覚悟で日朝正常化に取り組むべきだ

新年で就任五カ月目に入った野田佳彦総理は、「ドジョウ総理」を標榜してスタートした当初は、国民にある程度好感をもって迎えられましたが、その後、胆力の無さ、リーダーシップの欠如を露呈し、国民の信頼・期待は落ちる一方の状況です。

その野田総理の弱点が如実に表れたのが、北朝鮮の金正日総書記急逝に対する対応です。日本は北朝鮮問題を話し合う六カ国協議の一員であるだけでなく、北朝鮮との間に拉致問題や国交正常化問題を抱える国であり、北朝鮮のトップの急逝は日本にとっても重大な事態です。しかし、政府は金正日総書記の急逝を真正面から受け止めようとせず、未来志向の対応もしようとしなかったのです。

日本はまだ北朝鮮と国交正常化が行われておらず、正式な大使館はありません。しかし、在日朝鮮人の人たちにとって大使館的な役割を果たしている施設に、東京・千代田区富士見の朝鮮総聯本部ビルがあります。日本政府関係者がその気になれば、本人が行けなくとも、代理を立てて、朝鮮総聯本部ビルに弔問することはできます。しかし、現役の日本政府関係者が弔問に訪れたという話は伝わってきません。それどころか、日本政府は在日朝鮮人要人の本国弔問に対して、日朝対立を深めるような措置を講じたのです。

朝鮮総聯側が、弔問目的で許宗萬責任副議長の北朝鮮行きと、再入国を特例措置で認めるよう申請したのに対して、日本政府は、北朝鮮の国会議員に相当する最高人民会議代議員を務める許氏が、弔問のために北朝鮮に渡航した場合、再入国を認めない決定をしました。特例措置というのは、二〇〇六年の北朝鮮のミサイル発射、核実験をきっかけに、日本は対北朝鮮制裁措置を行っており、その中に、在日の北朝鮮当局者の再入国禁止条項があるために、今回、その特例を認めてほしいと願い出たわけですが、日本政府は拒否したのです。

日朝間には拉致問題があり、核・ミサイル問題で制裁続行中とはいえ、日本在住の北朝鮮要人が、国家の最高指導者であった総書記の葬儀に参列を望みながら、それを許さないという日本の態度は、あまりにも硬直的な姿勢と言わざるを得ません。滞在日数を制限してでも、弔問を認めるというのが、「武士の情け」というものです。

日本政府関係者が誰も弔問に行かないということを知って、私はどういう形であれ、何とか総書記の供養をしたいと思い、葬儀が行われた十二月二十八日、仲間の僧侶や弟子たちを伴って、祭壇が設けられている朝鮮総聯本部を訪問し、慰霊の読経を捧げてきました。

日本は現在、先進国首脳会議・G8の一員として、アメリカやイギリスなど欧米諸国と親密な交流を持っています。しかし、七十年ほど前には、「鬼畜米英」と言いながら、アメリカ、イギリスと激しい戦争を戦ったのです。そこには、双方に今もなお消せない怨念が残っています。しかし、双方の努力によってその怨念を乗り越え、今日の友好関係を築いてきたのです。

その背景には、仏教的な「怨親平等」の考え方があります。不幸にも敵・味方に分かれて戦争を戦ったとしても、戦争が終わったら、敵・味方の区別なく、戦没者・戦争犠牲者の霊を慰め、その気持ちを戦後の平和に結びつけていく、という考え方です。

十二月二十三日付け朝日新聞の、「どう動く『金正日』後」というオピニオン欄に、韓国生まれ、日本育ちのクォン・ヨンソクさんという一橋大学大学院准教授が、「国交の扉開放へ日本から動け」という主張をしていました。クォン准教授は、戦後の日本外交は「情報を収集し、事態を見守る」という静観政策を取ってきたが、静観は政策とは言えず、日本自らの判断と行動で、日朝国交正常化を実現させてほしい、と主張していました。

クォン准教授はまた、「日朝が正常化すれば、米朝正常化も進むでしょうし、南北和解も進む」と言い、安倍晋三元総理を政府特使として北朝鮮に派遣する思い切った提案をしています。我が意を得たりと思いました。日本の政治家が決死の覚悟で日朝の扉を開くことに全身全霊で取り組めば、北朝鮮が拉致問題の解決に向けて動き出す可能性はあります。

いずれにしても、金正日総書記の死が、日朝関係のさらなる対立に向かうのではなく、新たな雪解けへの第一歩となることを祈るばかりです。

（平成二十四年二月号）

野田総理は魂を込めて過密過疎解消策を語れ！

野田佳彦総理は松の内が終わって間もない一月十三日、政権発足からわずか四カ月で内閣改造を行い、岡田克也前幹事長を副総理に起用するなど、消費税増税に向けた体制強化を図りました。しかし、内閣改造の効果は上がらず、野田内閣の前途は厳しいと言わざるを得ません。そのためか、二十四日に開会された通常国会冒頭の野田総理の施政方針演説は、精彩を欠くものとなりました。

私は、昨年の民主党代表選挙で、野田総理が「ドジョウ総理」を標榜されたときには、庶民の気持ちのわかる総理が登場したと感じ、多少なりとも期待を持ちました。しかし、その期待はわずか四カ月で雲散霧消しました。野田総理は、辻立ちで鍛えられたという弁舌は巧みですが、その言葉に魂がこもっていないのです。「言霊の幸(さき)わう国」である日本の総理大臣の言葉に、魂がこもっていないというのは、誠に悲しむべきことです。

施政方針演説は、随所にもっともらしき言葉がちりばめられていますが、魂を感じることはできません。

「内閣総理大臣に就任後、これまで三度、福島を訪れました。山々の麗しき稜線。生い茂る木々の間を流れる清らかな川と水の音。どの場所に行っても、どこか懐かしい郷愁を感じます。日本人誰もが、ふるさとの原型として思い浮かべるような美しい場所です。福島の再生なくして、日本の再生はありません。福島が甦らなければ、元気な日本も取り戻せないのです」

「私は、大好きな日本を守りたいのです。この美しいふるさとを未来に引き継いでいきたいのです。……この国を築き、守り、繁栄を導いてきた先人たちは国の行く末に深く思いを寄せてきました。私たちは長い長い『歴史のたすき』を継ぎ、次の世代へと渡していかなければなりません」

こうした施政方針演説にちりばめられた言葉に、果たして国民は魂を揺さぶられるでしょうか。むしろ、共感する人より、反発を感じる人の方が多いのではないかと心配になるほど、言葉が軽いのではないでしょうか。

そんな中で、私がもう一つ心配しているのは、一票の格差是正に基づく国会議員の定数是正問題です。依然として過疎過密問題が深刻化している中で、一票の格差是正を金科玉条に定数是正が進んでいけば、都市部の議員はますます増え、過疎地の議員はいよいよ減っていくことになり、中山間地域の限界集落化が一段と進むのではないか、と危惧しているのです。人間一人ひとりは平等です。その原則に照らせば、一票の重みに格差があってはなりません。しかし、だからといって、日本という国が、都市部だけが繁栄し、地方が荒れるに任せる国になっても良いという人は少ないと思います。

議員定数の是正と、国土の均衡ある発展とを、どうバランスを取っていくのか、これも政治の大きな課題であるはずです。

野田総理が「日本人誰もが、ふるさとの原型として思い浮かべるような美しい場所、福島の再生なくして、日本の再生はない。福島が甦らなければ、元気な日本も取り戻せない」、「私は、大好きな日本を守りたい。この美しいふるさとを未来に引き継いでいきたい」と言うとき、美しき農山漁村をどう守っていくのか、果たして視野に入っているのでしょうか。

輸出で稼ぐという貿易立国の国づくりにブレーキがかかった今、国内経済の新たな底上げを図るとするならば、国家百年の計として、過密過疎の解消に取り組むべきです。三・一一の大津波が東北各地を襲ったとき、あの地域に自動車産業やＩＴ産業を支える、高い技術力を持った企業が多く存在していたことが明らかになりました。あの千年に一度と言われる大災害の中で、日本人本来の節度と矜持をもって行動した東北の人たちは、日本のハイテク産業を底辺から支えていたのです。

東北の人たちと同じような節度と矜持を持った人たちは、全国各地にいます。そこに産業さえ根づけば、真摯に労働に携わる人材はいっぱいいるのです。そういう地方を活かす新たな産業構造を構築して、地方の若者が都会に出なくとも十分生活できる環境ができれば、日本は過密過疎問題を克服して、少子高齢化の時代も乗り切れるはずです。長期的な展望を持って、その布石を打っていくことこそ、政治の仕事ではないでしょうか。

（平成二十四年三月号）

崩れゆく日本社会を救うために仏心ある政治を！

最近、国民生活が悪化していることを物語るニュースが増えてきています。バブル経済全盛の頃までは、日本は「一億総中流社会」と言われ、国民の大半は中流意識を持っていたわけですが、この二十年で一億総中流社会は完全に崩壊しました。

去る二月二十二日、金融広報中央委員会が、平成二十三年の「家計の金融行動に関する世論調査」の結果を発表しました。調査の対象は二人以上の世帯ですが、「貯蓄はゼロ」と答えた世帯が、昭和三十八年に調査を始めて以来最高の二八・六パーセントに達したといいます。四世帯に一世帯は、貯蓄ゼロで必死に生活を送っているわけです。「貯蓄が減った」と答えた世帯は約四〇パーセントですが、減った理由は「収入が減ったので取り崩した」が最も多かったようです。低成長が常態化し、雇用状況も深刻化する中で、国民生活が次第に悪化してきているのが、貯蓄の調査でも明らかになってきているのです。

また近年、一人暮らしの中高年の人たちが、都会の片隅で孤独死していくのが問題になっていましたが、ここへ来てさらに深刻な亡くなり方が表面化してきました。それは餓死です。このグルメ社会の日本で、餓死者が相次ぐなどということは、ひと昔前までは考えられなかったことです。しかし現実に、今年に入ってからも、北海道札幌市のマンションに暮らしていた四十代の姉妹が、東京都立川市のマンションで四十代の母親と四歳の男の子が、さいたま市のアパートで六十代の夫婦と三十代の息子の三人が病死・餓死する事件が相次いでいます。

ここ数年、日本で餓死する人数は、毎年五十〜百人に達しているそうです。餓死した人たちの多くは、生活保護を受けておらず、行政との接点がほとんどなかったと見られています。東日本大震災で人と人の「絆」の重要性が再認識され、昨年を代表する漢字にも「絆」が選ばれましたが、現実の社会では周囲と「絆」を結ぶことなく、孤独死、餓死していく人が後を絶たないのです。世界第二位の経済大国を誇った日本経済が、ぎしぎしと音を立てて崩れていこうとしている中で、国民の生活基盤はいよいよ弱体化し、困窮に耐えきれない人たちが、地を這うようにして、声も無く倒れていっているのが日本の現実であり、それに東日本大震災・原発事故が追い討ちをかけているのです。今の日本の政治は、格差社会から落ちこぼれていく人たちの悲鳴に耳をふさぐかのように、唯我独尊的に増税一直線に突き進もうとしているように思えてなりません。

お釈迦さまの生涯を描いた『仏所行讃』という本の中に、シャカ族の太子だったお釈迦さまが、宮殿の城壁の東西南北にある四つの門から外へ出て、人々の苦しみを目の当たりにし、仏道修行の道に入る決心をされる場面があります。

「太子は路傍で土を耕す農夫の鋤で多くの虫が殺されているのを見て、惻隠の情を起こされ、自分の心臓を突き刺されたように、虫の痛みを自分の痛みとされた。また、その農夫自身、きびしい農作業で形相は疲れ果て、髪は乱れ、汗がしたたり落ち、土ぼこりで身体は真っ黒になっている。畑を耕す牛も疲労困憊し、舌を出して喘いでいる。慈悲深い性格の太子は、そうした光景を目の当たりにされ、極めて深い憐れみの心を持たれた。そして、生きていく矛盾に大きく嘆息され、その場に座り込んでしまわれた」

ここには、為政者の子として生まれたお釈迦さまの、まさに為政者としての仏心が表現されています。政治家の仏心とは、国民の苦しみや痛みを自分のものとする「同悲の心」から生じます。目の前で国民が長引く不況や大震災に苦しんでいるのに、日本再生に向けたビジョンも示さず、増税路線を突き進もうとするのは路傍で疲労困憊している農夫や牛を見殺しにするようなものです。

未曽有の国難状況のもとで、仏心のある政治を実践するためには、大阪維新の会を含む各政党が肚を決めて、政界のオールスターキャストによる大連立救国内閣を樹立するぐらいの荒業が必要です。東日本大震災からの復興、福島第一原発事故の収束、財政再建、少子高齢化社会への対応、日本経済再生、外交の立て直し――といった最重要課題に関して、各党の目指す方向に大差はないはずです。国家・国民のために政治が一丸となって取り組む姿勢を見せれば、政権がどんな形であれ、多くの国民は期待を持って見守るはずです。政治家こそ「絆」を結び合って努力してほしいものです。

（平成二十四年四月号）

なおざりの解剖献体慰霊祭に魂を入れるべきだ！

私はこの二十数年間、各地の大学医学部で、仏教者の立場から、医療倫理の講義をさせていただいておりますが、最近、医学部に関するちょっと気になる話を耳にしました。それは、大学医学部では、医学および歯学の教育のために、無条件・無報酬で提供される遺体、つまり献体を受け入れていますが、その慰霊がなおざりにされている、という話です。

「より良い医師や歯科医師になるために、自分の身体を使って勉強してください」という願いを込めて献体された遺体が解剖学実習が終わったあと、十分に慰霊されないまま、葬られたり、遺族のもとに遺骨にして返されたりしているというのでは、その霊も浮かばれませんし、いのちの尊厳を教える医学教育の面からも非常に由々しいき問題ではないかと思います。

解剖学実習は昔から、医学教育の中でもっとも重要な基礎と位置づけられていました。昭和58年に「医学及び歯学の教育のための献体に関する法律」が国会で可決されたのをきっかけに、献体運動が広く行われるようになり、最近では国内に六十超える献体篤志家団体が存在し、献体登録者数は二十万人を超えているそうです。

そのために、大学によっては登録者数を調整するため、年齢制限を設けたり、事前に面接を行っている例もあるようです。解剖された遺体の慰霊がなおざりにされているとすれば、その背景には、登録者が増え、解剖学実習がスムーズに行えるようになったことも影響しているのかも知れません。

各大学医学部では、たいてい年1回、大きなイベントとして「解剖献体慰霊祭」が執り行われています。大学の講堂や記念館で行う大学もあれば、大学近くの大きなお寺で行う大学もあります。お寺で行う場合は仏式で行われているはずですが、大学の講堂や記念館で行われる場合は、大概「無宗教」のスタイルで執り行われているようです。国立大学の場合は、戦後教育から宗教色が排除されたことが影響しているのか、解剖献体慰霊式は「無宗教」で行われている例が多いようです。

私は、この「無宗教」ということが、慰霊祭がなおざりに行われる一つの要因ではないかと感じています。仏教にしろ、キリスト教にしろ、一つの宗教・宗派が導師となって、解剖献体慰霊祭を執り行う場合、決してなおざりな慰霊を行うはずはありません。慰霊祭に出席した関係者が、式典をなおざりだと感じるのは、それが一つのセレモニーとして行われ、献体した故人の尊い思いや、いのちの尊厳に対する敬意が欠けていた、ということに他なりません。「無宗教」の儀式は、往々にしてそのような無味乾燥なものにならざるを得ず、結果的に故人の霊をないがしろにしてしまうのです。

私は、医学に貢献していただいた献体の慰霊については、全身全霊で執り行うよう、文科省が各大学医学部に徹底すべきだと思います。そしてそれは、将来の日本の医療を背負って立つ医学生たちに、医師は目に見えない死者の霊にも目を向けなければならないことを教えるとともに、いのちの尊厳を教え、医療の心を育ませることにつながると確信します。このなおざりな解剖献体慰霊祭と同一線上で起きていると思われるのが、医学部の教授や助教の論文流用、論文改ざん、データ流用、データ改ざんが相次いでいることです。

東洋ではお釈迦さまの昔から、仏教と医療は同源です。人を救い、癒すのが仏教であり、医療でした。仏教も医療も本来はまさに利他行であり、お金儲けとは対極にある仕事なのです。現代でこそ、お医者さんはお金持ちだというイメージがついて回りますが、本来は仏教者も医師も人を救い、癒すのが第一の務めであり、お金儲けとは縁が薄い仕事なのです。その医師を育てる医学部の先生たちに、所管の文科省が「おカネになる研究をやれ」と言うのは、いかがなものでしょうか。

最近、若い医師の卵たちが、外科や産婦人科、小児科を敬遠したり、地方の病院に勤務することを嫌がり、都会の大病院や研究所で、患者さんを診ることのない研究の仕事を目指すケースが増えているそうです。こうした傾向と不正論文問題は、どこかでつながっているような気がします。なおざりの解剖献体慰霊、不正論文の頻発などは、日本の医学・医療が低迷していくことを示す黄信号ではないかと、私は強い危機感を感じています。

（平成二十四年五月号）

「命も金も要らぬ」山岡鉄舟と小沢元民主党代表の落差

民主党元代表の小沢一郎さんが、検察審査会から強制起訴された裁判で、無罪判決が出ました。私は、七十歳になる小沢さんが、今回の裁判を無事乗り切られたとしても、政治の桧舞台で活躍される可能性は少ないのではないかと見ています。現在の小沢さんからは光が感じられないのです。

小沢さんの無罪判決を機に、改めて思い出したのが、西郷隆盛の『西郷南洲遺訓』の中にある、「命もいらず、名もいらず、官位も金もいらぬ人は、始末に困るものなり。この始末に困る人ならでは、艱難をともにして国家の大業は成し得られぬなり」という有名な言葉です。つまり西郷は、「命も名誉も金も捨てて、政治に奔走する人でないと、国家的な大仕事はできない」と言っているのです。この西郷の遺訓に照らしてみるかぎり、政治資金問題でさまざまな疑惑が囁かれてきた小沢さんは、国家の大業を成し得る人ではない、ということになります。

西郷の言葉には具体的なモデルが存在しています。その人物とは山岡鉄舟（本名・山岡鉄太郎）です。鉄舟は徳川の幕臣の家に生まれ、千葉周作に剣を教わっています。そして、自ら無刀流を創始し、数千人の門人を擁する春風館道場を開いた剣の達人です。

西郷よりいち早く、鉄舟が不惜身命の人であることを見抜いていたのは、勝海舟です。明治維新の年の三月、官軍を率いた西郷は静岡まで進軍していました。官軍がそのまま江戸に進軍し、総攻撃を開始したら、江戸が火の海になることは明らかです。そこで、勝海舟は幕府側の恭順の意を示した西郷宛の手紙を鉄舟に持たせて、静岡の西郷のもとに向かわせたのです。当時、官軍と幕府軍は戦争状態にあり、江戸から静岡までの東海道周辺は、ほぼ官軍の制圧下にありました。その中を密命を帯びて、幕臣が単身、静岡に向かうというのは、敵中を横断するようなもので、よほど腹が据わっていないとできない、命懸けの仕事です。

勝海舟は鉄舟と初対面の日の日記に、「旗本山岡鉄太郎に逢う。一見その人となりに感ず」と書いています。

自分が人物と見込んだ鉄舟なら命懸けの大役を果たすことができる、と直感していたのです。単身で敵の総大将の西郷のもとに乗り込んだ鉄舟は、勝海舟になり代わって、徳川家の恭順の意を伝え、事実上、江戸城総攻撃の中止と江戸の無血開城を取り決めました。

西郷は、静岡まで単身乗り込んできた鉄舟の胆力と、腹の据わった至誠の言動に感心し、あとで勝海舟に、「命もいらず、名もいらず、官位も金もいらぬ人は、始末に困るものなり」と、しみじみと述懐したのです。

山岡鉄舟という人物の器は、どこに由来していたのでしょうか。鉄舟自身が仏教や儒教、神道など、日本古来の伝統精神を織り込んだ武士道の体現者でした。鉄舟の武士道の大きな特徴は、仏教がバックボーンになっていることです。鉄舟自身、「拙者の武士道は仏教の理より汲んだことである」と明言しています。

鉄舟は、「日本国民である以上、上は大臣首相から、下は山里の乙女や童児に至るまで、誰でも武士道を心得ねばならない」としながら、武士道の要素・淵源として「四つの恩」を挙げています。「父母の恩」「衆生の恩」「国王の恩」「三宝（仏・法・僧）の恩」の四つです。鉄舟は、下には父母、親類、その他一切衆生の恩を受けていること、上には国王の宏恩によってこの世に存在することを認識しつつ、内に生まれながらに持っている仏性を開発することこそが、武士道の淵源だとしたのです。

明治維新の際、幕臣として江戸の無血開城に尽力した鉄舟は、明治新政府のもとでは、一転、明治天皇の侍従として貢献しました。旧幕臣の中には、「変節」と非難する人もあったようです。鉄舟はその批判を「仏教の小乗を知って、大乗を知らぬ人の言い分」だと一蹴、最後まで国家・国民のために不惜身命の生き方を貫きました。

晩年、鉄舟は維新の戦争で亡くなった武士を弔うために、東京・谷中に全生庵を建立しています。この全生庵は、中曽根康弘さんが総理時代に座禅に通ったお寺として有名ですが、鉄舟の、非業の死を遂げた戦死者に対する至誠の気持ちが、彼の死後も多くの愛国者たちに支持、評価され、全生庵が大切にされてきたことは、周知の事実です。小沢さんの政治家人生と山岡鉄舟の生き方を同列に論じることはできませんが、明治の指導者と現代の指導者の不惜身命の度合いの落差に愕然たる思いを抱くのは、私だけでしょうか。

（平成二十四年六月号）

消費税増税で野田総理に必要な死地に臨む武士の覚悟

日本の政治は、国難状況に直面しているにもかかわらず、迷路に迷い込んでしまった感があります。この状況を打開する道は、果たしてあるのでしょうか。そのイニシアチブをとれる立場にいるのは、小沢一郎さんでも谷垣禎一さんでも、橋下徹さんでも石原慎太郎都知事でもなく、野田佳彦総理以外にありません。

解散・総選挙は、いかに遅らせたとしても、あと一年数カ月のうちに行わなければなりません。その間に民主党が国民の信を取り戻せる可能性はほとんどゼロです。解散・総選挙がいつになろうと、民主党の惨敗は必至です。「身を捨ててこそ浮かぶ瀬もある」という言葉があります。私は、野田総理が心の底から、消費税増税が国家・国民の幸せのためになると確信されるのであれば、民主党の生き残り戦略よりも、国家・国民の幸せを優先するという選択肢もあり得ると思うのです。

野田総理が政治生命どころか、まさにいのちがけで、国家・国民のために消費税増税に取り組まれたとき、どういう形のスクラムが組まれるにせよ、法案は成立し、そこから民主党、自民党という垣根を越えた、日本の新しい政治が始まるのではないかと、私は感じています。そういう意味では、野田総理には死地に臨む武士の覚悟が求められています。

私は以前から、二十一世紀の日本のリーダーに求められるのは、英語力などより、いわゆる武士道に象徴される、伝統的な日本精神だと主張してきました。「古武士の風格を持った人」でないと、弱肉強食の国際社会で、毅然たる態度を貫くことができないと考えるからです。野田総理もそうした日本の伝統的精神については、深く心得ておられるはずです。武士道と言えば、武士道の極致を著した『葉隠聞書』という有名な書物があります。江戸時代初期に佐賀・鍋島藩の武士で晩年は出家した、山本常朝が語った武士の在り方を聞き書きした書です。冒頭近くの、「武士道と云ふは、死ぬ事と見付けたり」という一節はあまりにも有名ですが、その一節の後に次のようなことが書かれています。

「生か死かの選択を迫られたとき、一刻も早く死を選ぶだけである。別に、とりわけて理由があるわけではない。決断して前進するだけである。……毎朝毎夕、いくたびも死を覚悟し、常住坐臥つねに死の覚悟ができているならば、武士道における自由自在な境地が体得され、一生の間なんの落ち度もなく、武士としての職分を果たすことができる」

山本常朝は、常に死を覚悟し、生か死かの場面では死に向かって直進するのが武士で、その覚悟さえできていれば、自由自在の境地が得られ、武士としての一生を全うできる、と言っているのです。

この覚悟を読むと、武士という立場にいかに厳しさが求められていたかがわかります。いまの日本は国難状況とは言っても、まだまだ平和な世の中ですから、政治リーダーが常日頃から死を覚悟することはないのかも知れません。しかし、必死の覚悟で仕事に取り組まなければならないのは、昔の武士も、いまの政治家も同じです。

『葉隠聞書』の中身は、次のような武士の身の処し方が、かなり具体的に書かれています。

「己れ一人だけの狭い知恵で身を処すると、私心にわざわいされて天の道理に背くことになるから、知恵のある人に相談したり、古人のすぐれた言行を紐解くのが良い」

「正義を貫くことを最上至極と考え、ひたすら正義を押し通すのはかえって誤りが多い。正義より上に道というものがあり、道を見つけるのは難しい。これがわかるのは、賢知の最高の境地においてである。ただ、道からはずれない方法はある。人と相談したり、読書をして古人のすぐれた思慮にならうことである」

武士階級が身につけていた日本精神は、非常にシンプルなものでした。死の覚悟を持って仕事に当たる。神仏や天に恥じない行いをする。お家すなわち国を大事にする。先祖を敬い親孝行をする。礼節を重んじる。廉恥心を持つ――。

日本は戦後、高度経済成長を成し遂げ、経済大国にはなったものの、伝統的な精神を失い、バブル崩壊を経て、いつの間にか、外国からもあなどられる国になったのです。日本が現在の国難状況を乗り越えて再生するためには、政治リーダーが日本の伝統精神を体現することが欠かせません。

（平成二十四年七月号）

民主党のリーダーに欠けている『貞観政要』的心構え

消費税増税法案が衆議院で可決される際、民主党から多くの造反者が出て分裂状況となり、消費税増税はまさに野田佳彦総理の政治生命を左右することになりそうです。それにしても、国民にここまで政治の劣化を嘆かせるに至った、民主党政権のリーダーシップ不在の政権運営の責任は大きいと言わざるを得ません。

西暦八六九年、貞観(じょうがん)十一年に三陸沖で発生した貞観大地震が、今回と同じような大津波を引き起こしていたことが、最近明らかになっていますが、中国にも、唐の初期、七世紀半ばに同じ貞観の世がありました。

その時代を治めた太宗李世民(たいそうりせいみん)は中国屈指の明君と言われ、その治世は「貞観の治」と賞賛されてきました。太宗の死後、太宗の治世の要諦を記した『貞観政要』という書が書かれ、その後のリーダーたちに読み継がれてきました。中国の古典に精通される守屋洋先生の『「貞観政要」のリーダー学』(プレジデント社)に拠りながら、現在の日本の政治リーダーの指針として、一部紹介します。

「率先垂範、わが身を正す」の章では、太宗が側近に語った次のような言葉が紹介されています。

「君主たる者は、なによりもまず人民の生活の安定を心がけなければならない。……天下の安泰を願うなら、まずおのれの姿勢を正す必要がある。いまだかつて、体は真っ直ぐ立っているのに影が曲がって映り、君主が立派な政治をとっているのに人民がでたらめであったという話は聞いたことがない」

今回、増税を進める前に、国会議員や官僚が身を削る必要があるという声が強くありました。結局、増税法案を通す前に、みずから身を削る策は示されないままでした。おのれの姿勢を正さず、国難にあえぐ国民に負担を強いる姿は、まさに体が真っ直ぐ立っているのに、影が曲がって映っているようなものです。

「明君と暗君とを分かつもの」の章では、太宗はこう語っています。

「わたしはなにか発言したり行動を起こしたりするたびに、はたして天の意志にかなっているのか、臣下の意向に沿っているのか、必ず自戒してきた。なぜかと言えば、天はあのように高くはあるが、下々のことによく通じているし、臣下の者は絶えず君主の言動に注目しているからだ。それゆえわたしは、常に畏れの気持ちを抱いて謙虚に振る舞いながら、なおかつ天の意志と人民の意向にかなっているかどうか、厳しく自分を戒めてきたのである」

私は、民主党政権が掲げた「政治主導」は、民主党が政権交代に舞い上がり、謙虚さを忘れた結果、出てきた言葉ではなかったかと感じています。野田総理も、昨年秋の代表選当時は、「赤いべべを着た金魚より、泥臭いドジョウで行きたい」とか「(党内抗争は)もうノーサイドにしましょう」といった、謙虚な言葉を発していましたが、消費税増税に政治生命をかけるようになってから、謙虚さが失われたような印象を受けます。「心から」を三回も連呼して賛同を懇願した代議士会での姿は、謙虚というより独善的な感じを禁じ得ませんでした。野田総理は地元の船橋駅頭での毎日の辻立ちで、演説を磨いたということですが、おそらくそこでも「心から」を連呼されていたことでしょう。太宗はリーダーの言葉について、自戒を込めてこう語っています。

「言語は君子にとってこの上なく重要な手段である。人と語るということは、はなはだむずかしい。……天子たるものが臣下に語るとき、わずかな失言も許されない。たとい些細な失言でも、影響することが大であって、庶民の失言とは同日には論じられないのである」

民主党政権のリーダーは、市民運動や弁護士活動で磨かれたのか、松下政経塾で学ばれたのか、総じて弁舌が上手な人が多いようです。しかし私は、読書家で博識があり、プライベートでは多弁であったけれども、総理大臣としては「アーウー宰相」と言われ、寡黙なうちにも、国家百年の計のために、敢然と日本に消費税を導入しようとして、在任中に倒れられた大平正芳さんのようなリーダーこそ、『貞観政要』が説くリーダー像であるような気がします。

消費税増税法案が国会で成立し、消費税が二年後に八パーセントに、三年後に一〇パーセントに増税されることになったとしても、ここまで日本の政治を劣化させた民主党が、その頃に政権を担っていることは、私には想像できません。民主党は猛省の上に、一から出直すしかないような気がします。

(平成二十四年八月号)

教育現場の改革に必要な「教育勅語」の精神と気概

今年の夏、いじめ問題の相次ぐ表面化は、日本社会の劣化を象徴する出来事の一つです。大津市の事件でいちばん問題だと思うのは、教育委員会、学校の先生たちの対応です。いじめは昔から各地の学校に存在していました。それが自殺にまで至らなかったのは、親や先生や友達や地域住民の良識や絆が機能していて、度を超えるいじめに歯止めがかけられていたのです。

ところが、大津の事件を見ると、生徒たちは調査に対して、度を超したいじめの数々があったことを書いているのに、学校側も教育委員会も、当初は「いじめはなかった」と言い張っていました。生徒たちが学校側や教育委員会に不信感を感じ、無力感を覚えるのも当然です。

文部科学省も、いじめ事件を隠蔽することは教育関係者としてあるまじき行為であり、いじめのない教育現場をつくることこそ教育者の務めである、ということを徹底する必要があります。中学生が自殺をするなどということは、よほどのことです。そのことを教育委員会も学校側も真摯に受け止められないということは、現在の日本の教育現場が行き詰まっていると言わざるを得ません。

私は、戦後半世紀以上にわたって行われてきた教育は、根本的に見直す段階に来ていると思います。ここで想起するのが「教育勅語」です。戦前の教育の基本に「教育勅語」があったことは周知の事実です。しかし「教育勅語」がどういう経緯で作られ、どういう内容であったかを知る人は少なくなりました。

明治時代の前半、全国を巡幸された明治天皇は、各地の学校を視察され、学校教育に関して二つのことを心配されました。

一つは、学問の基本である道徳教育が軽視されていたことです。

明治天皇は「今の学校はあまりにも西洋風に偏り、東洋的な倫理、すなわち慈しみの心や人を敬う精神が忘れられている。幼少のうちから仁義・忠孝の道を教えなければならない」と感じられたのです。

明治天皇のもう一つのご心配は、当時の学校教育が実社会に役立つものになっていないことでした。

明治天皇は側近に、「農業・商業の学科を設け、理論に偏らず実用的な方面を重視し、卒業後に家業を継いだときには、学んだことを活かしてますますその分野を発展させるように教則を改めなければならない」と指示されたということです。

この明治天皇の憂いを受けて、知識偏重教育を正すために、全国各地に農業・商業・工業の実業学校が設立されました。

一方、道徳教育の再生を図るために作られたのが「教育勅語」だったのです。

《朕惟フニ、我カ皇祖皇宗、國ヲ肇ムルコト宏遠ニ、徳ヲ樹ツルコト深厚ナリ。

我カ臣民、克ク忠ニ、克ク孝ニ、億兆心ヲ一ニシテ、世世厥ノ美ヲ濟セルハ、此レ我カ國體ノ精華ニシテ、教育ノ淵源亦實ニ此ニ存ス》

この有名な冒頭部分は、「日本は遠い昔に国を開いて以来、徳を重んじてきた。国民は心を一つにして忠孝に励んできた。その美風は世界に誇ることができる国の精華であり、わが国の教育の基本もここにある」という意味です。

「教育勅語」はそのあと、親孝行、兄弟愛、夫婦愛、友情、恭倹、博愛、学修などの徳目の重要性を謳い、最後に「このような国の歩むべき道は、祖先の教訓として、子孫が守っていかなければならないことであり、昔も今も変わらぬ正しい道である。また、これは外国においても同じように間違いのない道であるから、私も国民とともに、父祖の教訓を胸に抱いて、その道を守り実践していくことを願っている」という意味の言葉で締められています。

「教育勅語」に謳われた日本古来の徳目は古今東西に通用する正しい道であると断言しているところに、明治天皇をはじめ「教育勅語」の制定に関わった明治人の、大いなる志を感じないわけにはいきません。

その「教育勅語」を、戦後、戦争に連なった戦前の悪しき思想だと排斥してきたところに、未曽有の国難状況に果敢に対応できない、今日の劣化した日本の遠因があると、私は感じています。

（平成二十四年九月号）

南海トラフ巨大地震の被害想定とポスト民主党政権

東海、東南海、南海地震などが同時に発生する「南海トラフ巨大地震」の死者数は、最大三十二万人に達する可能性があるという、驚愕の被害想定が発表された八月二十九日の午後七時過ぎ、参議院で野田佳彦総理に対する問責決議が可決されました。

野田総理は民主党代表に再選されたとしても、茨の道が続きます。同じように問責決議を受けた福田康夫総理、麻生太郎総理が、その後短期間のうちに退陣を余儀なくされたという前例があるからです。

野田総理が政治生命をかけて成立させた消費税増税法案は、もともと国論を二分する問題であり、自公の協力を取りつけて消費税増税法案を成立させたことは、一つ大仕事を見事に成し遂げたということです。その意味では、野田総理は、消費税増税法案の成立という成果を掲げて、国民の信を問う選択肢もありました。

しかし、野田総理は、自公に対して「近いうち解散」を匂わせただけで、解散先送りを図ろうとしたのです。「正心誠意」をモットーとする野田総理としては、言行不一致の批判は免れない態度でした。解散の時期を延ばせば延ばすほど、「近いうち」という言葉のまやかしが露呈することは、小学生にもわかる話です。結局、野田総理も民主党執行部も、「いま選挙をやったら惨敗する」という強迫観念から抜け出すことができなかったのです。

実際、読売新聞が八月第二週の土・日に行った世論調査は、民主党にとって衝撃的なものでした。次期総選挙の比例区の投票先に関する調査結果は、一位が自民党の二一パーセント、二位が維新の会の一六パーセントで、民主党は三位の一一パーセントだったのです。世論調査とはいえ、政権政党がまだ政党にもなっていない団体の後塵を拝するなどということは、考えられないことです。

民主党政権がいかに粘り腰を発揮しても、あと一年以内には解散・総選挙が行われます。おそらく民主党は惨敗を避けられないでしょう。特に、都市部では橋下新党にかなり侵食されるはずです。民主党が橋下新党の後塵を拝することがあっても、決して不思議ではありません。「近いうち解散」が、いつの間にか「野垂れ死に解散」になる可能性は大きいと思います。

自民党は三党合意で民主党に協力して、消費税増税法案を成立させておきながら、その後は民主党と対決姿勢を取り、野田総理に対する問責決議までして解散・総選挙を主張した点、「党利党略に走りすぎた」との批判にさらされました。しかし、解散・総選挙となれば、過半数はむりでも、第一党は確保するでしょう。

そうなると連立政権です。民主党の負け方、維新の会の獲得議席数にもよりますが、消費税増税で協力し合った自・公・民の組み合わせより、新鮮で突破力に期待が持てる自・公・維新が核の組み合わせになる可能性が高いような気がします。

「南海トラフ巨大地震」の衝撃的な被害想定は、地震国・日本に大規模で抜本的な防災対策が不可欠であることを物語っています。公共事業に対する批判には根強いものがありますが、いまこそ、国民の財産と国土を守るために、千年に一度の大規模な防災対策を打つべきときです。

自民党ではすでに、防災対策を中心とした「国土強靭化計画」を策定し、法案も提出しています。十年間に二百兆円を投入する大プロジェクトですが、「南海トラフ巨大地震」に本格的に備えるためには、その程度で済むとは思えません。それこそ将来の世代のためにも、確固たる防災対策を講じる必要があります。

大規模な防災対策は、日本変革の礎となるはずです。国内で長期的で大きな需要が創出されるわけですから、デフレからの脱却にもつながります。地方の防災対策としてのインフラ整備を一段と進めれば、地方が活性化し、農林水産業も生まれ変わります。やがて限界集落にも人々が戻るようになるでしょう。日本人が本来の豊かな自然の中で生活を営むようになれば、一木一草の中にも神仏を見いだしてきた、本来の日本人の心が蘇生し、濃密な人間関係が復元してくるはずです。

弘法大師空海は、「背暗向明」と言いました。「暗きに背を向け、明るさに向かって進む」という意味です。日本にとっていまの時代は、「背暗向明」の時代です。自ら松明を掲げて国家・国民を光り輝く時代に導いてくれる、そういう政治、政治家が登場してくることを祈るばかりです。

（平成二十四年十月号）

安倍自民党総裁の再登板で出る？ 日中関係好転の芽

私は以前から安倍晋三さんのサポーターの一人です。五年前、体調不良で苦悩されていた安倍総理に、「まだお若いし、ここは一旦退いて、身体を治してから、再チャレンジされてはどうですか」と進言したこともあります。したがって、石破茂さんとの決選投票で安倍さんの勝利が決まったときは、一瞬、退陣を進言したときの悲痛な思いがよみがえり、感無量でした。しかし、安倍さんはまだ自民党総裁に返り咲いたにすぎず、最終目標は次の総選挙で政権を奪還し、もう一度総理の椅子に座って、国家・国民のために政権を運営することにあります。民心はすでに民主党政権から離れています。また、永田町に一大ブームを起こすかに見えていた日本維新の会の勢いも、ここへ来て急速に衰えてきた感があります。

ここで自民党が安倍総裁のもとに挙党態勢を築き、次期総選挙で政権奪還を果たし、国家・国民のための政治に邁進するという気迫を示せば、国民の自民党に対する期待は高まるはずです。自民党は目先の、野田佳彦総理を解散・総選挙に追い込む戦術を取ることより、老・壮・青に広がる人材の厚み、外交的人脈の幅の広さ、官僚を使いこなすノウハウの蓄積等々、自民党の政権運営に対する確固たる自信を、国民に訴え続けるべきです。

安倍さんは総裁選勝利後の挨拶で、「政権奪還することは私たちのためではない。自民党のためでもない。日本を取り戻す、強い日本を作る、豊かな日本を作る、そして日本人が日本に生まれたことに幸せを感じる、そういう日本を作る」と述べましたが、そこには総理としてキャッチフレーズに掲げた「美しい国日本」と通底する思いが込められています。

私は、日本文明の根底になっている天皇制をしっかりと維持すると同時に、日本の伝統的な精神や道徳を再構築し、日本の未来を担う子供たちに引き継いでいくことが、日本を世界から尊敬される国に立て直す道だと確信しておりますが、まさに安倍さんはそういう立場に立脚されているのです。

GHQの占領下で推進された戦後の民主化を、金科玉条のものとして奉る人たちから、超保守主義と言われようと、超国家主義と言われようと、安倍さんは毅然として、「日本を取り戻し、日本人が日本に生まれたことを幸せに感じる国にする」ことに、全身全霊で取り組まれたら、道はおのずと開けてくるはずです。

今、野田総理が尖閣諸島の国有化を断行されたために、日中国交回復から四十周年の記念すべき時にもかかわらず、日中関係は急速に悪化しています。国連総会では、日中が一歩も譲らず、お互いの主張をぶつけ合いました。ウラジオストクでASEAN（東南アジア諸国連合）首脳会議が開かれ、立ち話で日中首脳会談が行われたとき、胡錦濤主席が野田総理に「尖閣の国有化には反対だ」と念を押したにもかかわらず、野田総理がその直後に国有化を行ったのは、礼を失しているというのが、中国の言い分であります。

つまり、野田総理の尖閣国有化断行によって、胡錦濤主席の面目が丸つぶれになった、というわけです。このことを中国側は相当問題視しており、野田総理のもとでは中国側はますます強硬な姿勢に出てくる、という見方もあります。

そこで私が思い出すのは、安倍さんが総理に就任された直後、まず中国を訪問されたことです。当時の日中関係は、小泉純一郎総理の靖国参拝をめぐり、「愛国無罪」の反日デモが起きるなど、日中関係は冷え切り、「政冷経熱」状況が続いていました。しかし、中国側は予想外の歓迎ムードで迎えました。安倍総理が靖国参拝派であることは百も承知の上で、中国側は安倍総理を歓迎し、靖国問題は表に出さずに、日中両国が「戦略的互恵関係」を構築するために努力することで合意したのです。

私はそのとき、中国側が安倍総理に大人(たいじん)の資質を見、大人の態度で歓待したのではないかと感じました。野田総理の間は中国側も態度を硬化させるばかりだとすれば、日中関係再構築の期待は、安倍さんにかけられることになるかもしれません。世の中には、尖閣問題で安倍さんが強硬姿勢を取ることに期待する向きもあるようですが、私はむしろ、安倍さんの自民党総裁へのカムバックによって、日中和解の芽が出てきたような印象を持っています。いずれにしても、私は安倍自民党総裁の復活により、劣化の一途を辿っていた日本の政治が、再生に向かうことを祈っています。

（平成二十四年十一月号）

前途多難な石原新党は「青嵐会」の志を生かせるか

石原慎太郎東京都知事が突如辞任し、石原新党を結成して、国政に復帰すると発表されましたが、私は、今回の石原さんの決断は、大義に欠けるような気がしてなりません。長男伸晃さんが自民党総裁選に勝っていたら、新党結成には動かなかったであろう。都政に飽きていた。尖閣買い上げに失敗したことが大きな理由だろう。大金をかけてオリンピック招致をしようとしていたのに、無責任だ。国政が停滞し総理の可能性も出てきたから、都知事の職を放り投げた――等々、巷ではさまざまな報道が飛び交っています。

かつての盟友である亀井静香さんは、勝手にやってくれという態度のようですし、大学時代からの親友である、元日本郵船副社長で、現在首都大学東京理事長を務める高橋宏さんも、「都知事の職を放り投げることは、晩節を汚すことになる」と忠告していたと言います。石原さんは新党と日本維新の会、みんなの党などで第三極を形成する展望のようですが、たちあがれ日本と日本維新の会、みんなの党とでは、基本的な政策が違い、たちあがれ日本の議員は、日本維新の会やみんなの党と手を組むことには反対していると言われます。石原さんが突出すれば、石原新党は流産しかねません。石原新党の行く手は「波高し」です。

私は、以前から、今の日本の政治に決定的に欠けているのはリーダーシップだと言ってきました。そんな中で、卓越したリーダーシップを備えているように見えたのが、石原さんでした。石原さんはかつて、「今太閤」と言われ日の出の勢いだった田中角栄さんに異議を唱えたり、ソニーの盛田昭夫さんと共著で、『「NO」と言える日本』（光文社）という本を出し、アメリカに対して「NO」と言う必要性を主張するなど、どんな権威に対しても言うべきことは言うという政治スタイルを貫いてきました。言うべきことを自分の言葉できちんと言うということは、リーダーの欠かせない資質の一つです。石原さんがこれまでのさまざまな選挙で、保守層だけでなく、無党派層からも広い支持を得て圧勝できたのは、強いリーダーシップに対する期待が大きかったからです。

石原さんは都知事に初めて当選した直後、「日本の政党はもう国民に見放され、機能していない」と言い、都知事の立場から国政にも積極的に発言していく姿勢を示唆していました。しかし、あれから十三年半、「日本の政党はもう国民に見放され、機能していない」という状況は変わっていません。むしろ状況は一段と深刻化した感すらあります。都知事として国政に影響力を及ぼすことは、かなわなかったのです。

石原さんはもともと、「国家」あるいは「国家のアイデンティティ」というものを大事に考える人です。その発言は時として「右寄りだ」「国家主義的だ」と批判されてきました。しかし私は、自分の祖国、故郷、家族、祖先に思いが至らない人には、国家の安全、世界の平和は成し得ないと考えています。

昭和四十八年、自民党の若手議員が中心になって「青嵐会」という派閥横断の議員グループが結成されました。その会の幹事長を務めたのが石原さんで、石原さんが主導されて書かれた青嵐会の趣意書は以下のようなものでした。

一、自由社会を守り、外交は自由主義国家群との緊密なる連繋を堅持する。
二、国民道義の高揚を図るため、物質万能の風潮を改め、教育の正常化を断行する。
三、勤労を尊び、恵まれぬ人々をいたわり、新しい社会正義を確立するために、富の偏在を是正し、不労所得を排除する。
四、平和国家建設のため、平和は自ら備えることによってのみ獲ち得られるとの自覚にのっとり、国民に国防と治安の必要性を訴え、この問題と積極的に取り組む。
五、新しい歴史における日本民族の真の自由、安全、繁栄を期するために自主独立の憲法を制定する。
六、党の運営は安易な妥協、官僚化、日和見化等の旧来の弊習を打破する。

この趣意書ができてから四十年が過ぎていますが、全体として現在の日本にも十分通用する内容です。青嵐会趣意書は、政治家石原慎太郎にとって、今なお、実現すべき大きな目標と言ってもいいのでしょう。石原新党がいかなる推移をたどるのか、まだ星雲状態と言うしかありませんが、石原慎太郎という人物の晩節を汚すことにならぬよう、私は祈っています。

（平成二十四年十二月号）

平成二十五年（二〇一三）

二　月　教皇ベネディクト16世が辞任表明
三　月　教皇フランシスコ選出
四　月　黒田東彦氏、日銀総裁に就任
　　　　アベノミクス始動
七　月　参院選で自民党が勝利
九　月　東京五輪2020招致決定
十二月　特定秘密保護法成立

政治指導者に求められる「天下一人を以て興る」の気概

日本の新しい政治には、未曽有の国難状況からの脱出を至上命題とし、中長期的な日本再生への道筋をつける使命が課せられています。新しい政治は、日本が亡国の危機に立たされていることをしっかりと認識し、日本を本来のお国柄の国に立て直すことによって、真の日本再生を成し遂げるという、大いなる気概を持たねばなりません。

日本本来のお国柄というのは、世界に類を見ない万世一系の皇室を国民の統合の象徴として戴きながら、かつて明治維新前後に来日した外国人が、日本人の威儀正しさ、礼儀正しさ、教育水準の高さなどに驚嘆したように、日本および日本人が日本の伝統的な精神や美徳を体現し、世界から尊敬される国家・国民を目指すというものです。新しい政治は、日本を戦後新しく生まれ変わった国として位置づけるのではなく、縄文の昔から連綿と続いてきた国家の連続性の中で、今日の日本を位置づけ、戦後のしがらみを克服しながら、温故知新の精神をもって、真のお国柄を取り戻してゆくことが不可欠です。

そういう目で、昨今の政治リーダーを観ていますと、言葉は力強く華やかですが、いまひとつ魂に訴えかける力に欠けている感じは否めません。なぜそうなるのかと言えば、その政治家の心身から、命をなげうって政治に邁進する覚悟・気概があふれ出ていないからです。政治家が命懸けであった戦前、その覚悟と気概を持って政治の変革に取り組んだ政治家に、中野正剛がいます。

早稲田大学を卒業後、朝日新聞で健筆を振るった後、政治家に転じた中野正剛は、朝鮮と満州を視察し、「満鮮にはやつれ果てたる大和民族の影が映っている。……賊は山中にあるのではなくて、我が同胞の心中に潜む」と、大正九年の時点で日本の大陸政策を鋭く批判しています。その後、中野正剛は軍閥政治と真っ向から対決し、最後は東条英機内閣を徹底的に批判しました。その批判の仕方は、大聴衆を前に魂から発する言葉で大演説をぶつ、というやり方でした。中野正剛が大政翼賛会を脱会した直後の昭和十六年五月に、両国国技館で開いた演説会には、十万人を超す聴衆が集まり、国技館周辺は空前の混雑だったと言われます。

敗色が濃厚になってきた昭和十七年の暮れ、中野正剛が母校の早稲田大学で学生に対して行った演説は、「遺言演説」と言われています。

「戦争は容易ならざる段階に入った。一念殉国の誠を尽そうではないか。誠なれば通ずる。誠なれば明らかである。誠にして明らかに、理を窮め、性を尽し、気を盛んならしめよ。理気一元の体当たりをやろうじゃないか。諸君は由緒あり、歴史ある早稲田の大学生である。便乗はよしなさい。役人、准役人になりなさるな。歴史の動向と取り組みなさい。天下一人を以て興る。諸君みな一人を以て興ろうじゃないか。日本の巨船は怒濤の中に漂っている。便乗主義者を満載していては危険である。諸君は自己に目覚めよ。天下一人を以て興れ」

中野正剛は学生に向かい、この国難を乗り切るには、誠を大事にし、物事の理非を峻別し、気持ちを奮い立たせ、一人ひとりが起ち上がる必要がある、と説いたのです。学生は感涙にむせんだようです。

東条内閣が度重なる批判演説に音を上げ、演説会を禁止すると、中野正剛は昭和十八年元旦の朝日新聞に、「戦時宰相論」を発表し、「難局日本の名宰相は絶対に強くなければならぬ。強からんがためには、誠忠に、謹慎に、廉潔に、而（しこう）して、気宇壮大でなければならぬ」と、さらに東条首相を批判したのです。

結局、中野正剛は昭和十八年十月に反軍罪で検挙され、一週間後、一時帰宅を許された自宅で、割腹自殺を遂げています。その傍らには、彼が愛読した『西郷南洲全集』が置かれていました。要するに、中野正剛は軍閥政治を許した政治家としての責任を痛感しながら、命懸けで軍閥政治に異議を唱えたのです。中野正剛が現代に生きていたら、おそらく全国各地で大演説会を催し、政治家として国難状況を招いた不明を詫びながら、真の日本再生への処方箋と、新しい日本の将来像を明示することによって、国民を奮い立たせていたに違いありません。

日本の新しい政治を担うリーダーには、日本が未曽有の国難状況を乗り切るために、「天下一人を以て興る」の気概を持って、強力なリーダーシップを発揮し、真の日本再生に向けて国民を鼓舞していただきたいものです。

（平成二十五年一月号）

安倍総理は「昭和の吉田松陰」の血を生かせるか

平成二十五年は十干十二支で言えば「癸巳（みずのとみ）」です。前回の「癸巳」の年であった昭和二十八年当時の総理は吉田茂さんです。その年に岸信介さんが吉田自由党に入党し、国会議員になっています。岸さんはその後、自由党を離れ、鳩山一郎さんと日本民主党を結成し、保守合同をリードしました。そして、昭和三十年の保守合同後、総理大臣として一九六〇年の日米安保改定を断行し、戦後日本の安定路線を敷かれたのでした。

今回、「癸巳」の新年は、吉田茂さん以来、戦後二人目の、二度目の総理大臣になった、岸信介さんの孫の安倍晋三さんが、吉田茂さんの孫の麻生太郎さんを副総理・財務大臣に起用して、二人三脚で国難状況に立たされている日本の危機突破をリードされるわけです。

私は、安倍総理が体調を崩して退陣された五年半前、安倍さんに退陣を進言しながら、「五年後の再起を目指してください」と伝えました。安倍さんがまだ五十代前半と、若かったことから、五年あれば再チャレンジは可能だろうと思ったのです。本当に五年後の再登板が実現し、嬉しい限りです。

安倍さんが政治の表舞台に立たれるようになったのは、小泉純一郎政権のとき、当選三回、四十九歳の若さで幹事長に抜擢され、一躍、「ポスト小泉」をうかがう存在としてクローズアップされたときです。そして、その後、小泉内閣の官房長官を務めた後、一気に総理まで昇りつめられたのでした。私は、当時の安倍さんを見ていて、仏さまの光に包まれているような印象を受け、そしてその光はご先祖から受け継いだものだと感じていました。そうした光は、他の政治家には見られないものです。

安倍さんの家系は、安倍晋太郎元外務大臣、岸元総理のほか、佐藤栄作元総理、佐藤信二元運輸大臣にも連なっていますが、忘れてならないのは、父方のお祖父さんである安倍寛（かん）さんという人物です。

安倍寛さんは晋三さんが生まれるはるか前の、昭和二十一年一月に、五十一歳の若さで亡くなっていますが、この方も国会議員でした。安倍晋太郎さんは「岸信介の婿」と呼ばれるのを嫌い、「俺は岸の養子ではない。アベカンの息子だ」と言って、お父さんを誇りにしていたそうです。

安倍寛さんは昭和八年から亡くなるまで、足かけ十四年にわたって、地元山口県日置村の村長を務めていますが、その間、昭和十二年から衆議院議員も務められました。安倍寛さんが衆議院議員に初当選された昭和十二年といえば、前年に二・二六事件が起き、その年に日華事変が勃発するなど、日本が戦争体制にアクセルを踏み込んでいく年ですが、安倍寛さんは一貫して平和主義者だったといいます。

昭和十五年に戦争体制を強化するために大政翼賛会が発足しましたが、安倍寛さんは所属せず、太平洋戦争が勃発した翌昭和十七年の大政翼賛選挙には非推薦で出馬し、戦争反対を訴えました。選挙運動には特高警察や憲兵の尾行がつき、あらゆる選挙妨害を受けたといいます。しかし、安倍寛さんの支持者たちは、「なんぼ安倍が九銭（苦戦）でも、あと一銭足せば十銭（当選）となる」というスローガンを掲げて応援し、大政翼賛会の非推薦候補者のほとんどが落選する中で、見事当選を果たしました。

こうした安倍寛さんの人となりを聞きますと、安倍晋三さんの人徳の根っこには、安倍晋太郎さんを通じて安倍寛さんの血がより色濃く流れているような気がします。安倍寛さんがいかに地元民に高く評価されていたかは、安倍寛さんが「昭和の吉田松陰」と呼ばれていたことからもわかります。

ちなみに安倍晋三さんの尊敬する人物が、吉田松陰です。松陰は孟子の「至誠にして未だ動かざるものなし」という言葉をモットーに、一命を賭して尊皇攘夷、倒幕運動に当たりました。松陰が松下村塾で近隣の子弟に教えたのは、わずか三年足らずです。その小さな学塾から、明治維新の変革を担った有為の人材が多数輩出されたことは、まさに驚異的です。吉田松陰の国を思う心を揺さぶった黒船来航から百六十年の今日、教育崩壊、道徳崩壊が言われる中で、「昭和の吉田松陰」と言われた政治家の孫が、総理大臣として再登板を果たし、未曽有の国難状況に直面する日本の舵取りを行うのです。

吉田松陰が体現していた日本人の良質な伝統的な精神は、今や風前の灯です。安倍総理にはその馥郁たる薫りを漂わせる政治家として、日本再生を成し遂げてほしいものです。

（平成二十五年二月号）

「文明の衝突」解決に世界の宗教家の智慧を活かせ

お屠蘇気分がまだ完全に抜け切っていなかった日本を震撼させたのが、アルジェリア人質事件でした。世界的なプラントメーカーの日揮が建設していた、アルジェリアの砂漠地帯、イナメナスの天然ガス精製プラントと、その作業員居住地が、イスラム過激派組織の武装集団に襲撃され、百数十人が人質となり、その中に十七人の日本人が含まれていたのです。事件発生から五日後の一月二十一日、アルジェリア軍の特殊部隊がプラントや居住地に突入して過激派集団を制圧し、事件はひとまず終了しました。しかし、人質の中から三十七名の死亡者が出、日本人犠牲者は最多の十名という痛ましい結末となりました。

それにしても、一九九一年の湾岸戦争以来、九・一一の米国同時多発テロ事件、アフガン戦争、イラク戦争等々、欧米先進国とイスラム社会の衝突は、解決の兆しがまったく見えない状況に陥っています。サミュエル・ハンチントン教授が『文明の衝突』を著したのは一九九六年のことですが、欧米対イスラムの「文明の衝突」は、欧米先進国にとって、テロとの戦いになっています。今回の事件のきっかけとなった、フランス軍のマリにおけるイスラム過激派爆撃作戦は、徐々に成果を挙げていますが、それに対する報復攻撃がいつ、どこで起きるかわからない状況です。日本企業が関係する施設が、また狙われない保証はありません。私は一人の仏教者として、果てしない戦いに終止符を打つ手立てはないものか、考えざるを得ません。

私は、二十一世紀の世界平和は、先進諸国の話し合いという枠組みだけでは、維持できないと考えています。最近、サミットに反対するデモ隊が会場周辺を取り囲む例が増えていますが、これは先進国主導で世界をリードしていくことに対して、異議を唱える声が高まっていることを物語っています。つまり、「戦争の世紀」が終わった後の二十一世紀は、皮肉なことに、世界の政治大国、経済大国、軍事大国だけでは世界平和を築くことはできない時代になったのです。

二十一世紀に世界平和を実現するためには、どういう視点が欠かせないのかと言えば、キーワードは「宗教」です。宗教が血で血を洗う紛争の根本原因になっているのであれば、それを解決するには宗教的アプローチが欠かせないと思います。

旧ユーゴスラビアにおけるボスニア・ヘルツェゴビナ紛争が激しかった頃、ベルギーのブリュッセルで、世界から政治家や宗教家が集まって、「ボスニア・ヘルツェゴビナに平和を」の世界大会が開かれました。私はたまたま議長を仰せつかりましたが、そこでは民族・宗教の違いを超えて、ボスニア・ヘルツェゴビナに平和をもたらすことが決議されました。それがあの紛争の終結にどこまで貢献したかは何とも言えませんが、世界の政治家、宗教家が一堂に会して世界平和を求める意味は、決して小さくはないはずです。

私は毎日、世界平和と衆生救済を願って、厳しい護摩行を勤めておりますが、政治家も宗教家も、究極のところ、目指すのは世界平和と民衆の安寧です。政治家と宗教家が心を一つにして世界平和に邁進する。そこから二十一世紀の世界平和が開かれてくると、私は確信しています。

弘法大師空海、お大師さまは、「国家は生きとし生けるものの拠り所であり、父母も国王も衆生も仏教者も精妙な因果の糸で結ばれている」と教えています。だからこそ、『秘密曼荼羅十住心論』の中で、「王が非法を行えば、国は衰え弱る。たとえ正しい理法で王になっても、正しい理法を行わなければ、人民はみな破滅する。それは象が蓮池を踏むようなものだ。国土が飢饉に襲われるというのは、国王が理法を捨てたためだ。そうなれば、王位は安定せず、諸天はみな怒り恨む。諸天が怒りを抱けば、その国は破れ、滅亡するだろう」と、為政者を戒めたのです。

私はこの四半世紀、世界各地の戦没者・戦争犠牲者を慰霊し、世界平和を祈願する、世界巡礼の旅を行ってきました。その中で、ローマ法王パウロ六世、ロシア正教アレクセイ二世をはじめ、多くの宗教家と出会いましたが、たとえ宗教が違っても、宗教家同士の心は通じ合うことを実感してきました。欧米先進国の社会とイスラム社会の果てしない相克に終止符を打ち、世界平和への新たな歩みを始めるために、世界の行動する宗教家が、政治家とともに立ち上がるときが来ました。私は今、その思いを強くしています。

（平成二十五年三月号）

平沼議員が取り上げた「改革者・山田方谷」の意味

山田方谷（やまだほうこく）という人物をご存じでしょうか。幕末から明治初期にかけて活躍した、備中松山藩（現在の岡山県高梁市周辺）の陽明学者です。私が山田方谷を知ったのは、一月末に行われた衆議院本会議において、日本維新の会の代表質問に立った平沼赳夫さんが江戸末期に財政難に陥っていた備中松山藩の藩政改革を断行した山田方谷を取り上げられたからです。

山田方谷に関しては、四代前のご先祖が山田方谷と親交があったという、元吉備国際大学教授の矢吹邦彦さんが、『炎の陽明学―山田方谷伝』（明徳出版社）という労作を出しておられますが、山田方谷はもともと陽明学者で、備中松山藩の世継ぎ・板倉勝静（かつきよ）に帝王学を授ける侍講でした。それが、勝静が藩主になると同時に元締役に任ぜられ、藩財政改革の全権を担うことになったのです。板倉勝静は後に徳川慶喜の下で首席老中を務めた人です。

山田方谷は半ば破綻していた藩財政を立て直すため、帳簿の公開、節約令の実施、賄賂の禁止、産業振興、藩札の改新、文武の奨励、人材の登用、目安箱の設置、屯田制による農地開発等々、矢継ぎ早に改革を断行し、十万両の借財をわずか八年で完済しただけでなく、十万両の蓄財を行ったのです。さらに、特筆に値するのは、武士に代わる兵力を養成するため、若手藩士や農民から志願者を募って、イギリス式軍隊である農兵隊を組織したことです。高杉晋作が組織した長州の奇兵隊が日本の近代的軍隊の嚆矢と言われていますが、山田方谷は奇兵隊に先駆けて農兵隊を組織しており、むしろ奇兵隊がそれを参考にしたとも言われています。

付け加えておけば、幕末から明治維新の際の戊辰戦争で、官軍に激しく抵抗した越後長岡藩の河井継之助は、一時期、備中松山藩に遊学し、内弟子となって山田方谷に師事しています。戊辰戦争時、武装中立を目指した河井継之助が育成した長岡藩の精鋭軍は、備中松山藩の農兵隊を念頭に置いて組織・訓練されていたのかも知れません。

山田方谷が厳しい藩政改革をやり遂げることができたのは、「理財論」という経済論と、「擬対策」という政治論を実践したからです。「理財論」とは、古代中国・漢の時代の儒者、董仲舒（とうちゅうじょ）の言葉、「義を明らかにして利を計らず」をモットーに経済政策を実践することであり、「擬対策」とは、天下の士風が衰退し、賄賂が公然と行われたり、行きすぎた贅沢がまかり通っていることが、財政逼迫の要因であり、これを改めなければならないという考え方です。

この改革理念の背後に、山田方谷がその道を追究してきた陽明学があったことは言うまでもありません。陽明学の淵源は、十二世紀の中国・南宋の思想家、陸象山にさかのぼります。象山は宇宙の真理をつかもうと努力した人で、宇宙と人間の心が一体であることを見抜き、こう説いています。

「宇宙はすなわちこれ吾が心、吾が心はすなわちこれ宇宙、千万世の前、聖人出づるあるも、この心に同じく、この理に同じきなり。千万世の後、聖人出づるあるも、この心に同じく、この理に同じきなり」

象山は、それまでの宇宙の本体は理であるという考え方を一歩進め、理は吾が心の理でもあるから、宇宙の本体は吾が心に他ならないと主張したのです。そして、宇宙の理とはすなわち吾が心に備わっている道徳心だと言っています。この考え方は、弘法大師空海の説かれた「すべての生命は仏さまの子であり、生きたまま仏さまになることができる」という即身成仏の考え方に通じます。

この宇宙の理が人間の心と通底すると説く象山の学問は、十六世紀の明の学者・王陽明によって心の学「心学」と命名され、引き継がれました。そして、王陽明が打ち立てた「心すなわち理」の考え方を基本とする陽明学は、中江藤樹、熊沢蕃山らを通して、江戸時代の儒者たちに少なからぬ影響を及ぼし、その一人が山田方谷だったのです。矢吹邦彦さんは、「陽明学は、葉隠の武士道と深く結びついて、経世済民の実践哲学として日本の土壌に根づいた」と指摘されています。

平沼赳夫さんが、衆議院本会議の代表質問で、山田方谷を取り上げられたのは、ただ単に財政再建のお手本としてだけでなく、山田方谷が体現していた、経世済民の政治に直結する東洋の叡智を、平成日本の政治は取り戻さねばならないという、深いメッセージが込められていたと、私は感じたのです。

（平成二十五年四月号）

靖国神社参拝を支えるビッター神父と怨親平等思想

四月下旬に靖国神社の春季例大祭が行われ、そこに閣僚をはじめ多くの政治家が参拝したことで、またマスコミが大きく報道し、中国や韓国から反発の声が上がっています。中国は、安倍晋三総理の「特使」として訪中する予定だった、高村正彦自民党副総裁の受け入れを拒否し、韓国は日韓外相会談に臨む予定だった外相の訪日を取り止めました。

靖国参拝論者の安倍総理は、直接参拝することは避け、神前に捧げる供え物「真榊」を奉納するにとどめましたが、閣僚の靖国参拝に中国や韓国が反発していることに関連して、「国のために尊い命を落とした英霊に尊崇の念を表すのは当たり前。どんな脅かしにも屈しない。その自由は確保している」と、毅然とした態度を示されました。私は、安倍総理の姿勢を支持します。

そもそも、終戦直後、GHQ総司令官として厚木基地に降り立ったマッカーサーが、ワシントン政府から受け取った占領政策の第一号命令は、日本が再び連合国の脅威にならないよう徹底的に弱体化することであり、その命令を受けたマッカーサーは、日本人の愛国心の根源を断つべく、靖国神社や明治神宮、伊勢神宮などを焼き払おうとしたのです。

そのマッカーサーを思いとどまらせたのが、日本に駐在していたローマ法王庁のブルーノ・ビッター神父でした。神父は、「英霊を祀る靖国神社を焼き払うような暴挙は、米軍の歴史に不名誉な汚点を残す犯罪行為になる。いかなる国家も、その国に殉じて死んだ人々に対しては敬意を払う権利と義務がある。それは戦勝国、敗戦国を問わず、万国共通の真理でなければならない」と言って、マッカーサーを説得したのです。日本国民が靖国神社を参拝する正当性は、このブルーノ・ビッター神父の言葉で言い尽くされています。その万国共通の真理に加えて、日本には仏教の怨親平等精神が根づいているのです。北条時宗は二度の元寇で非業の死を遂げた日本・蒙古両軍の戦没者を弔うため、円覚寺を創建しています。豊臣秀吉の朝鮮征伐に従軍した、薩摩の島津義弘・忠恒親子は高野山に「高麗陣敵味方供養塔」を建立し、日本・朝鮮両軍の戦没者を慰霊しました。

中村錦之助主演の映画『宮本武蔵』五部作（内田吐夢監督）の第四作『一乗寺の決斗』では、武蔵が一人で何十人という吉岡一門を相手に戦う壮絶な場面があります。武蔵はまず吉岡一門の旗頭である幼い少年を一刀のもとに倒し、そのあと何十人という敵を斬り倒して、比叡山に逃げ込みます。数日後、比叡山の僧兵が武蔵の前に現れて、幼い少年を殺したことを非難しつつ、「お前はそれでも人間か！」と問いただします。武蔵は「幼い子供を旗頭に立てた相手方が悪いのだ」と言い訳をしますが、心は晴れません。その武蔵の手には彫りかけの仏像がしっかりと握られています。武蔵は倒した敵を弔うために仏像を彫っていたのです。

仏教学者の故中村元先生は、「勝者は敗者の死骸に合掌して立ち去るのが常であった」と、武士の流儀を引きながら、「われわれの祖先は、国と国の対立を超え、異なった宗教間の相克を超えて、敵味方の冥福を祈ったのである」と書かれています。

その怨親平等精神は、先の大戦にも受け継がれています。戦後、A級戦犯として処刑された東条英機元総理は、遺書の中で、自分たちが処刑されて一段落したら、靖国神社で「敵、味方、中立国の国民罹災者の一大追悼慰霊祭を行われたし」と書いていたそうです。同じくA級戦犯として処刑された松井石根大将は、伊豆山大洞台に「興亜観音」という観音堂を創建し、その中に「支那事変中華戦没者霊位」「支那事変日本戦没者霊位」と書かれた、二つの堂々たる位牌を納めて、支那事変で非業の死を遂げた日中両方の戦没者の霊を弔っていたということです。

私は、靖国神社を破壊寸前で守ったブルーノ・ビッター神父の言葉、日本社会に流れる怨親平等の思想、この二つを思い巡らすだけで、日本人がなぜ、靖国神社が象徴する戦没者慰霊に哀悼の誠を捧げるのか、理解していただけるのではないかと思うのです。

仏教者の立場から、あえて言わせていただくならば、日本人の戦没者慰霊の心が周辺国に受け入れられたとき、アジアに真の平和が訪れると思います。それにしても、大臣の靖国参拝を恒例行事のように批判的に取り上げ、不毛な報道を繰り返すのは、いい加減もうやめにしたらどうでしょうか。

（平成二十五年六月号）

渋沢栄一の「論語と算盤」の理想を忘るなかれ！

アベノミクスが始まって以来、ほぼ一貫して上がってきた東京株式市場が、五月下旬に急落し、「安倍バブルの崩壊」という声も出ました。急落の原因は、中国経済の成長鈍化、長期金利の上昇などが挙げられていますが、上昇相場を支えてきた海外のファンドの利食いも一因でした。資本主義の象徴とも言える株式市場の乱高下に、私は「日本資本主義の育ての親」を想起しました。

「日本資本主義の育ての親」と言われるのは、日本で初めて株式会社を設立した渋沢栄一です。渋沢は明治初期に国立銀行条例を策定し、日本で最初の銀行である第一国立銀行の頭取を務めた人です。渋沢の理念が日本の資本主義の清冽（せいれつ）な地下水として流れているのです。

渋沢は明治維新の前年、十五代将軍徳川慶喜の弟・徳川昭武に随行して、パリで開かれた万国博覧会に列席し、ヨーロッパ各地を視察しました。その途中、当時、フランス企業によって工事が進められていたスエズ運河を視察し、「西洋人が事業を起こすのは、ただ一身一個のためにするのではなく、その多くは全国全州の大益を図るものであり、その規模の遠大で目標の宏壮なことは感ずべきことである」と感心しています。そしてパリで、大衆から零細な資金を集めて巨大事業を実現する「株式会社」というシステムを学び、スエズ運河もそのシステムによって建設されていることを教えられて、日本にも株式会社制度を導入すべきだと考えたのです。

徳川幕府崩壊後に日本に帰った渋沢は、静岡で謹慎していた徳川慶喜に帰朝の挨拶をした後、静岡に残り、明治二年に「商法会所」という会社を設立しました。この会社は渋沢が考案した「合本法」に基づく会社でした。静岡の商人たちから資本を集めてつくった商社で、株式会社という名称こそ付いていませんが、この商法会所が事実上、日本初の株式会社だと言われています。

この渋沢の先見の明に目を付けたのが、大蔵省事務次官の大隈重信で、渋沢を大蔵省にスカウトします。その後、渋沢は国立銀行条例を成立させたあと、大蔵省を辞し、第一国立銀行の頭取に就いています。当時、渋沢が官を辞したのは、「地位や名誉より金が欲しいからだ」と批判する声がありました。

それに対して渋沢は、「士農工商という階級思想の名残りで、官にあることは光栄に思うが、民にあることは屈辱に感じる。この誤った考えを一掃することが急務だ。それにはまず商工業者の実力を養い、その地位と品位を向上させることだ。彼らを社会の上位に位させ、徳義を具現する者こそ商工業者だ、という域にもっていかなければならない。この大目的のために精進するのは、男子の本懐だ」と反論しています。

渋沢が処世哲学の根幹に据えていたのが、孔子の『論語』でした。渋沢は晩年に、『論語と算盤』という本を出していますが、その冒頭に「論語と算盤は甚だ遠くして甚だ近いもの」という一文があります。

その中で渋沢は、「国の富を成す根源は仁義道徳であり、正しい道理にかなった富でなければ、その富は完全に永続することはできない。したがって、論語と算盤というかけ離れたものを一致させることが、今日の急務である」と主張しながら、「眼中に、国家もなく社会もなく、事業の前途も考慮せず、ただ現在儲かりさえすればよいというような思案に基づいた泡沫経営は嘆かわしいかぎりである」と、金儲け一辺倒の経営を厳しく批判しています。

いずれにしても、『論語』と算盤、すなわち道徳と経営は一致しなければならないというのが、「日本資本主義の育ての親」渋沢の基本的な理念でした。そして渋沢は「余りあるをもって人を救わんとしなければ人を救う時なし」という『論語』の言葉を実践し、経済活動で得た莫大な富を社会に還元したのです。

渋沢は昭和六年に九十一歳で亡くなるまでに、第一国立銀行をはじめ日本興業銀行、朝日生命保険、東京海上火災保険、東京ガス、清水建設、王子製紙、新日本製鉄など五百あまりの企業を興し、東京商工会議所、東京証券取引所などを開設したほか、社会福祉・医療・教育事業でも多大の貢献をしています。

渋沢が晩年、訪米したとき、現地の新聞記者から、「あなたは日本のカーネギーだそうですね」と言われたというエピソードが残っています。日本経済の新成長戦略が推進される中で、『論語』と算盤を一致させようとした渋沢栄一の大いなる志を忘れてはならないと思います。

（平成二十五年七月号）

「三本の矢」　毛利元就の治世理念にも学べ

日本経済再生を目指すアベノミクスの柱となっている、「大胆な金融政策・機動的な財政政策・民間投資を喚起する成長戦略」の、いわゆる「三本の矢」は、言うまでもなく、戦国時代に広島を中心に中国地方全域を治めた、毛利元就の逸話に由来しています。元就が臨終の床に三人の息子を集め、「矢は一本だと折ることができる。しかし、三本集まれば、なかなか折ることはできない。おまえたちも兄弟三人が、三本の矢のように力を合わせよ」と言い遺したという有名な話です。

この逸話は江戸時代の作り話だったようですが、元就がそのような考えを持っていたことは、元就が還暦のとき、三人の息子に渡した「教訓状」を見れば明らかです。十四箇条から成り立つ教訓状は、まず第一条に、「毛利という名字が末代まで衰えることがないよう、よくよく心掛け、心遣いをすることが肝要である」と書かれています。そして、「三人の間柄に少しでもヒビが入るようなことになったら、必ず三人とも滅びることになると心得よ」とも言っています。

安倍晋三総理は「三本の矢」の逸話にのっとり、三つの大胆な経済政策で日本経済再生を成し遂げ、日本を安泰な国家とする、という覚悟を表明されたのです。しかし、毛利元就という戦国武将の生きざまを調べてみると、「三本の矢」の援用だけでは惜しいような気がします。安倍総理には元就のような生き方・考え方を体現するリーダーであってほしいと思うのです。

毛利元就は現在の広島県西部・安芸の国の小さな領主の家に生まれ、知略・謀略を駆使しながら、幾多の苦難を乗り越えて、中国地方を平定しています。元就が生涯に戦った戦闘の数は、わかっているだけで二百を超えるそうです。戦国武将多しといえども、元就ほど戦に明け暮れた武将はいないでしょう。

「教訓状」の中にこんなくだりがあります。「自分は多くの人の命を奪ってきた。だから、三人にその報いがないはずはないと考え、内心では気の毒に思う。それゆえに三人とも、そのことを常に念頭に置き、慎み深い生き方をせねばならぬ」――。弱肉強食の戦国時代を生き抜き、西日本屈指の大名にのし上がった元就ですから、多くの修羅場に遭遇し、多くの人を殺してきたことは確かでしょう。「その報いがないはずはない」と考えていたところに、元就の真骨頂があります。元就は仏教的な心を体現する武将だったのです。

元就自身、「教訓状」の中で、「子どもの頃、土地の豪族の家に来た旅の僧が、念仏の法を説いた。その日以来、自分は毎日、日の出を拝み、念仏を十遍ずつ唱える、念仏の法を実践してきた。このことが自分の身を守ってくれたのではないかと考えている」という述懐もしています。元就は自らの武功や出世におごることなく、人智を越えた神仏や大自然に対する信仰と崇敬の念を、常に持ち続けた武将だったのです。

それは、元就の治世にも反映されました。その一つが、元就が居城だった吉田郡山城の増築工事をした際、人柱の替わりに「百万一心」と彫られた石碑を埋めたことです。罪のない領民を生け贄とすることを拒絶し、「百万一心」すなわち「すべての領民の心は一つ」という信念を、祈りとともに神に捧げたのです。

もともと毛利家の治世の理念は「国人領主」、国中の人が領主であるという考え方です。毛利家は代々、大名の独裁を排し、領民を大事にする治世を目指していたのです。常に「国人領主」をモットーに治世を行ってきた元就は、領民から慕われ、強い支持を得ていました。宿敵尼子軍に本拠地・吉田郡山城を攻められたときには、二千四百人の兵士に加えて、八千人の領民が城に立てこもって応戦したと言います。

毛利元就の生き方・考え方を考察すると、「国人領主」という理念のもとに、世のため人のために生き、領民に慕われる一方、戦で多くの命を奪ってきたことを自省し、神仏に深く帰依する、深沈厚重の東洋的な第一級リーダー像が浮かび上がってきます。

安倍総理は二度目の総理就任で、前回の挫折を教訓に、相当の覚悟を持って、政権運営に邁進されています。「三本の矢」はその象徴です。だからこそ私は、領民の人望が厚かった毛利元就の生き方・考え方も参考に、たまには五木寛之さんが言われるところの、日本人の「心のツボ」である神社仏閣を訪ね、英気を養ってほしい。真の日本再生はまだ富士山の一合目、先は長いのです。

（平成二十五年八月号）

「孫文―頭山満」の絆を日中再構築に活かせ！

今年四月、『日本の右翼』（ちくま文庫）という本が中国語に翻訳されて、北京で出版されました。この本の著者は今年八十歳になる猪野健治さんという人で、右翼・やくざの世界に精通したフリージャーナリストです。三年前に代理店を通じて、北京の東方出版社から翻訳出版したいという依頼があり、この本を広くアジアの人に読んでもらいたいと願っていた猪野さんは、中国語版の出版を快諾されたのだそうです。戦前の右翼が、孫文の中国革命を物心両面から支援したのは有名な話です。現代中国の出版社がその点に着目してくれたとすれば、現在の中国にも、戦前の民間レベルの日中の絆に注目する人がいるということであり、歓迎すべきことだと思います。

『日本の右翼』は、右翼の歴史を分析した第一部「歴史と変遷」と、日本の右翼を象徴する十六人の人物を論評した第二部「人物と思想」から構成されていますが、第二部のトップに採り上げられているのが、明治・大正・昭和の右翼を代表する人物、頭山満です。

頭山満はペリーの浦賀来航から二年後、明治維新の十三年前の安政二年、福岡藩士の家に生まれています。福岡藩は雄藩であったにもかかわらず、明治維新以降、新政府から冷遇され、不平士族が少なくなかったようです。頭山満も不平士族の一団に加わり、逮捕も経験しています。その後、薩摩の不平士族に担がれて西南戦争で非業の死を遂げた、西郷隆盛に深いシンパシーを感じながら、自由民権運動に関わり、その運動の中から、明治十四年、二十歳代半ばに仲間とともに玄洋社という政治結社を立ち上げたのでした。

玄洋社は、頭山満が昭和十九年に八十九歳で亡くなるまでの活動拠点となり、戦後、ＧＨＱによって解体されるまで命脈を保ちました。玄洋社は戦前の日本の右翼のシンボル的存在でしたが、単純な国粋主義団体ではありません。玄洋社の憲法とも言うべき「憲則」は次の三カ条です。

「第一条、皇室を敬戴すべし　第二条、本国を愛重すべし　第三条、人民の権利を固守すべし」

人民の権利を守ることが三本の柱に入れられていたことは、玄洋社が自由民権運動の理想を根っこに持ち続けていたからに他なりません。

頭山満の玄洋社は、藩閥政治に不平・不満を持ちながら、自由民権の進取の気性を色濃く持っていた団体であり、決して明治政府のお先棒担ぎなどではなかったのです。

だからこそ、欧米列強および日本の進出に危機感を抱き、清国を新生させる革命に奔走していた孫文を、日本政府とは一線を画する形で、物心両面から支援することができたのです。頭山満が孫文と初めて会ったのは、明治三十年のことです。頭山は「民族・民権・民主」の三民主義を掲げて中国革命を目指す孫文の志に共感し、それ以来、孫文に対する協力を惜しみなく行いました。明治三十八年に東京で、孫文の中国革命を実現させる目的で、中国革命同盟会が創立されていますが、それをバックアップしたのも玄洋社でした。また、明治四十四年十月に辛亥革命が起きると、翌十一月には頭山満、宮崎滔天、内田良平らが、革命支援団体「有隣会」を結成し、頭山満自身、十二月に上海に渡り、革命軍の支援に動いています。

孫文は大正十四年に亡くなりますが、その前年、神戸高等女学校で、有名な「大アジア主義」に関する演説を行っています。「目先の利益だけを求め、武器の発達に依存するヨーロッパの物質文明は覇道の文化に過ぎない。アジアには武力ではなく道理と徳によって他を感化する王道の文化がある。日本はこれから、西洋の覇道の番犬になるのか、東洋の王道の牙城となるのか」――。この演説は、頭山満ら戦前の右翼が掲げていた「大アジア主義」と通底し、孫文が「第二の祖国」日本に残した遺言でした。昭和四年、南京郊外の紫金山・中山陵で、孫文の「英霊奉安祭」が行われました。外国からの来賓を代表して墓所へ入ったのは、頭山満と犬養毅でした。

戦後六十八年になろうとしている現在、日中関係は深刻化する一方で、頭山満たち戦前の右翼が構想した、東洋の王道を実践する「大アジア」とはほど遠い状況にあります。しかし、インド以東のアジア各国を俯瞰すれば、東洋の叡智とも言える宗教・哲学・思想が、古代より連綿として根づいていることは確かです。私は、長期的には東アジアの地下水脈である叡智を活かすことが、東洋的王道に基づく、平和な「大アジア」の礎になると確信しているのです。

（平成二十五年九月号）

国難時に世直しに邁進した松平定信の指導者像

歴史を振り返ると、世の中が乱れているときに、大きな自然災害が起き、それをきっかけに改革者が現れて世直しを行う、ということがよくあります。江戸時代後期の十八世紀末に、徳川幕府の老中として、「寛政の改革」を断行した松平定信もその一人です。

松平定信が二十五歳で白河藩主となり、三十歳で老中に抜擢された天明時代は、天災と飢饉が頻発した時代でした。特に天明三年は七月に浅間山が大爆発し、その灰が江戸にまで降り積もった大変な年でした。白河藩も大飢饉に襲われ、定信は藩主に就任早々、領民救済に奔走しますが、上杉鷹山の米沢藩と並んで、領内で一人の餓死者も出さなかったことが高く評価され、その五年後、三十歳の若さで、老中に抜擢されたのです。

定信の前の老中は賄賂を横行させた田沼意次(おきつぐ)でした。田沼が商品経済の拡大に合わせて、商業資本を積極的に育成しようとしたことが、豪商と幕府官僚の癒着を生んだのです。商業資本と一部の幕府官僚が潤う一方、一般武士や農民は困窮していたところへ、浅間山の大噴火や天明の大飢饉が襲い、米の買い占め・売り惜しみが起きたために、各地で暴動が頻発し、一時、江戸は無政府状態に陥る有様でした。その結果、田沼は退陣に追い込まれ、定信が老中に抜擢されたのです。青年老中は江戸町民から拍手喝采で迎えられ、定信は「文武両道左右衛門(さえもん)源(みなもと)の世直し」という愛称で呼ばれました。

そこで定信がとった政策は、商品経済の拡大や商業資本の育成よりむしろ、荒廃した農村を立て直し、都市の下層民を救済する政策でした。その政策の一環として打ち出したのが、武士の禄米の受け取り・売りさばきを一手に行っていた札差(ふださし)に対して、その債権を放棄させる棄捐令(きえんれい)でした。棄捐令は武士が札差から借りた借金を帳消しにすることが目的でした。棄捐令で大きな損害を受けた札差は、武士に金を貸さなくなり、かえって武士の困窮に拍車がかかったようです。

老中に就任した翌年、定信は江戸の霊巌島・吉祥院の歓喜天に、「物価が安定し、庶民の暮らしが豊かになり、幕府の財政が潤うよう、自分の一命はもとより妻子の命にかけてお願い致します。もし天下の政治が改まらなければ、このまま死んでしまった方がましです」という内容の願文を奉納しています。不退転の決意で改革に取り組んだのです。定信はまた、財政を立て直すために質素倹約政策を断行しますが、自ら晒の染帷子、麻織りの肩衣、木綿の袴という質素な服装をし、麦飯におかずは胡麻味噌だけという粗末な弁当を持参するなど、率先垂範してみせました。

理想主義者で清潔な政治を目指した定信は、在任中に百件近い不正・腐敗事件を摘発し、毎年数十人の役人を処罰する一方、聖域視されていた大奥にもメスを入れました。また、朱子学以外の学問を排除する「寛政異学の禁」を実施したり、人気作家だった山東京伝や版元の蔦屋重三郎を処罰するなど、風俗・言論・出版面などでも厳しい統制政策を推進しました。そうした定信の厳しい政策は知らず知らずのうちに敵をつくり、庶民にも息苦しさを感じさせるようになります。徹底した改革者の宿命と言えるでしょう。

定信が老中に就任した当時、「田や沼によごれた御代を改めて清くすむるは白川の水」という落首が詠まれました。「田や沼によごれた御代」が汚職が横行した田沼意次の時代を指し、「清くすむ白川の水」が白河藩出身の定信を指すことは言うまでもありません。それが、定信の厳しい改革政策が推進されるにつれ、世間の風当たりは強まり、定信が失脚する頃になると、「白河の清きに魚も棲みかねて元のにごりの田沼恋しき」という落首が詠まれています。

結局、定信の農村復興と都市の秩序回復を柱とした寛政の改革は六年で挫折しました。しかし、定信の改革のバックボーンとなった指導理念には、現代にも通じるものがあります。定信が残した『白川政語』という書物には、「人民の心配事を君主が自分のことのように心配すれば、人民も君主の心配事を自分たちのことのように心配する。また、人民の楽しみを君主が自分のことのように楽しめば、人民も君主の楽しみを自分たちのことのように喜ぶものだ」とあります。政治リーダーと国民の信頼感・一体感を重視する考え方です。今日の政治リーダーにも、松平定信的な指導理念を、しっかりと心に留めておいてほしいものです。

（平成二十五年十月号）

新渡戸稲造が示した「男一匹」が日本を救う！

九月末に行われた堺市長選挙で、大阪都構想に反対する現職が再選を果たし、維新の会の公認候補が敗れました。大阪都構想が頓挫したり、後退したりすれば、橋下徹さんの求心力は急速に衰えるでしょう。橋下さんのこの五〜六年の生き方を見ていますと、「俯仰天地に愧じず」という孟子の言葉を想起します。橋下さん自身は、俯仰天地に愧じない生き方をしていると自負しているはずですが、それが国民の心にどこまで響いていたのか疑問です。

「俯仰天地に愧じず」という言葉を政治評論の中で使ったのが、戦前の代議士で戦時中に東条首相と対立して、割腹自殺した中野正剛です。中野正剛は大正九年に朝日新聞の記者から政治家に転身した人で、政治家になった直後に満州・朝鮮を視察し、「自らを尊重し、他を尊重し、自らを愛し、他を愛し、人間そのものを最終の目的とする大自我が大和民族各々の胸中に即位しない限り、朝鮮人に対して愛を説く資格はない」として、日本人は、「俯仰天地に愧じざる男一匹になれ」と評論したのです。

その数年前、著書の中で「男一匹」について考察していたのが、新渡戸稲造です。新渡戸が大正五年に実業之日本社から出した、『自警録』という本があります。人間の心の持ち方を説いた、一種の修養書です。現在は講談社学術文庫として出ていますが、その第一章が、「男一匹」という見出しになっています。

新渡戸はまず、「人にまけ己れにかちて我を立てず義理を立つるが男伊達なり」という歌を紹介しながら、「己れにかちて」は勇気の最も洗練されたものであり、勇気もこの段階に達すれば、孟子が言う「大勇」そのものだと言い、「勇気をふるって己れに克つ」ことこそ、「男一匹」の第一の資格だと言っています。しかし、新渡戸が続けて強調しているのは、勇気は目的に到達する方法であり、何のために勇気をふるうのかと言えば、義のためだと言い、男として欠くべからざる要素は、「事の本末、物の軽重を分別する力」だということです。

そして、「先の先までも推論を下して遠き慮(おもんぱかり)を凝らす力は、こんにちではなお男子の特長とも称すべきものであって、男一匹と誇るものは、ものごとの利害、曲直について、とくに思慮する要素を備えねばならぬ」、つまり、先を見る先見力、理非を見抜く洞察力は「男一匹」に欠かせない能力だと言っています。

勇気、先見力、洞察力を備えても、まだ本物の「男一匹」にはなれません。新渡戸が次に挙げるのが、思慮、判断力、実行力であります。一家に何か事が起きたときには、男はその事態への対応を思慮し、解決策を判断し、それを実行しなければならないと言うのです。

「男一匹」の次なる資格は、「弱者の保護」、特に女性の保護です。「男子に乳房が加わる時の来ないあいだは、母たるの役目はいつまでも女子に属する。この一事に鑑みても、男子は女子を保護する義務が天然に備わっていると思われる。ゆえに男一匹に欠くべからざる要素は女性に対して保護者となるにある。……力ある者が力なき者を養いかつ守るこそ、生物界における永遠不易の法則である」――。

そして最後に新渡戸は、「女子の保護者たる役目を全うするには、猛勇では叶わぬ。やはり優しきところ、一見女性的のところがなくてはならぬ。血も涙もあってこそ真の男と称すべし。今後の伊達男は決して威張り一方では用をなさぬ。内心剛(かた)くして外部に柔らかくなくてはならぬ」と言っています。

「男一匹」は自分に厳しく、心の内を強く鍛え、外部に対してはやさしく、柔らかい態度で接しなければならないのです。「男子はすべからく強かるべし、しかし強がるべからず。外弱きがごとくして内強かるべし」というのが、新渡戸の説く「男一匹」の姿でした。

現在の日本の政官財のリーダーたちは、果たして「男一匹」の資格を備えているでしょうか。政治家は選挙に受かることしか考えない。官僚はミスなく昇進することしか考えない。経済人は自社が収益を上げることしか考えない。答は明らかです。「俯仰天地に愧じざる男一匹」として、国家・国民のために命を張っているリーダーが、いなくなりました。国家のリーダーたちの立ち居振る舞いは、それを見ている国民にも伝染します。リーダーたちの精神が弱まれば、国民の精神も荒廃します。日本のリーダーが「男一匹」を体現するときが、真の日本再生が実現するときだと、私は考えています。

（平成二十五年十一月号）

食品偽装事件で見直される江戸時代の商道徳

このところ食品に関する偽装が相次いで発覚しています。直近の事例は、阪急阪神ホテルズのレストランで、メニューの表示と異なる、コストの安い食材が使われていた「ニセ食材」事件です。同社社長は当初、「偽装ではなく、誤表示だ」と釈明していましたが、その後「偽装といわれても仕方がない。阪急阪神ブランドへの信頼失墜を招いた」と謝罪し、辞任しました。ホテルのレストランにおける食材の偽装は、その後、他のホテルでも相次いで発覚しています。当該レストランのみならず、ホテルにとってもイメージダウンは必至です。

もう一つ話題になった食品偽装は、三重県四日市市の大手米穀販売会社が、コメの産地や用途を偽装していた疑いで、警察の捜査を受けた事件です。同社は中国産やアメリカ産のコメを混ぜていたものを、国産米と偽装表示して売っていたほか、酒や煎餅などの原料となる、安い加工用米も主食用として偽装していました。

さらに同社は、東日本大震災で東北のコメ作り地帯が大きな被害を受け、主食米が品薄になるのを見越して、外国産米の偽装を増やしていたということですから、開いた口がふさがりません。

ひと昔前までの日本人は、「お天道さまの視線」を心の片隅に感じながら、仕事をしていました。お天道さまに見られていると思えば、ズサンな仕事や、客をだますようなことはできないのです。一般的には、お天道さまと言えば太陽のことです。太陽はすべての人々に遍く光を注いでいます。私たちすべての生命は、その恩恵を受けながら生かされているのです。太陽は神仏の象徴であり、すべてお見通しのお天道さまを裏切るような商売は、上手くいくはずがないのです。

江戸時代中期の学者に石田梅岩（ばいがん）という人がいます。暇あるごとに書物を読みふけり、独学で仏教・神道・儒教を融合した心を修養する学問、石田心学を開いた人です。石田心学の最大の特徴は、仏教・神道・儒教を取り入れながら、当時、士農工商という身分制度で卑しめられていた商人を「市井の臣」と位置づけるとともに、商人に反省を求め、商道徳の確立を説いた点にあります。

石田梅岩の著書に『都鄙問答』という書物があります。その冒頭部分に、「商人の道を問うの段」という項があります。ある商人が「いかなる理念をもって商売をしていったらいいのか」と問うと、石田梅岩は次のように答えています。

「商人が欲心をなくして一銭を大事にすれば、天下の倹約にもかない、天命にも合うことだから、福を得るのは当然のことだ。商人が福を得ることが万民の心を安んずることにつながるならば、商人が仕事に励むことは、常に天下太平を祈ることと同じである。その上に、法を守り、身を慎むことが大切だ。ただ、商人といえども、聖人の道を知らなくては、同じお金でも不義のお金を儲けて、子孫に災いをもたらす。子孫を愛するなら、聖人の道を学んで富を成すべきである」

石田梅岩からそう説かれた商人たちは、仏教や儒教の背後にある大聖人の道を一生懸命学び、いよいよ正直を旨とした堅実経営を実践していったのです。

基本的な商道徳は、江戸時代の初期には根づいていました。江戸初期に活躍し、住友家の「家祖」と呼ばれる住友政友という人がいます。政友は子孫に遺した訓戒の中で、仏や神を信心する心の大切さに触れながら、「謀計とは謀りごとをめぐらし、人の心をかすめ、筋なき金銀を取ること也。それは目の前にては利潤、徳と思えども、終には神明の御罰に当たるなり。正直は一旦の依怙にあらずといえども、終には日月の憐れみを被るなり」と、正直な商売の重要性を説いています。また、政友が子孫に当てた手紙では、商売の心得が箇条書きにされていますが、その第一に「何にても、つねの相場よりやすき物、持ち来たり候えども、根本をしらぬものに候わば、少しも買い申すまじく候。左様の物は盗物と心得うべく候」と書かれています。要するに、政友は「商売は正直に、慎重かつ堅実に行うべし」と教えたのです。

昨今の食品偽装事件を見るにつけ、日本の商道徳は依然として地に落ちたままです。アベノミクスにより、日本経済に明るさが戻ってきましたが、経済指標がいかに好転したとしても、日本の経済社会が伝統の商道徳を取り戻さない限り、真の日本経済再生はおぼつかないと、私は感じています。

（平成二十五年十二月号）

平成二十六年（二〇一四）

二月　ソチ冬季五輪、ウクライナ危機
四月　韓国・セウォル号沈没事件
六月　イスラム国（ＩＳ）が国家樹立を宣言
七月　集団的自衛権の行使容認
八月　広島土砂災害
九月　スコットランド独立住民投票否決、御嶽山噴火
十二月　衆院選で自民党が勝利

赤穂浪士討ち入りと新井白石の礼楽振興の狙い

十二月になると忠臣蔵を思い出します。赤穂藩主・浅野内匠頭が江戸城内・松の廊下で吉良上野介に斬りつけたのは一七〇一年三月、討ち入りは翌一七〇二年十二月のことです。一六〇〇年の関ヶ原の戦いに勝った徳川家康が、江戸に幕府を開いたのが一六〇三年ですから、それからほぼ百年後に討ち入りが行われたわけです。

徳川幕府が開かれて百年、元禄時代の社会は、平和であるがゆえに爛熟、混迷の時代を迎えていました。当時の将軍は第五代・綱吉です。綱吉の治世は二十八年間にも及びましたが、二大悪政が「生類憐れみの令」と「元禄の金銀改鋳」でした。

「生類憐れみの令」は犬を保護する政策で、犬は「お犬さま」と呼ばれ、人間より大事にされました。この政策には動物愛護の理念や、社会的弱者を大切にするという福祉的な理念が採り入れられていたとも言われますが、綱吉の独善的な政治姿勢によって、犬を大事にする点だけがことさら重視され、庶民を大いに悩ませたのでした。また、「元禄の金銀改鋳」とは、金貨、銀貨の質を落とし、そこで浮いたお金で幕府の財政難を打開しようとした政策のことです。幕府が質の悪い金貨、銀貨を大量に発行したのは、商品経済の発展に伴う貨幣需要の増大に対応するためでした。しかし、通貨の発行量は増えたものの、コメをはじめ物価も急騰し、庶民は生活苦に喘ぐことになったのです。

赤穂浪士の討ち入りは、綱吉の悪政によって、庶民の幕府に対する信頼が薄らいでいる最中に起きました。本来、浪人たちが徒党を組んで政府高官の屋敷に押し入り、主君の仇討ちをするなどということは、天下のご政道に異議を唱える行動であり、許されるはずのないことです。しかし、江戸庶民は赤穂浪士を「義士」と賞賛し、拍手喝采で迎えました。実際、赤穂浪士たちが仇討ちを終えて、主君の墓のある泉岳寺に到着した頃には、寺の周りは見物人であふれ返ったということです。これは庶民が赤穂浪士の行動に「義」を感じ取っていたということであり、いかに天下のご政道が乱れていたかを物語っています。

幕府の中にも是認する意見が少なくなかったようです。儒者の室鳩巣（むろきゅうそう）は、「忠義を重んじる武士道の典型的行動だ」と賞賛しています。また、綱吉側近の儒者だった林信篤（のぶあつ）は、「このたびの仇討ちは、衆人に忠義の大切さを教えるとともに、君は臣を信じることを知り、臣は君に忠でなければならないことを学んだ」と評価しました。前年に浅野内匠頭に対して、切腹・お家断絶の裁決を下した綱吉自身、仇討ちの直後は、「あっぱれ忠義の者」と誉めています。

しかし、幕府の側用人・柳沢吉保の政治顧問だった荻生徂徠（おぎゅうそらい）は、赤穂浪士の仇討ちを政治的に認めれば、幕藩体制の動揺に拍車がかかると危惧し、「主君の仇を討つのは義にかなっているが、結局それは私ごとであり、私ごとで幕府の大法を犯してはならない」と主張しました。最終的には、綱吉も徂徠の主張を採り入れ、赤穂浪士たちに切腹を命じたのです。いずれにしても、赤穂浪士の仇討ちに対する江戸庶民の共感は政治不信の現れであると同時に、忠義の衰退の裏返しでもありました。

そこで、六代将軍・徳川家宣（いえのぶ）のブレーンだった儒者の新井白石（はくせき）は、「正徳の治（しょうとくのち）」と呼ばれる改革に取り組みました。白石は政治の根本は礼楽（れいがく）の振興にあるという考え方の持ち主でした。礼楽とは「行いを慎ませる礼儀と、心を和らげる音楽」のことで、儒教では昔から、礼儀と音楽は社会の秩序を保ち、人心を感化する働きをするものとして尊重されてきたのです。白石は「徳を積むこと百年にして礼楽おこる」と言い、徳川幕府成立後百年を経た今こそ、礼楽を振興すべきときだと主張しました。白石には、礼楽を興すことが奢侈（しゃし）と風俗の乱れを抑え、武士の経済的窮乏を解消し、幕藩体制の秩序を維持することにつながるという確信があったのです。それは、綱吉時代の強権政治から脱却した王道政治の復活を目指したものであり、政治の信頼回復を狙ったものでした。

「正徳の治」の断行に伴い、白石は五つの基本理念を示しますが、その中に「下の利を奪うべからざる事」「誠信を失うべからざる事」という言葉があります。つまり、庶民の不利になるようなことはしてはならない、誠実さと信義を失ってはならないと、政治を担当する幕府側を戒めているのです。白石の志・理念は、現在の日本にも通用するはずです。

（平成二十六年一月号）

新しい道徳教育用に「教育勅語」のリユースを

平成二十六年の日本の最大のポイントは、安倍晋三政権が四月からの消費増税をクリアして、日本経済再生路線を持続させることができるかどうかです。アベノミクスの恩恵を地方の中小企業や一般家庭にまで波及させることができれば、安倍政権は長期政権となる可能性があります。しかし、アベノミクスの辿り着く先が、戦後の高度経済成長路線が辿り着いた、バブル狂乱による亡国現象であってはなりません。その意味では、やはり日本社会の道徳的荒廃に歯止めをかける努力を怠ってはなりません。

先般、文部科学省の有識者会議「道徳教育の充実に関する懇談会」が、小中学校の「道徳の時間」を、正式教科に格上げする報告案を取りまとめました。道徳を正式な教科として認めるのであれば、日本人が伝統的に持っていた神仏に対する敬虔な気持ち、仕事に対する誠実な心構え、国や地域や家族に対する深い思い、自然に対する崇敬の気持ちなどの美徳を身につける教育を実践すべきだと思います。

日本にはすでにそのための確固たる教科書が存在します。戦前の教育の基本にあった「教育勅語」です。しかし戦後、「教育勅語」は占領軍から断罪され、戦後民主主義の中で無視されてきました。もはや「教育勅語」がどういう経緯で作られ、どういう内容であったかを知る人は、絶滅危惧種的存在です。

明治時代の前半、全国を巡幸された明治天皇は、各地の学校を視察され、「今の学校はあまりにも西洋風に偏り、東洋的な倫理、すなわち慈しみの心や人を敬う精神が忘れられている。幼少のうちから仁義・忠孝の道を教えなければならない」と感じられました。実際、新政府は学制を採り入れ、全国に小学校、中学校、大学を設立しましたが、その教育内容はほとんどが外国の模倣でした。その状況を憂慮された明治天皇は、日本の伝統精神に基づく道徳教育の必要性を痛感されたのです。

明治天皇の憂慮を受けて、明治十三年に文部省編纂課長の西村茂樹が中心となって「小学修身訓」をつくり、さらに明治十五年には明治天皇の侍講だった元田永孚が、天皇の命を受けて、「孝行」「忠節」「和順」「友愛」など二十の徳目を説く「幼学綱要」を発行しています。

明治十九年に明治天皇が東京帝国大学を行幸された際、「いろんな学科を巡視したが、基本となるべき修身に関する学科には、見るべきものがなかった。今日の学科では、政治、治安の道を習得した人材を求められない」との感想を述べられ、元田は「和漢修身の学問は廃棄されようとしています。現在の学校教官は学制発布以後に学んだ洋学専修の者が多く、彼らの頭脳で生徒を教導すれば、将来の害は実に恐るべく、今これを停止しなければ、再び挽回はできないでしょう」と応えています。

大日本帝国憲法が発布された明治二十二年、明治天皇は、「教育に関する勅語」の草案づくりを政府に命じました。首相・山県有朋以下、文相・芳川顕正、法制局長・井上毅、侍講・元田永孚、東京帝大教授・中村正直らは、寸暇を惜しんで草案づくりに没頭します。保存されている草案だけで四十数篇あります。当時の日本を代表する知識人たちが、「教育勅語」の制定にいかに心血を注いだかがわかります。「天皇は神聖にして侵すべからず」という時代に、天皇ご自身が国民に向かって発せられる「教育勅語」だからこそ、神道、仏教、儒教、道教、武士道などに取り込まれていた道徳的エッセンスが、ものの見事に網羅されたわけです。

「教育勅語」は親孝行、兄弟愛、夫婦愛、友情、恭倹、博愛、学修、公益などの徳目の重要性を謳い、さらに「常に国憲を重んじ、国法に遵い、一旦緩急あれば、義勇公に奉じ、以て、天壌無窮の皇運を扶翼すべし」と続いています。この部分が軍国主義に通じ、戦争の正当化につながったと批判する向きがありますが、平時には国の憲法や法律をきちんと守り、ひとたび戦争など非常事態になったら、国のため、社会のために、国民としての義務を果たすのは、古今東西、当然のつとめです。

「教育勅語」は世界に通用する道徳です。明治天皇から国民に発せられたスタイルに違和感があり、中の文言も古めかしいというのなら、現代の政治家、憲法学者、哲学者、思想家、宗教家などが叡智を結集して、「教育勅語」を現代的な「道徳訓」に編み直せばいいのです。頭ごなしに「教育勅語」を排除する考え方からは、日本の新しい道徳を生み出すことはできません。

（平成二十六年二月号）

日本の指導者に求める空海の「虚往実帰」の心

年も改まりましたので、改めて弘法大師空海、お大師さまにまつわる言葉を拠り所にして、日本の指導者に対する私の率直な思いを披露させていただきたいと思います。

日本人最初のノーベル賞受賞者の湯川秀樹博士は、「長い日本の歴史の中で、空海は最も万能的な天才であった。世界的スケールで見ても、アリストテレスとか、レオナルド・ダ・ヴィンチとかいうような人よりも、むしろ幅が広い。宗教、文芸、美術、学問、技術、社会事業の各方面にわたる活動を通観すると、超人的というほかない」と、お大師さまを絶賛されています。

そういうお大師さまですから、多くの言葉を残しておられますが、私の寺のモットーにも引用しているのが、「虚しく往きて実ちて帰る」（虚往実帰）という言葉です。

私の寺では少しアレンジし、「虚しく来たりて満ちて帰る」としています。いろんな悩みや苦しみをかかえて、虚しい気持ちで私の寺にいらっしゃった方が、お帰りになるときには満ち足りた心でお帰りになる。そういう衆生救済を実践する寺でありたい、という気持ちが込められています。

もともと「虚往実帰」という言葉は、お大師さまが決死の覚悟で唐の長安に向かわれ、苦難の末に密教のすべてを持ち帰られたことに対する、国家の称賛の言葉です。お大師さまが、国家鎮護と衆生救済の教えである密教を日本に伝えてくれたことに、国家は最大限の感謝を示したのです。しかし同時に、この言葉は、四苦八苦の世の中を生きている私たちに、いかに困難なことでも、仏さまを信じてチャレンジすれば、やがて大きな満足を得ることができるということを教える、励ましの言葉と受け止めることもできます。特に、「実ちて帰る」という言葉の底知れない包容力、充実感に、私は深い感動を覚えます。

政治指導者には政治指導者の、経営トップには経営トップの、四苦八苦の日常があります。政治指導者は国家・

国民を善導し、幸せにする責任があります。経営トップは利益を上げ、株主還元を行う必要がある一方、社員とその家族を守っていく義務があります。その責任の重さは並大抵のものではありません。しかし、その四苦八苦の厳しい日常を、苦悩しながらも、世のため人のために生きることが、「虚しく往きて」という言葉が象徴する姿です。

山登りにたとえれば、頂上を目指して、ひたすら歩いている姿が、「虚しく往きて」という状態です。ときには熊笹の中を歩き、ときには雪渓を乗り越え、ときには岩肌を登って進んでいく。しかし、頂上はいっこうに近づいてこない。その苦しさに耐えている時間があるからこそ、山頂に立ったときの達成感があり、素晴らしい眺めを味わう悦びもあるのです。下山するときの満ち足りた、心躍る軽やかさこそ、まさに「実ちて帰る」境地です。

政治指導者にしてみれば、国家・国民のために政治に全身全霊で打ち込み、それが国民の支持・評価を得て、次の選挙で政権を維持することができたとき、また、企業トップにしてみれば、企業の社会的責任を果たしながら、会社を成長路線に乗せて利益を上げることができ、株主還元を行い、社員とその家族に感謝され、社会的にも高い評価を受けたとき、そのときこそが「虚しく往きて実ちて帰る」という境地を実感できるときでしょう。

「虚往実帰」を体現する指導者になるためには、日頃から心に仏さまを感じながら生きることが大切です。お大師さまは『般若心経秘鍵』の中で、「仏法遙かにあらず、心中にしてすなわち近し」と説いておられます。「仏さまの世界は決して遠くではなく、自分の心の中にある」という意味です。仏さまが自分の心中にいらっしゃると思えば、政治指導者も経営トップも、世のため人のための王道を歩くほかないのです。

私が護摩行を勤めるのは、決して自分のためではありません。衆生を救い、国家を護り、世界平和を実現するためです。毎日厳しい護摩行に邁進しているからこそ、清浄な心を維持でき、仏さまの慈悲と智慧をいただきながら、衆生救済、国家鎮護、世界平和の祈りができるのです。

政治指導者が国家・国民のために政治に邁進するのも、経営トップが経営を通じて社会貢献に邁進するのも、私たち行者が日々、行に取り組んでいるのと同じです。国家・国民のため、身を粉にして政治に、経営に努める政治指導者、経営者にこそ、仏さまの慈悲と智慧がもたらされるのです。

（平成二十六年三月号）

『アンネの日記』破損事件で想起する杉原千畝

ロシアのソチで冬季オリンピックが開かれている間に突如浮上してきたのが、図書館や書店における、『アンネの日記』破損事件です。二月下旬時点で、破損された「アンネ関連本」は東京・横浜で三百冊を超え、警視庁が本格的な捜査に乗り出しています。

『アンネの日記』と言えば、世界で六十以上の言語に翻訳され、二千五百万部を超えるベストセラーとして、世界中の人に読まれている本です。

ナチスのユダヤ人迫害を逃れて、オランダに亡命していたユダヤ人のフランク一家が、長い隠れ家生活の末、七人が強制収容所へ送られ命を落とします。約二年間に及ぶオランダの隠れ家生活の中で、少女アンネが書き続けた日記が奇跡的に戦後まで残り、一家でただ一人戦後まで生き延びた父オットー・フランクによって出版されたのでした。過酷な逃亡・隠れ家生活を強いられた少女アンネの日記は、ナチスのユダヤ人迫害の非人道性を告発するとともに、戦争と差別のない世界を願う少女の純粋な心で、世界中の読者の心を打ち、世代を超えて読み継がれてきました。

その『アンネの日記』が相次いで破損されるという事件が、この平成の日本で起きたのです。二月末時点では犯人はまだ特定されていませんが、すでに中国・韓国あたりからは、「この事件の背景には日本の右傾化がある」「日本にはヒトラーに追随する勢力が少なくない」などといった、意図的な報道が流れてきています。また、アメリカのユダヤ人人権団体である「サイモン・ウィーゼンタール・センター」は、「衝撃と深い懸念」を表明しています。

安倍総理の靖国参拝に関して、中国、韓国のみならず、アメリカやヨーロッパからも批判的な声が上がっているときに、こういう事件を起こせば、どういう反応が出るか、少し考えればわかりそうなものです。にもかかわらず、あえてそういう行為に出たということは、犯人はよほど『アンネの日記』に拒絶反応を持っている人間か、もしくは現在の日本をおとしめようとしている人間としか、考えられません。

『アンネの日記』破損事件は救いのない出来事ですが、その中にもいくつかの光明を見いだすことはできます。一つは、イスラエル大使館が、「事件に対して寄せられた心配と思いやりに深く感銘を受けている。彼女の日記はホロコーストとそれをめぐる人道的見解への理解を深めることに役立つものだ」として、被害に遭った図書館に『アンネの日記』三百冊を寄贈したことです。

また、第二次大戦中に駐リトアニア領事代理として、ナチスから逃れてきたユダヤ人難民に対して、日本通過ビザを発給し、約六千人の命を救った、「日本のシンドラー」と言われる「杉原千畝」名で、都立中央図書館宛てに、アンネ・フランクに関する百冊以上の本が寄贈されました。私は本当に救われた気持ちになりました。

杉原千畝さんは領事代理という外交官としては決して高くはない立場で、しかも自身のリトアニア退去が迫る中、何千人というユダヤ人難民の生殺与奪権を握ったとき、敢然として本国の命令に背き、人道的な立場に立って、時間の許すかぎり、夜も徹して、六千人からのビザにサインを書き続けた人です。

杉原さんに命を助けられた人は、戦後、アメリカへ、イスラエルへと帰っていきました。杉原さんの名前「千畝」は、通称「センポ」と呼ばれていたため、杉原さんに救われたユダヤ人の多くは、杉原さんを「センポ」として記憶していました。

戦後、かなりの年月が経ったとき、救われたユダヤ人が日本の外務省を訪ね、「センポという人はいないか」と訊きました。対応した職員は、「いない」と答えました。杉原さんは本省の命令に背いた外交官として、終戦とともに外務省を追われ、ロシア語を活かしてソ連との貿易の仕事をやっていたのです。

しかし、その後、関係者の根気強い探索が功を奏し、遂に杉原さんと助けられたユダヤ人は再会を果たすのです。そして、イスラエル政府は杉原さんに、同国最高の栄誉と言われる「諸国民の中の正義の人」賞を贈呈しました。

今回、『アンネの日記』破損事件が起きても、日本とイスラエルの間に友好が保たれたのは、一つには杉原千畝さんの功績があったような気がします。イザというときに国家の枠組みを越えて、人道的な立場に立てる人材こそ、長い目で見て国を救うということを再確認しました。

（平成二十六年四月号）

日韓新時代を築くには日韓併合時代の再検証を

桜の開花宣言が相次いだ三月下旬、オランダのハーグで開催された核セキュリティ・サミットに出席していた安倍晋三総理は、アメリカのオバマ大統領、韓国の朴槿恵(パククネ)大統領と、日米韓首脳会談を行いました。しかし、オバマ大統領を真ん中に、朴槿恵大統領、安倍総理が左右に座った会見場の雰囲気は終始重く、日韓関係の修復の目論見は徒労に終わったように見えました。

朴槿恵大統領はこれまで、歴史認識問題、従軍慰安婦問題、領土問題、靖国参拝問題などで、日本に対してきわめて厳しい姿勢で対応してきました。昨年三月一日、日本統治時代に起きた三・一独立運動の記念式典で、「日本と韓国の加害者と被害者という歴史的立場は、千年の歴史が流れても変わることはない」と演説して、日本側にショックを与えたのは、まだ記憶に新しいところです。各国首脳との会談でも、「北東アジアの平和のために日本は正しい歴史認識を持たねばならない」「歴史や領土問題で後ろ向きの発言ばかりする日本指導部のせいで信頼関係を築けない」「日本の一部指導者は謝罪する気もなく、元慰安婦を侮辱し続けている」「日韓首脳会談をしても得るものはない」といった、対日批判発言を繰り返してきました。

日韓関係の最大のネックになっているのは、従軍慰安婦問題を含めた歴史認識の問題です。たしかに、一九一〇年（明治四十三年）に日本が韓国を併合し、三十五年間にわたり朝鮮半島を統治したのは歴史的事実です。しかし、日本の統治が欧米が植民地で行ったような、搾取と収奪一辺倒の支配であったかどうかについては、時代とともに新しい議論も出てきています。

『日本統治時代を肯定的に理解する』（草思社）という本があります。著者の朴贊雄(パクチャンウン)氏は、一九二六年（昭和元年）に日本統治下のソウル市に生まれ、ソウル大学、ニューヨーク大学大学院を卒業し、一九七五年にカナダへ移住、トロント韓国民主社会建設協議会会長、トロント韓人会会長などを務めながら、韓国の民主化を追求し続けた人で、二〇〇六年に亡くなっています。

本書には、「戦後教育によってつくられた、日韓併合に対する一面的な見方を克服し、肯定的側面を直視することこそ、真の日韓親善につながる」という著者の長年の主張が展開されています。例えば、日本統治下で韓国の人たちに強制的に押し付けられたと言われる創氏改名について、著者は韓国人が日本人と差別されないようにという、当時の南次郎総督の好意から発した政策で、ほとんどの朝鮮人が進んで創氏改名に応じた、と指摘しています。また、朝鮮人に対する志願兵・徴兵制度に関して、著者は「昭和十六年の志願兵募集には募集人員の二十六倍の人員が応募し、日本の軍当局が朝鮮青年の愛国心の発露として喧伝賞賛したほどだった」と書いています。いずれにしても、『日本統治時代を肯定的に理解する』を一読するかぎり、日本が朝鮮統治で搾取と収奪の圧政を続けたわけではないのは明らかです。実際に日本は、いまだ前近代的な社会から脱け出せない韓国を併合し、古い身分制度を廃し、各地に学校を新設して教育を向上させ、鉄道、ダムなどインフラを整備し、各種工場を建設して、多くの雇用を創出するなど、朝鮮半島の近代化に巨額の国家予算を投じたのです。

昨年夏、同じく草思社から刊行された『「日本の朝鮮統治」を検証する１９１０〜１９４５』という本が話題になりました。共著の一人である日系アメリカ人のジョージ・アキタ氏が、今年の『ＷｉＬＬ』一月号のインタビュー記事で、「日本の朝鮮統治は世界一フェアだった」と語っています。そしてアキタ氏は、日本の朝鮮統治が過酷なものにならなかった理由について、「それは植民地化ではなく、併合だったからだ」と言いながら、次のような注目すべき視点を披露しています。

《当時の明治憲法は天皇が国民に与えたものだった。それは朝鮮総督府の人間も尊重しなければならないから、朝鮮人民に対しても、同じように法律を適用した。もし、同化しようとしている朝鮮人民だけを不利に扱えば、明治憲法の精神、つまり明治天皇のご意思に背くことになる》

日系アメリカ人の学者の方が、日本の本質に迫ったモノの見方を身につけているのではないかと感じました。私は、世界の日韓関係専門家を集め、日韓併合時代を再検証してもらうのが、日韓関係を正常化する早道だと思います。

（平成二十六年五月号）

日米対立の狭間で苦悩した新渡戸稲造に学ぶ

オバマ大統領が国賓として来日し、日米首脳会談が行われましたが、大統領が離日後に公表された共同声明では、TPPは「交渉妥結に向け、大胆な措置を取る」と確認されただけで終わりました。オバマ大統領が来日中、連日連夜のTPP交渉で疲労困憊した甘利明担当大臣が記者団に、「もう一回、交渉役をやるかと問われたら、もうやりたくない」と弱音ともとれる発言をされました。私は、同盟国同士とはいえ、日米両国の国益が激突する最前線で、国家を背負って交渉する立場の厳しさを吐露されたのだと受け止めました。

そこで私が思い出したのは、大正末期から昭和初期の時代に、「われ太平洋の架け橋とならん」と言って、暗雲漂い始めた日米関係の修復に、全身全霊で取り組まれた新渡戸稲造さんのことです。

大正九年、新渡戸さんは日本を代表する国際人として、第一次大戦後に発足した国際連盟事務次長に就任します。アメリカは国際連盟に加盟していませんが、ウィルソン大統領が新渡戸さんのホプキンズ大学の同窓生だったことから、国際連盟本部があるジュネーブを訪れるアメリカの外交関係者は、新渡戸さんのオフィスを訪ね、国際情勢についてレクチャーを受け、世界平和のために必死に仕事をしている新渡戸さんの姿を見て、尊敬と親愛の気持ちを込めて、「ミスター・ニイトベ」と呼んでいたそうです。

新渡戸さんは約六年半の間、国際連盟事務次長として国際平和に貢献し、大正最後の年に帰国して、貴族院議員に勅選されますが、大正十三年には、アメリカで排日移民法が成立し、日米関係に暗雲が漂い始めていました。新渡戸さんはいよいよ、「太平洋の架け橋」として奔走しなければならない立場に追い込まれていきます。

奉天近郊で張作霖爆殺事件が起きた昭和三年、新渡戸さんは『東西相触れて』という随想集の中で、「民族優位説の危険」「歴史の贋造慎むべし」といった持論を展開し、中国、朝鮮を蔑視することの愚かさを指弾しました。当時、日本を代表する国際人で、勅選貴族院議員の新渡戸さんが、真っ向から政府・軍部の方針を批判したわけですから、新渡戸さんに対する反発も強まりました。

新渡戸さんの警鐘にもかかわらず、日本は中国大陸への進出を加速させ、昭和六年九月に奉天近郊の柳条湖で満州鉄道爆破事件を起こして満州事変を勃発させ、翌年三月には満州国建国宣言に至るのです。満州国建国の一カ月前、新渡戸さんは講演で訪れた松山市で記者会見を行い、苦渋の表情でこう語りました。

「近頃、毎朝起きて新聞を見ると、思わず暗い気持ちになってしまう。我が国を亡ぼすものは、共産党か軍閥である。そのどちらが恐いかと問われたら、今では軍閥と答えねばなるまい」――。

オフレコを前提にした発言でしたが、新聞で大々的に報じられ、新渡戸さんは窮地に立たされます。軍部、右翼だけでなく、一般国民までが新渡戸さんに、「非国民」「売国奴」といった罵声を浴びせかけたのです。

松山事件から二カ月後、満州国建国宣言の一カ月後に、新渡戸さんはアメリカに飛びます。アメリカに着くや、フーバー大統領、スチムソン国務長官と会見し、全米各地を回って百回以上講演をします。新渡戸さんが講演で語ったのは、「なぜ満州事変は起きたのか。その淵源は日本が宿命として抱えているソビエト・ロシアの南下に対する脅威と、統治能力を欠いている中国政府の弱体にある」ということでした。

日本の弁護に終始した講演は、アメリカ国民を説得することができず、「ミスター・ニイトベは軍部の代弁者になってしまった」と、失望させました。新渡戸さんの松山事件での言説と、アメリカ講演旅行での言説の落差は、一種の「ダブルスタンダード」と言えなくもありません。しかし、新渡戸さんが晩年に残した、「よきインターナショナリストは、よきナショナリストでなければならず、またその逆でなければならない」という言葉を噛みしめると、決してそうではないことが理解できます。

新渡戸さんは日本が満州国問題で国際連盟を脱退した昭和八年夏、第五回太平洋会議に日本代表としてカナダ・バンフを訪れ、その地で病に倒れ、客死しています。「われ太平洋の架け橋とならん」は志半ばで終わりましたが、「よきインターナショナリストは、よきナショナリストでなければならず、またその逆でなければならない」という言葉は、今もなお生きていると思います。

(平成二十六年六月号)

朝鮮総連ビルを「平和慰霊祈念靖国公園」に！

五月末、北朝鮮の拉致問題に関して新たな展開がありました。五月末にスウェーデンのストックホルムで開催されていた、今年二回目の日本と北朝鮮の外務省局長級協議で、北朝鮮側が日本人拉致被害者と、拉致された疑いがある特定失踪者について、包括的・全面的な調査を約束したのです。北朝鮮側は三週間前後で特別調査委員会を立ち上げ調査を開始し、調査状況は随時日本に通報され、生存者が発見された場合は、帰国させる方向で協議するとしています。拉致問題解決に向けて、この機会を最大限に活かしてもらいたいものです。

さて、今回の日朝協議が難航した原因の一つに、朝鮮総連本部ビルの競売問題がありました。私は以前から、日本側が「対話と圧力」の「圧力」に傾いた姿勢に固執しているかぎり、拉致問題などはいつまで経っても進展しないと思い、その硬直化した状況を突き崩すカギになるのが、朝鮮総連本部ビルの競売問題だと考えていました。

昨年三月、私の宗教法人「最福寺」が、朝鮮総連ビルを約四十五億円で落札致しましたが、五月に落札辞退に追い込まれたのは周知のとおりです。ただ、私が朝鮮総連本部ビルの入札に応じたのは、日朝関係が最悪事態に陥ることを阻止する狙いと同時に、日本の近隣外交の桎梏になっている靖国神社問題を解きほぐす構想を持っていたからです。私はその構想を「平和慰霊祈念靖国公園構想」（仮称）と命名し、私が朝鮮総連ビルを落札してはじめて実現するものとして考えていました。しかし今は、靖国問題が一段と深刻化している中、日本の未来のためにぜひ必要な国家的構想だと確信するようになっています。

私は平成二十一年秋に初めて北朝鮮を訪れて以来、朝鮮総連本部とも親しく交流してきましたが、朝鮮総連ビルが九段の靖国神社と隣接する富士見の地にあることに、深い仏縁を感じていました。そして、朝鮮総連ビルの入札に参加させていただくに当たり、靖国神社に隣接する富士見の地に、広く戦没者を慰霊し、平和を祈念する慰霊と平和祈念の公園を造りたい――との思いが、心の奥底から大日如来のように立ち上がってきたのです。

靖国神社はそもそも、戊辰戦争における薩長など官軍側の戦没者を慰霊するために造られた招魂社が前身です。戊辰戦争や西南戦争で「賊軍」として戦死した犠牲者たちは祀られていないのです。

私は、賊軍の汚名を着せられて亡くなった戦没者の霊も、同じように祀られるべきと考えています。戦没者すべての御霊を平等に日本全体で慰霊することが、日本の幸せにつながるのです。その意味では、空襲や原爆に斃れた民間人や、日本兵として戦い非業の死を遂げた朝鮮半島、台湾出身の戦没者の慰霊も同じです。

私が思い描く平和慰霊祈念公園の施設とは、戦火に斃れたすべての日本人のための慰霊の施設です。朝鮮総連ビルの土地と周りにある国有地を活用して、大きな慰霊碑を建て、広く戦没者・戦争犠牲者を慰霊し、平和を祈念する公園を造るのです。千鳥ヶ淵戦没者墓苑もここに移築します。そういう国家的な施設を靖国神社の隣接地に造れば、天皇・皇后両陛下をはじめ総理大臣、海外からの国賓など、いつでも誰でも、自由にお参りできるはずです。しかも隣接地には靖国神社があり、「靖国神社で会おう」と言って死地へ向かった戦没者たちの霊も慰めることができるのです。

靖国神社にA級戦犯が合祀されて以来、天皇陛下のご参拝はありません。また、近隣の中国・韓国の強い反発から、首相や閣僚の参拝が毎年のように問題視されています。そういう現状に手をこまねいているだけでは、問題は解決しないのです。天皇陛下から一般国民まで、心置きなく戦没者を慰霊し、平和を祈念できる形を整えるため、政治家も役人も国民も智慧を絞らねばなりません。

平成二十七年は「終戦七十年」、平和を祈念する大きな節目の年になります。私の構想は、朝鮮総連ビルが民間企業の手で収益事業化されてしまえば、実現はほぼ不可能になります。靖国問題を解決に導き、戦没者慰霊も心置きなくできるようにするために、私は国が超法規的に朝鮮総連本部と民間企業の間に入り、国が管理する形で推進するのがベストだと思います。

その真摯な取り組みが北朝鮮の理解を得られれば、拉致問題の全面的な解決を側面からサポートするはずです。政府の英断に期待します。

（平成二十六年七月号）

W杯予選敗退で想起した特攻隊と「神風神社」

サッカーW杯は、日本が予選リーグで最下位敗退となりました。私には今回のチームは命懸けで戦う覚悟に欠けていた感じが否めません。命懸けで戦う覚悟で私が思い出すのは、大東亜戦争末期、「十死零生」、まったく生還の見込みのない特攻機に乗って南の海に散っていった、サッカー日本代表と同年代の特攻隊員たちのことです。

私の生家の寺が、鹿屋基地の近くにあった関係で、私が小学生低学年だった頃、出撃を控えた特攻隊員たちが、寺によく最後のお参りに来ていました。彼らは本堂で祈りを捧げた後、帰り際に私に、「おい、靖国神社で会おうな」と語りかけ、笑顔で帰って行きました。出撃の日の朝、私の寺の上空に何機かの特攻機が飛来し、別れを告げるかのように、何回も翼を揺らしながら旋回し、南方の空に消えていったことを鮮明に憶えています。

特攻機は敵艦に体当たりしていくわけですから、生きて帰る確率はゼロです。しかし、特攻隊員たちは国家・国民を守るためにと、突撃していったのです。戦後になって、特攻作戦は無駄死にだったと徹底的に批判されました。たしかに国を怨んだ隊員もいたに違いありません。

しかし、知覧の特攻記念館に展示されている隊員たちが遺した最後の言葉を読むと、家族たちの将来を案じながら、感謝の気持ちを綴ったものが多いのです。国家・国民のために死んでいくことに対する諦観と、国家および家族に対する深い愛がにじみ出ています。私は、それが結果的に無駄死にであったとしても、国家・国民のために命をなげうった隊員たちの気持ちは尊いと考えます。

特攻隊を発案し、「特攻の父」と呼ばれた大西瀧治郎という海軍中将がいます。大西中将は最後まで無条件降伏に反対し、敗戦の日の深夜、正確には八月十六日午前二時四十五分に切腹、自決していますが、次のような遺書を残しています。

「特攻隊の英霊にもうす。よく戦いたり深謝する。最後の勝利を信じつつ、肉弾として散華せり。しかれどもその信念は、遂に達成し得ざるに到れり。われ死をもって旧部下の英霊とその遺族に謝せんとす。次に一般青壮年に告ぐ。わが死にして軽挙は、利敵行為なるを思い、聖旨にそい奉り、自重忍苦するの誠ともならば幸いなり。隠忍するとも日本人たるの矜持を失うなかれ。諸子は国の宝なり。平時に処しなおよく特攻精神を堅持し、日本民族の福祉と世界人類の平和のため、最善を尽くせよ」――。

無条件降伏に最後まで反対し、徹底抗戦を唱えた大西中将でさえ、最後は戦争に対する真摯な反省と、戦後の平和を希求して、腹を切ったのです。

ルソン島の中西部に位置するマバラカットは昭和十九年十月五日に、初めて神風特攻隊が飛び立った場所です。敗色が濃厚になっていた日本軍は、起死回生を図るために、まずここから特攻機を出撃させたのです。それを見ていたマバラカットの住民たちは、戦後、神風特攻隊の犠牲的精神を称え、慰霊するために、「神風神社」を建立し、特攻隊員たちの供養を行っていました。

私が神風神社の存在を知ったのは平成九年頃のことです。以来、私は毎年、マバラカットを訪れ、特攻隊員たちの慰霊を行いながら、世界平和祈願祭を行っています。マバラカットで特攻隊員たちの霊を慰めることは、フィリピン戦線で非業の死を遂げた日本兵士や、現地フィリピンの戦没者・戦争犠牲者を慰めることにもなります。

一昨年は十五回目の式典でしたが、マバラカット市から名誉市民第一号を賜りました。しかし、私がマバラカットで特攻隊員の慰霊と世界平和祈願祭を執り行うようになったきっかけは、マバラカットの人たちが、特攻隊員の犠牲的精神を尊いものと評価され、神風神社まで造って顕彰していたからです。ですから私は、名誉市民第一号の授与式で、「名誉市民第一号の栄誉は、マバラカットの皆さまの、戦没者を慰霊する尊いお気持ちに対して贈られたものです。また、この栄誉は神風特攻隊で散っていった、日本の若き航空兵たちの犠牲的精神に対して贈られたものです」と挨拶しました。

私は、マバラカットで式典を続けることが、フィリピンおよび日本の戦没者並びに戦争犠牲者の慰霊になると同時に、フィリピンと日本の友好関係の進展に役立ち、さらに世界平和にもつながっていくと確信して、毎年、全身全霊で祈りを捧げ、「継続は力なり」を実践しているところです。

（平成二十六年八月号）

高野山創建千二百年を機に日本人本来の心を

「紀伊山地の霊場と参詣道」がユネスコの世界遺産に登録されてから十年が経ちました。私は、熊野三山、吉野・大峯、高野山という、その起源が微妙に異なる三つの霊場が共存している紀伊山地が、世界遺産に認定されたのを機に、日本人だけでなく、多くの外国人が紀伊山地の霊場を訪れ、神仏習合を成し遂げ、八百万の神とともに生きている日本人の叡智が、長い目で見て、世界平和の実現に活かされていくことを夢見ていました。

同時に、これが神道、仏教、儒教、道教などが刷り込まれた日本人の伝統的精神の見直しにつながり、ひいては日本再生の起爆剤になって欲しいと、ひそかに期待していました。しかし、十年経った現在の率直な感想を申し上げれば、国内的にも、国際的にも、その夢・期待の実現はまだ道遠しと言わざるを得ません。

一木一草にも神仏を感じてそのいのちを尊び、八百万の神仏を受け容れる日本人の心性、感性を取り戻すことこそ、真の日本再生のカギです。「紀伊山地の霊場と参詣道」が世界遺産になって十周年の今年から、高野山開創千二百年の来年にかけては、とても大事な時だと私は感じています。

特に私は、高野山金剛峯寺を本山とする高野山真言宗の伝燈大阿闍梨・大僧正であり、弘法大師空海、お大師さまの教えにしたがい、日々大きな火を焚く護摩行を勤めながら、衆生救済、国家鎮護、世界平和を祈念している真言行者ですから、高野山開創千二百年を機に、今まで以上に祈りの大切さ、内なる仏さまを生かすことの意味を説きながら、日本人本来の心、精神、道徳の再生に取り組んでいく決意です。

高野山開創千二百年を一年後に控えたこの春、縁あって、高野山別格本山「清浄心院」の住職に就任させていただいたことは、私にとってとても大きな出来事でした。お大師さまから、「高野山開創千二百年に身口意をフル回転させせよ」と言われたような気持ちでした。

清浄心院は天長年間（八二四〜八三四）にお大師さまが創建された由緒ある寺で、高野山でも「別格本山」と呼ばれる格式の高い古刹です。私が清浄心院の住職に就くことになったのは、この十年間、継承問題がこじれ、高野山を悩ます騒動に発展していたことが発端で、お大師さまゆかりの寺院の騒動を収拾する役割が、私に回ってきたのです。私は、高野山開創千二百年を期して、お大師さまの偉大なる教えを、改めて高野山の全域に息づかせ、広く世の中に伝える使命を胸に秘め、清浄心院の住職となり、再建の重責を担う決心を致したのです。

高野山には百を超す寺が存在しており、日々、人々の幸せ、国家の安泰と繁栄、そして世界の平和を招来するための祈念・祈願が行われています。ただ、真言密教の僧侶が身口意をフル回転させて行に取り組む姿を、訪れた観光客が目の当たりにする機会はほとんどないのが実情です。高野山を訪れる人たちに、お大師さまが重視された修行のダイナミズムを実感していただき、真言密教の祈りの真髄に触れていただくことは大事なことです。

私は清浄心院の住職に就くことが決まったとき、百万枚護摩成満行者として、八千枚護摩百回達成行者として、いのちの続くかぎり、高野山でも池口恵観流の護摩行を勤めようと心に決めたのでした。ただ残念ながら、現在、清浄心院には池口恵観流の大きな護摩を焚く護摩堂がありません。私は何としても、大きな火を焚くことができる護摩堂を建立し、仏の慈悲と智慧に満ちた護摩行の火の輝きで高野山を息づかせ、その光で日本列島、世界を照らしたいと願っているところです。

お大師さまは、「虚空尽き衆生尽き涅槃尽きなば、我が願いも尽きん」と誓願され、衆生の心に闇がある限り、自分が衆生とともにいて導いてあげようと誓われ、入定直前、弟子たちに、「兜率天にあっては自分は雲の間から地上をのぞき、お前たちの様子をよく観ていよう。そして、五十六億七千万年ののちに、必ずや弥勒菩薩とともに下生して、衆生救済に当たりたい」と言われました。お大師さまは現在もなお、衆生救済に全身全霊で取り組まれています。

日本人のＤＮＡには、お大師さまの時代から、自然と共生し、天皇と国民が一体感を持ち、八百万の神を敬うといった感性が刷り込まれており、そのＤＮＡは現代の日本人の魂の奥深くに眠っているはずです。高野山開創千二百年がそのＤＮＡを呼び醒ます起爆剤になるよう、私も身口意をフル回転させるつもりです。

（平成二十六年九月号）

石破前幹事長の逡巡——「蟻の一穴」となる恐れ

安倍晋三総理はこの秋の国会を、「日本を取り戻す戦いの第二章のスタート」と位置づけ、人心一新のため内閣改造と党役員人事を断行しました。今回の人事で最大の焦点となったのが、石破茂幹事長の処遇でした。石破さんは第二次安倍内閣発足以来、自民党内をまとめ、公明党との関係維持にも腐心され、安倍総理・総裁を必死に支えてきました。しかし、安倍総理は今年七月、集団的自衛権を容認する閣議決定をした際、安全保障法制担当大臣の新設を表明していました。集団的自衛権の運用には、自衛隊法改正をはじめとする関連法の幅広い整備が必要です。安倍内閣はその関連法案を来年の通常国会に提出し、新設の安保法制担当大臣はその法案の整備や、国会審議での答弁を担当することになります。

集団的自衛権容認の閣議決定は、マスコミの反発も強く、一時的に内閣支持率は軒並み四〇パーセント台に急落しました。したがって、国会審議の過程では、安保法制担当大臣は野党の追及に真摯に対応しながら、国民世論の理解を得る大事な役割を担うことになり、よほど安全保障・防衛・外交問題に精通した人でなければ務まりません。安倍総理は当初から、石破安保法制担当大臣を想定していたはずですが、マスコミは、「来年秋の自民党総裁選のライバルになる石破さんを、閣内に取り込もうとした」と報じました。

集団的自衛権については、憲法解釈を変えるような大事なことは、閣議決定で強行するのではなく、国会で徹底して論議し、国家安全保障の基本法的なものをきちんと制定して対応すべきだ、という意見が根強くあります。自民党内にもあり、石破さんも基本法制定論だと言われます。石破さんが安倍総理の安保法制担当大臣への就任打診を、「考え方の違い」を理由に固辞したのも、そういう背景からです。

しかし、自公両党の間で侃々諤々の議論をし、お互いに了承して閣議決定した経緯を振り返るとき、その論議の中心にいた石破さんが、総理との考え方の違いを理由に、安保法制担当大臣への就任打診を固辞されたのは、自民党が挙党一致体制になっていないことを図らずも露呈したようなものです。党内からさまざまな反発が出たのも当然でしょう。

冷静になって振り返れば、今回の石破さんの処遇をめぐる騒動は、今後、総理・総裁を狙う石破さんにとって、「蟻の一穴」とも言うべき重大な禍根になる恐れがあります。報道によれば、安倍総理は石破さんとの会談で、「次は石破さんです」と言ったそうですが、別の新聞では、「安倍総理は東京オリンピックまで視野に入れている」という記事もあったようです。

私は、石破さんは安保法制担当大臣を受けるべきだ、その仕事は余人をもって替え難いと考えていました。安保法制担当大臣は、マスコミから叩かれ、国民からの批判が予想される、厳しい仕事であることは言うまでもありません。しかし、だからと言って、将来の総理・総裁を狙う人が、その厳しい仕事を避けるようでは、自ら将来の芽を摘むようなものだとも感じました。

石破さんがこれまで安倍政権を支えてきたという自負をお持ちなら、厳しい仕事でも敢然として受けて立ち、全身全霊で取り組むべきでした。それで仮りに途中で刀折れ、矢尽きて、安倍総理とともに倒れたとしても、それによって、石破さんの総理・総裁への道は閉ざされるわけではなく、逆に開かれたのではないかとさえ思うのです。今回の人事問題は、石破さんの政治家人生におけるひとつの切所（せっしょ）でした。石破さんがこの難所越えを意味あるものとするためには、今後、「国家・国民のために」を念頭に置きながら、政治家としてひたすら汗をかくことに尽きると思います。

安倍総理は五年以上の臥薪嘗胆の時を経て再登板した総理であり、退路を断って「本来の日本を取り戻す」国家的大業にチャレンジしています。マスコミから集中砲火を浴びながらも、再登板から二年近く経っても、四〇〜五〇パーセントという高い内閣支持率を維持しているのは、多くの「声なき声」が安倍政権を支持しているからです。ただ、自民党は現在の「一強状況」に胡座をかいてはいけません。党内が一致団結して安倍政権を支え、日本再生の道筋を確固たるものにすべく全力投球すべきです。成功すれば、再び自民党の長期政権時代が来るはずです。油断していたら、オセロゲーム的大逆転は、再びやってきます。

（平成二十六年十月号）

「女性が輝く社会」に不可欠な津田梅子的な志

九月末に臨時国会が開会し、第二次安倍改造内閣をスタートさせたばかりの安倍晋三首相の所信表明演説がありました。安倍首相はヒラリー・クリントン前国務長官の名前を出しながら、「女性の活躍は社会の閉塞感を打ち破る大きな原動力になる」と、「女性の輝く社会」に向けた取り組みこそが、成長戦略の柱になることを力説しました。今後、自分たちが輝く場を切り拓いていく女性たちは、男尊女卑の社会の中で必死に一から女性の地位を築いた、明治初頭の女性たちに匹敵する苦闘を乗り越えねばなりません。

津田塾大学創始者で、日本の女子教育の先駆者と言われる津田梅子という女性がいます。梅子は明治維新の四年前に東京に生まれています。父・仙は幕臣で、明治維新の前年、福沢諭吉らとともに郵便船コロラド号で訪米した、有能な官吏でしたが、幕府崩壊で職を失い、明治四年に北海道開拓使の嘱託となった人です。

ちょうどその年、北海道開拓使次官・黒田清隆が、米国へ女子留学生を送り込む企画を立てたことから、仙は梅子を応募させ、満六歳の梅子が留学生に選ばれるのです。明治四年、岩倉使節団に同行して訪米した女子留学生五名の中で、梅子は最年少でした。

数え年十二歳の山川捨松は、旧会津藩家老の娘で、兄・健次郎は後に東京帝国大学の総長を務めた人です。捨松自身は日本に帰国後、大山巌元帥の後妻になっています。数え年九歳の永井繁子は、米国で音楽を勉強し、帰国後は音楽取調掛（現在の東京芸術大学）のピアノ教師になり、その後、海軍大将・瓜生外吉と結婚しています。

梅子は米国のジョージタウンで、日本弁務官書記で画家のチャールズ・ランマン夫妻のもとに預けられ、ピアノ、英語、ラテン語、フランス語、英文学、自然科学、芸術などを学び、休暇中にはランマン夫妻とともに各地を旅行して回っています。このときの留学期間は約十一年に及び、明治十五年に山川捨松と一緒に帰国したときには、梅子は日本語が話せなくなっていました。満六歳で訪米し、十七歳で帰国したわけですから、致し方なかったでしょう。

その頃、梅子は伊藤博文と知り合い、伊藤から、華族子女を相手に教育を行っていた私塾「桃夭女塾」の創始者であり、教育家・歌人として知られた下田歌子を紹介され、同塾の英語教師となります。その後、伊藤の推薦で、学習院女学部から独立した華族女学校の英語教師になりますが、六歳のときから米国の自由な雰囲気の中で学んできた梅子は、華族子女の花嫁学校と化している華族女学校にどうしてもなじめず、悶々とした日々を過ごします。結局、梅子は、来日した留学時代の友人、アリス・ベーコンの勧めで、明治二十二年、再び米国留学の途に就きます。その留学中、日本女性に関する研究に従事していたアリスの影響を受けて、梅子は日本の一般女性に対する教育に関心を持ち、明治二十五年に帰国した後、明治三十三年、父・仙、大山捨松、瓜生繁子、アリス・ベーコンらの支援を得て、津田塾大学の前身である「女子英語塾」の開校に漕ぎ着け、塾長に就任しました。

女子英語塾は華族・平民の区別をしない、平等な女子教育を志し、行儀作法の延長、花嫁修業的な教育が女子の高等教育だと考えられていた通念を打破し、進歩的かつ自由な高いレベルの教育を実践しました。同塾は昭和二十三年に津田塾大学として再出発しますが、戦前・戦後を通じて、女子英語塾、津田塾大学が、梅子の自由平等の理念の下に、日本の女子の高等教育をリードしてきたことは疑う余地はありません。

梅子が近代日本女性の先駆者となれたのは、六歳のときから十一年間も米国留学生活を送り、日米の人脈を活かしながら、日本の女子教育の底上げに全精力を注いできたからです。そこには、明治の男たちに負けない、日本の発展に尽くしたいという大きな志がありました。

忘れてならないことは、梅子は旧幕臣の子女、山川捨松は旧会津藩の家老の子女であったことです。明治新政府にとっては逆臣とも言うべき人物の子女が、国の発展を支える人間になるよう、米国に送り込まれたのです。新政府、旧幕臣の双方に、国の希望を託す人選に、過去の恩讐を越える志があったのです。

日本が真の再生を果たすためには、女性が輝く社会の実現が必要ですが、その背後に、女性の登用を進める男性や、女性の時代を先導する女性の、国の発展に尽くす大いなる志が不可欠だと思います。

（平成二十六年十一月号）

難所にさしかかった安倍総理に求められる胆力

この秋を境に、政局は風雲急を告げてきた感じがします。まだ夏の暑さが残っていた九月初旬、第二次安倍晋三改造内閣が発足した頃には、これで安倍長期政権への布石は打たれた、と言われました。当時、世論調査でもっとも高い内閣支持率を出したのは読売新聞で、六二パーセントでした。しかし、十月末の同調査では、支持率は一気に九ポイントも下げ、五三パーセントです。支持率急落の最大の要因は、大臣の政治資金絡みの不祥事が相次いだことです。九月末に臨時国会が開会された直後に、松島みどり法務大臣がうちわ問題で追及され、続いて小渕優子経済産業大臣が政治資金収支報告書のでたらめを追及され、遂に第二次安倍改造内閣を彩っていた五人の女性議員のうち、二人がダブル辞任に追い込まれました。

その後、小渕さんの後任の宮沢洋一経産大臣が、政治資金収支報告書にＳＭバーへの支出が記載されていたとして、就任直後から、野党、マスコミなどから集中砲火を浴びました。さらに十月最終週の時点では、新たに五人前後の大臣の不祥事が指摘されており、安倍政権にとっては、最悪の展開です。

安倍総理は、第一次安倍内閣の際、大臣の不祥事、失言問題などで辞任が相次いで支持率が急落し、最後は参院選の敗北と持病の悪化により、一年で総辞職を余儀なくされた屈辱を味わいました。改造人事では厳正な「身体検査」が行われたはずですが、それにしてはあまりにもお金にルーズな話が多すぎます。「一強多弱」の政治状況からくる驕りがあったとしか思えません。

第二次安倍内閣は一昨年十二月に発足以来、一年八カ月の間、一人の辞任大臣も出さず、一度も改造を行わないできた、近年では珍しい長期安定内閣でした。安倍総理がその内閣をあえて改造されたのは、いろんな理由がありましたが、一つが「人心一新」でした。五人の女性大臣が並ぶフレッシュな布陣で、第二次安倍内閣の再浮揚を図るとともに、長期政権への足固めを行う戦略だったはずです。

しかし、政治とカネの問題で、政権浮揚の目論見も、長期政権戦略も見直しを迫られている現状です。こんなことなら、改造を望む党内の声を押さえて、前の内閣を継続した方が、よほど戦略的だったと言えるでしょう。安倍改造内閣の発足以後、野党、マスコミの安倍政権への集中砲火は、第一次安倍内閣当時のそれを彷彿とさせるものがあります。その状況を乗り越えるためには、政府・与党の結束が大事なことは言うまでもありませんが、安倍総理自身の胆力、突破力が欠かせません。政治家・安倍晋三の底力が問われています。

そこで想起するのは、大平正芳総理です。昭和五十三年十二月に、自民党総裁選で現役総理・総裁の福田赳夫さんに勝って総理・総裁の椅子に就いた大平さんは、翌五十四年九月に赤字国債依存からの脱却を目的に、敢然と大型福祉税導入の旗を掲げて、解散・総選挙に臨みます。

選挙戦中に大型福祉税への反対があまりにも強かったことから、その旗を降ろしましたが、時すでに遅し、自民党は追加公認を含めてやっと過半数を維持する結果に終わりました。その後、自民党は大平総理続投に関して分裂状態となり、俗に言う「四十日抗争」に至りました。

怨念は昭和五十五年まで持ち込まれ、大平内閣に対する不信任案が、自民党内の反大平派が本会議を欠席したことによって可決されます。大平総理は衆議院解散に踏み切り、衆参同日選挙に打って出ますが、重なる心労がたたり、選挙戦の最中に急逝したのです。同日選挙は弔い選挙となって自民党の圧勝でした。

当時は中選挙区時代で、自民党の一党独裁時代でしたが、自民党内には常に主流派と反主流派があって対立しつつ、切磋琢磨していました。総理・総裁は身内の反主流派との闘いに、まさに身を削られる思いをしながら、政権運営に邁進していたのです。

大平さんはマスコミに「アーウー宰相」と揶揄されましたが、赤字財政を憂え、初めて大型間接税の導入にチャレンジした姿は、後に、胆力を内に秘めた指導者像として高く評価されるようになりました。

私は、大平総理の苦労に比べれば、安倍総理はまだ恵まれているような気がします。しかし、安倍総理が難所にさしかかっているのは確かです。「一千万人といえども我ゆかん」の気概を持って、不惜身命の心で、国家国民のための政治に取り組んでいただきたい、と祈る気持ちです。

（平成二十六年十二月号）

平成二十七年（二〇一五）

一月　シャルリー・エブド襲撃事件
　　　イスラム国が邦人を殺害
八月　川内原発再稼働、戦後七十年談話
九月　安保関連法案成立
十一月　パリ同時テロ

日本の政治家に求められる『葉隠』の覚悟！

解散・総選挙前後の日本の政治状況を見ていて、改めて考えさせられたのは、政治資金の使い方の杜撰さといい、離党・解党などに絡む出処進退の軽さといい、日本の政治家の信念のなさ、底の浅さです。私は以前から、日本の政治家は昔の武士のような存在でなければならない、と主張してきました。昔の武士は少しでも天の道にはずれた、破廉恥な行いをした場合、周りから「恥を知れ！」と厳しく指弾されたものです。

国際化が進めば進むほど、日本の指導者に求められるのは、英語力よりむしろ仏教、儒教、武士道といった、伝統的な日本精神に根ざす心です。「古武士の風格を持った人」でないと、国際社会の荒波の中で、日本代表として毅然たる態度を貫くことができないと思うからです。

武士道の極致を著した『葉隠聞書』（以下『葉隠』）という有名な書物があります。江戸時代初期に佐賀・鍋島藩の武士で晩年に出家した、山本常朝が武士の在るべき姿を語り、聞き書きさせた本です。その冒頭近くの、「武士道と云ふは、死ぬ事と見付けたり」という一節はあまりにも有名です。その一節の後に次のようなことが語られています。

「生か死かの選択を迫られたとき、一刻も早く死を選ぶだけである。別に、とりわけて理由があるわけではない。決断して前進するだけである。……生か死かという二者択一の場に立って、その場にふさわしい決断に思いをめぐらすことなど不必要なことである。……毎朝毎夕、いくたびも死を覚悟し、常住坐臥つねに死の覚悟ができているならば、武道における自由自在な境地が体得され、一生の間なんの落ち度もなく、武士としての職分を果たすことができる」

なかなか奥の深い境地です。常に死を覚悟し、生か死かの場面では死に向かって直進するのが武士であり、その覚悟さえできていれば、自由自在の境地が得られ、武士としての一生を全うできるということです。この覚悟を読むと、武士にいかに厳しさが求められていたかがわかります。不惜身命の覚悟で仕事に取り組まなければならないのは、昔の武士も今の政治家も同じです。『葉隠』の冒頭部分は武士道の真髄を説く高尚な内容になっていますが、それ以降の中身は武士の身の処し方がかなり具体的に書かれています。例えば――。

「己れ一人だけの狭い知恵で身を処すると、私心にわざわいされて天の道理に背くことになるから、知恵のある人に相談したり、古人のすぐれた言行を紐解くのが良い」「主君のために一命を捧げる覚悟を積み、主君と一心同体になっている家来が二、三人もいれば、その家の基礎は盤石である」「正義を貫くことを最上至極と考え、ひたすら正義を押し通すのはかえって誤りが多い。正義より上に道というものがあり、道を見つけるのは難しい。これがわかるのは、賢知の最高の境地においてである。ただ、道からはずれない方法はある。人と相談したり、読書をして古人のすぐれた思慮にならうことである」

こうしてみると、武士道の真髄は決して難解なものではありません。「武士道とは死ぬ事と見つけたり」という冒頭の言葉がいかにも哲学的なために、『葉隠』自体を難解な武士道論だと思っている人が少なくないようですが、中身はごく当たり前の武士のあるべき姿を説いているのです。わかりやすいからこそ、『葉隠』が佐賀・鍋島藩のバイブルとして普及したとも言えます。いずれにしても、武士階級が身につけていた日本の伝統精神は、非常にシンプルなものでした。死の覚悟を持って仕事に当たる。神仏や天に恥じない行いをする。お家すなわち国を大事にする。先祖を敬い親孝行をする。礼節を重んじる。廉恥心を持つ――。日本は戦後、経済大国にはなったものの、このようなシンプルな尊い精神を失い、外国からもあなどられるようになったのです。

私は、前近代的な封建社会として見過ごされてきた江戸時代を見直し、武士社会の基本精神を掘り起こすことが、二十一世紀の日本新生につながると確信しています。そのためには、内政面でも、外交面でも、身口意すなわち身体と言葉と心をフル回転させて、武士道を体現する政治家が必要です。総選挙がいかなる結果になろうとも、選ばれてきた政治家には、伝統の武士道精神を体現しながら、「政治家の道とは死ぬことと見つけたり」の気概を持って政治に邁進し、二十一世紀に真の日本再生を成し遂げてほしいと祈っています。

（平成二十七年一月号）

空海こそ「永続敗戦」状況から抜け出す法！

平成二十七年は「戦後七十年」という記念すべき年です。天皇皇后両陛下もご高齢をおして、西太平洋のパラオ共和国へ戦没者慰霊の旅に行かれる予定と報じられています。戦後六十年の平成十七年に、両陛下がサイパン島へ戦没者慰霊に赴かれ、戦争末期、米軍に追い詰められた日本の民間人が、「ばんざい！」と叫びながら身を投じたバンザイクリフの海に向かって、深々と頭を下げられたお姿を、改めて想起します。

パラオは戦前から戦時中にかけて日本が信託統治を行い、学校、病院、道路などのインフラを整備した国です。太平洋戦争当時は約三万五千人の人口のうち、二万五千人が日本人だったといいます。日本の信託統治は現地で歓迎され、今もパラオの国民は親日的です。パラオの国旗は日の丸に似たデザインで、明るい青地に日の丸と同じくらいの黄金色の円が配置されており、日の丸が参考にされたともいわれています。

戦没者慰霊といえば、仏教には「怨親平等」思想があります。たとえ敵・味方に分かれて戦ったとしても、戦争が終わったら敵・味方の区別なく、お互いに両国の戦没者を慰霊することが、戦後の平和につながる、という考え方です。その観点に立てば、戦後七十年も過ぎれば、敵・味方に分かれて戦った怨念は、お互いの努力によって解消されておかしくありません。しかし近年、日本と近隣諸国との関係は、歴史認識でますます悪化しているような状況です。時が経つにつれて、歴史認識の問題で関係がますます冷え込むというのは、どちらか一方の責任ではなく、双方に責任があります。東洋哲学の叡智が底流に流れ、歴史的にも地政学的にも近しい関係だった国同士が、国際協調の時代に角を突き合わせている姿は、他の国々の人たちに対してはもとより、北東アジアの平和に腐心してきた先人たちに対しても、恥ずかしい思いがします。

私は、歴史認識の違いによる近隣諸国との軋轢と、沖縄の米軍基地に象徴される日米安保体制に依存する防衛とは、コインの裏表の関係だと見ています。日本は東西冷戦時代、ソ連の脅威から身を守るために、アメリカの核の傘に入って、経済成長に全力投球してきました。現在は、中国のプレゼンスに対して、日米安保の集団的自衛権によって、国土防衛を果たそうとしています。

しかし、祖国防衛をアメリカに依存している限り、実態はアメリカの「属国」のようなものであり、真の独立は果たせない、自主憲法を制定すべきだ、という声が根強くあります。結党六十年になる自民党も、その悲願の上に成立しています。さらに言えば、そのことと近隣諸国が批判する歴史認識の問題は無縁ではなく、欧米のマスコミや知識人、国内の反自民のマスコミや知識人から発せられる「歴史修正主義」との批判とも通底してきます。

歴史認識の問題で資料を掘り起こして日本の立場を主張すればするほど、戦後レジームを創った国々や人々、そのレジームを容認する国々や人々を刺激し、「歴史修正主義」のレッテルを貼られるのです。これは日本の歴史と伝統を尊重しながら、国際協調を志向する日本人にとっては、とても重い問題です。

平成二十五年春に出版された『永続敗戦論――戦後日本の核心』（太田出版）という本が売れているようです。著者は文化学園大学助教の白井聡さんという政治学者ですが、戦後日本の「永続敗戦」状況が的確に指摘されていて、呻き声を上げざるを得ない気分にさせられます。「戦後政治の総決算」や「戦後レジームからの脱却」を成し遂げるには、「永続敗戦」のレジームを敢然と乗り越えていかねばなりません。これは並の政治家のエネルギーでは不可能です。しかし、それを断行しなければ、真の日本再生は成し得ません。

私はこの厳しいハードルを乗り越えるためには、日本初のノーベル賞受賞者であった湯川秀樹博士が、「日本の歴史の中で、最も万能的な天才で、アリストテレスやレオナルド・ダ・ヴィンチよりも幅が広い」と絶賛された弘法大師空海の教えを、日本の政治・経済・社会の枠組みに取り込む形で活かしていくしかないのではないかと感じています。

平成二十七年は空海が高野山を創建して千二百年という記念すべき年です。日本を根本的に立て直す大欲を持った政治家や政治・経済学者が、霊気に満ち満ちた清浄な高野山で修行しながら、空海の著作を読み込み、空海の事績に学んだとき、新たな日本再生の道筋が浮き彫りにされてくると、私は確信しています。

（平成二十七年二月号）

「文明の衝突」回避に日本は役割を果たせ！

二十一世紀のスタートの年に、同時多発テロで大きな犠牲を払ったアメリカは、この十年以上の間、テロとの戦いに全力を挙げて来ました。アフガニスタンのタリバン政権、イラクのフセイン大統領、アルカイダのウサマ・ビン・ラディンなど、当面の敵は次々と倒してきました。しかし、中東の人々の暮らしは改善されず、治安はいよいよ悪化しています。ハンチントン教授が警鐘を鳴らした「文明の衝突」状況はいよいよ深まっている感じさえします。

この間、日本は日米同盟を堅持する立場から、自衛隊をイランなど中東地域に派遣して、アメリカのテロとの戦いを後方支援してきました。従来、中東諸国は親日国が多かったと言われますが、今回のイスラム国（ＩＳＩＳ）による日本人人質事件は、簡単に見過ごすことはできません。日本が「文明の衝突」状況に巻き込まれる時代が、とうとうやって来たと覚悟し、その状況を解きほぐしていくために、日本自身が汗をかかなければならないのだと、腹をくくる時かも知れません。

それにしても、世界平和は遠のく一方です。私は、冷戦後の早い時期から、世界平和は冷戦時代のような先進諸国の話し合いという枠組みだけでは維持できない、と思っていました。最近、先進八カ国首脳サミットは、デモ隊が会場周辺を取り囲み、厳戒体制の中で行われるケースが少なくありません。これは先進国主導で世界をリードしていける時代ではないことを物語っています。「戦争の世紀」が終わった後の二十一世紀は、皮肉なことに、世界の政治大国、経済大国、軍事大国だけでは世界平和は維持できない時代になったのです。その時代に世界平和を築くためには、どういう視点が欠かせないのでしょうか。キーワードは「宗教」です。宗教が血で血を洗う紛争の根本原因になっているのであれば、それを解決するには宗教的アプローチが欠かせません。

私は毎日、世界平和と衆生の安寧を願って、厳しい護摩行を勤めておりますが、政治家も宗教家も、究極のところ、目指すのは世界平和と民衆の安寧です。私は本質的に政治も宗教も目的は同じだと思います。政治家と宗教家が心を一つにして世界平和に邁進する。そこから二十一世紀の世界平和が開かれてくると、私は確信しています。

真言密教の開祖である弘法大師・空海は、「国家は生きとし生けるものの拠り所であり、父母も国王も衆生も仏教者も精妙な因果の糸で結ばれている」と教えています。だからこそ、『秘密曼荼羅十住心論』の中で、「王が非法を行えば、国は衰え弱る。たとえ正しい理法で王になっても、正しい理法を行わなければ、人民はみな破滅する。それは象が蓮池を踏むようなものだ。国土が飢饉に襲われるというのは、国王が理法を捨てたためだ。そうなれば、王位は安定せず、諸天はみな怒り恨む。諸天が怒りを抱けば、その国は破れ、滅亡するだろう」と、為政者を戒めたのです。

世界的に自然との共生を理念とする仏教が見直される中で、仏教的な精神をＤＮＡの中に持っている日本の政治家、宗教家が、新たな世界平和の構築に役割を果たす余地は少なくないと、私は思っています。

私はアメリカの同時多発テロ事件直後に、ビル崩壊現場で慰霊を行いましたが、そのときなぜか「諸行無常」という言葉を想起しました。諸行無常という言葉は、本来「万物は常に流転し、変化・消滅がたえない」という意味で、仏教の根本思想を表す言葉です。私は廃墟と化した世界貿易センタービルの倒壊現場に立ち、私たち人間は、今回のテロの犠牲者やその家族の苦しみと悲しみ、そしてテロを実行した側の人間の憎しみや怒りを乗り超え、なおかつ「諸行無常」という仏教的諦観の先に、世界平和実現への努力を継続していかなければならない、との思いを新たにしたのです。

お釈迦さまは、「究極の理想に通じた人が、平安の境地に達してなすべきこと」として、次のように説いています。「一切の生きとし生けるものに対して、無量の慈しみの心を持つべし。また、全世界に対しても、無量の慈しみの心を持つべし。慈しみの心づかいをしっかりと保て。この世では、この状態を崇高な境地と呼ぶ」と。

二十一世紀初頭の「文明の衝突」を根本的に解決するために、世界の行動する宗教家が真の世界平和の実現に向けて立ち上がるときが来ている——私は今、改めてその思いを強くしています。

（平成二十七年三月号）

西川農水相辞任で生じた安倍政権の〝陰り〟

昨年末の総選挙で二年前と同様に圧勝し、長期政権をうかがう安倍晋三政権は、余裕を持って通常国会に臨んだはずでした。しかし、二月下旬になって政権運営に若干陰りが出てきました。きっかけとなったのは、西川公也農水大臣の辞任劇です。安倍政権は年明けから、全国農業協同組合中央会（ＪＡ全中）を頂点とする、農協制度の抜本的改革を行うため、ＪＡ全中と精力的な話し合いを続け、二月初旬、ＪＡ全中は遂に政府が提示した農協改革案を受け入れるに至りました。また、ＴＰＰ（環太平洋パートナーシップ協定）交渉が大詰めを迎えています。西川農水大臣は農業問題に精通した政治家として、昨年九月、第二次安倍改造内閣で農水大臣として初入閣を果たし、師走総選挙後の第三次安倍内閣でも引き続き農水大臣として入閣し、大転換期を向かえている日本農業の舵取りを任されていました。その西川大臣が政治資金の問題で野党の追及を受け、「いくら説明してもわからない人にはわからない」という捨て台詞を残して辞任してしまったのです。

安倍内閣での農水大臣の辞任と言えば、平成十九年当時の第一次安倍内閣の悪夢を想起しないわけにはいきません。松岡利勝大臣が自殺、赤城徳彦大臣が二カ月で辞任、遠藤武彦大臣がわずか八日で辞任と、三人の農水大臣が政治とカネの問題で相次いで交代し、最後は首相自身の病状悪化もあって、第一次安倍内閣は一年で総辞職に追い込まれました。

まさか今回は八年前の二の舞はないと思いますが、西川大臣の辞任に続いて、週刊誌で下村博文文部科学大臣の政治資金問題が報じられ、さらに望月義夫環境大臣、上川陽子法務大臣にも、政治資金規正法で禁止されている、補助金を受けている企業から献金を受けていたという疑惑が報道されています。政治とカネの問題が浮上するたびに、それは政治家の資質の問題なのか、慢心から来るものなのか、日本の政治の悪弊なのか、いつも考えさせられます。特に、違反を指摘された政治家が、「知らなかった」とか「返金しました」と釈明している姿を見ますと、報告書に記載する以前に、その政治献金の素性についてしっかりチェックしていないのかと、不思議な気持ちにとらわれます。秘書任せにせず、政治資金規正法に精通する会計士、税理士らに、きちんと任せればいいと思うのです。

それにしても、昨年九月の第二次安倍改造内閣の発足以来、安倍政権は政治とカネによる辞任劇が目につきます。松島みどり法務大臣、小渕優子経済産業大臣の二人の女性大臣の辞任、第三次安倍内閣では江渡聡徳防衛大臣が、政治とカネの問題のためか、留任辞退となりました。かつては大がかりな贈収賄事件が少なくなかったのですが、最近の政治とカネに関する事件は、事務所経費を誤魔化すとか、脱法的な小口の献金を受け取るとか、スケールが小粒になっているような感じがします。

政治とカネの問題は、突き詰めれば、政治家本人の志の問題です。西郷隆盛は言っています。「命もいらず、名もいらず、官位も金も入らぬ人は始末に困るものなり。この始末に困る人ならでは、艱難を共にして国家の大業は成し得られぬなり」と。つまり、西郷さんは命や名誉、お金にこだわっているような人物には、国家の大業は成し遂げられない、と言っているのです。

また、「万民の上に位する者、己を慎み、品行を正しくし、驕奢を戒め、節倹を行い、職務に精励して人民の標準となり、下民をして其れ勤労を感謝せしむるに至らざれば、政令は行われ難し」とも言っています。この言葉は、「明治維新の新政府の政治家や高官が、立派な家に住み、衣服を飾り、妾を抱え、蓄財に励んでいる姿を見て、これでは維新の功業を完遂することはできず、国民や維新の戦いで非業の死を遂げた戦没者に対して面目が立たない」と嘆く文章の前段に書かれています。

要するに、「国民の上に立つ者は、日頃から己を慎み、品行を方正に保ち、決しておごることなく、節約を旨として、国家・国民のための政治に邁進し、国民のお手本になることによって、国民が日々働くことができることに感謝する国家にしなければ、正しい政治を行うことはできない」と西郷さんは戒めているのです。常に一挙手一投足に気を配りながら、国家・国民のために密教で言うところの身口意、すなわち身体と言葉と心をフル回転させる政治家が、永田町に溢れる日が来るよう、私も祈っていきたいと思います。

（平成二十七年四月号）

改めて『武士道』に学ぶ桜と大和魂の〝連環〟

今年も桜は一気に咲いて見事に散っていきました。桜の儚さ、潔さが古来、日本人を魅了してきたことを改めて実感しながら、新渡戸稲造博士の『武士道』を想起しました。

『武士道』の末尾に、桜と武士道の関係が分析されています。「花は桜木、人は武士」という言葉がありますが、武士がなぜ、古来日本人の愛花である桜にたとえられたのかについて、新渡戸博士は次のように説いています。

「武士道は武士階級のみならず、武士以外の階級にも流れ下り、大衆の間に酵母的な作用を及ぼし、全国民の道徳的標準となった。武士道は最初はエリートの光栄として始まったが、時を経るにしたがい、国民全般が仰ぐ信仰的なものとなり、大和魂は日本の民族精神を表現するものとなった」と。

新渡戸博士は続いて、江戸時代の国学者・本居宣長の「敷島の大和心を人問はば朝日に匂ふ山桜花」という歌を紹介しながら、日本人にとり大和魂と桜は通底するものとして、以下の考察を行っています。

一、大和魂は柔弱な培養植物ではなく、野生のものであり、わが国に固有のものである。その美の高雅優麗がわが国民の美的感覚に訴えること、他の花の及ぶところではない。

一、桜花は自然のおぼしめしのままに、いつなりとも生を捨て、その色は華麗ならず、その香りは淡くして人を飽きさせない。香気は浮動し、生命の氣息(いき)のごとく天にのぼる。

一、太陽東より昇って絶東の島嶼を照らし、桜の芳香、朝の空気を匂わすとき、この美しき日の氣息そのものを吸い入れるに優る清澄爽快の感覚はない。

一、桜花の匂う好季節に全国民が家の外に出るのは、何の不思議もない。たとえ彼らがしばし労苦、悲哀を忘れても、これを咎めるな。短い快楽が終われば、彼らは新しき力と新しき決心とを持って、日常の業に帰るのである――。

このあと新渡戸博士は、「過去七百年に武士道が獲得した運動量はそんなに急には停止しない。単に遺伝によって伝えられたとしても、その影響は広大なる範囲に及んでいるに違いない」と、武士道は決して死なないという持論を展開しています。そこで引用されているのが、「かくすればかくなるものと知りながらやむにやまれぬ大和魂」という吉田松陰が処刑前夜に詠んだ歌です。ちなみに吉田松陰は『留魂録』という遺書を遺していますが、その冒頭には、「身はたとひ武蔵の野辺に朽ちぬとも留置まし大和魂」という歌が記されています。処刑を目前にして、大和魂という言葉が入った歌二首を遺した吉田松陰は、まさに武士道を貫き、大和魂に殉じた人でありました。新渡戸博士は、佐久間象山、西郷隆盛、大久保利通、木戸孝允、伊藤博文、大隈重信、板垣退助ら、新しい日本の建設者たちの思索と行動は、武士道の刺激の下に行われたと断言しています。

新渡戸博士は『武士道』の最後で、桜と関連づけて武士道の永遠性についてこう書いています。

《武士道は一の独立せる倫理の掟としては消ゆるかも知れない。しかしその力は地上より滅びないであろう。（中略）その象徴とする花のごとく、四方の風に散りたる後もなおその香気をもって人生を豊富にし、人類を祝福するであろう。百世の後その習慣が葬られ、その名さえ忘らるる日到るとも、その香は（中略）遠き彼方の見えざる丘から風に漂うて来るであろう》

新渡戸博士が『武士道』を英語で出版したのは、明治三十二年（一八九九）のことです。当時、日本にはまだ武士道精神、大和魂は色濃く残っていたようですが、現状はいかがでしょうか。国会では重箱の隅をほじくるような不毛な議論が続き、政治とカネをめぐる問題も後を絶ちません。国家財政は一千兆円を超す借金を抱えながら、それを恬として恥じない指導者ばかりです。現在の日本の各分野のリーダーたちの中に、「私は武士道を弁え、大和魂を実践している」と自負できる人が、果たして何人いるでしょうか。新渡戸博士は百世の後も武士道の馥郁たる香りは日本の野辺に遍満しているだろうと言われましたが、あれからまだ三～四世しか経っていない現在の日本に、武士道の香りは果たして残っているでしょうか。安倍晋三総理の戦後七十年の「談話」が注目されていますが、私は、総理は日本国民に向けて、『武士道』のエッセンスを噛み砕いて訴えられる方が、内外に真摯に受け止められるのではないかと感じています。

（平成二十七年五月号）

バンドン会議六十周年に偲ぶ大東亜会議の理念

先頃、インドネシアの首都ジャカルタで、アジア・アフリカ会議（バンドン会議）六十周年記念首脳会議が開催され、八十名を超すアジア・アフリカの首脳が参加しました。バンドン会議は第二次大戦後に独立した、インドのネルー首相、インドネシアのスカルノ大統領、中華人民共和国の周恩来首相、エジプトのナセル大統領が中心となって開催したアジア・アフリカ諸国の首脳会議です。非白人国家だけによる初めての国際会議だと言われました。

会議は、①基本的人権と国連憲章の趣旨と原則を尊重、②全ての国の主権と領土保全を尊重、③全ての人類の平等と大小全ての国の平等を承認、④他国の内政に干渉しない、⑤国連憲章による単独または集団的な自国防衛権を尊重、⑥集団的防衛を大国の特定の利益のために利用しないし他国に圧力を加えない、⑦侵略または侵略の脅威・武力行使によって他国の領土保全や政治的独立をおかさない、⑧国際紛争は平和的手段によって解決、⑨相互の利益と協力を促進、⑩正義と国際義務を尊重――という有名な「平和十原則」を打ち出しました。

「平和十原則」には、これまで植民地の悲哀と苦悩を味わってきた新興国の理想と希望が込められていました。アジア・アフリカ会議は、第一回のバンドン会議の後、主要国の中国とインドが国境紛争で武力衝突に至ったことなどがあって、第二回以後は開かれないままに終わっています。しかし、「平和十原則」の理想は、その後のアフリカ諸国の相次ぐ独立を促しました。

忘れてならないのは、国際社会に復帰したばかりの日本が、バンドン会議に参加したことです。主催国インドネシアから招待状が届いたからです。当初、外務省は出席を躊躇していましたが、後に日本の初代国連大使になる加瀬俊一外務大臣参与が、「出席した方がいい」とアドバイスし、出席に踏み切りました。バンドン会議に出席した二十九カ国のほとんどが、元首・首相クラスを送り込んでいたのに対し、日本は高碕達之助経済審議庁長官が団長でした。加瀬氏は外務大臣代理の特命全権大使として出席しています。

加瀬氏は晩年、京都外国語大学で講演した際、バンドン会議について、概略、次のように語っています。

《バンドン会議に出席したら、参加国から白い目で見られるのではという不安はあった。出席してみると、大歓迎された。「日本が大東亜共同宣言を出して、アジア民族の解放を戦争の目的とした。日本が大きな犠牲を払ってアジア民族のために戦ってくれたから、今日のアジアがある」ということだった。バンドン会議は実質的には、「アジア・アフリカ民族独立を祝う会」だった。「やっぱり参加してよかった」と思った》

バンドン会議の雰囲気をよく物語っているエピソードです。

「大東亜共同宣言」は昭和十八年十一月に東京で開催された「大東亜会議」で採択された宣言です。参加したのは、日本、満洲、中国、インド、タイ、ビルマ、フィリピンの七カ国でした。「非白人国家による初の国際会議は大東亜会議だ」と言う人もいます。「大東亜共同宣言」の理念は、「各国は共同互恵の原則のもとに、伝統を尊重し、創造性を伸張して、文化を昂揚し、経済を発展させ、道義に基づく共存共栄の秩序を建設する」というもので、末尾に「大東亜各国は万邦との交誼を篤くし、人種的差別を撤廃し、あまねく文化を交流し、進んで資源を解放し、もって世界の進運に貢献す」と謳っています。「平和十原則」とも通底するものがあります。

特に見逃せないのは、「人種差別の撤廃」に言及している点です。昭和天皇が戦後、日米戦争に至った遠因として、第一次大戦後のパリ講和会議でアメリカの反対により人種差別撤廃が認められなかったことと、一九二四年にアメリカにおいて排日移民法が制定されたことを挙げられていました。戦前の日本は、欧米各国が植民地主義のもとで露骨な人種差別を行っていたのに対して、黄色人種の代表として人種差別の撤廃を訴え続けてきたのでした。

バンドン会議六十周年記念首脳会議では、安倍晋三首相がスピーチの中で、「古来、アジア・アフリカから多くの思想や宗教が生まれ、世界へと伝播していった。多様性を認め合う、寛容の精神は私たちが誇るべき共有財産である。その精神のもと、戦後、日本の国際社会への復帰を後押ししてくれたのも、アジア・アフリカの友人たちだった」と述べていました。この考察が、積極的平和主義の中で生かされることを祈ります。

（平成二十七年六月号）

文科大臣・都知事に五輪を担う覚悟はあるのか

安保法制整備に関する論戦が始まり、国会周辺は緊張感が漲ってきました。安倍晋三総理も気合いが入りすぎたのか、質問に立った民主党の辻元清美議員に対して、「早く質問しろよ」と、挑発するようなヤジを飛ばし、陳謝を余儀なくされました。こういうケースは、二月の「日教組、日教組」発言に続き二回目で、総理の苛立ちを物語っているような気がします。しかし、総理が委員会の席上、閣僚席からヤジを飛ばすのは、決して褒められたことではなく、支持率に悪影響を及ぼしたり、リーダーシップを低下させないとも限りません。連休中の訪米で約束してきた安保法制の整備ですから、総理は不退転の決意で国会論戦に臨んでいるはずですが、少しは心を鎮める時間も取るべきだと思います。

政治家の態度でもう一つ気になったことは、二〇二〇年東京五輪の新国立競技場を巡る、下村博文文科大臣と舛添要一都知事の確執です。二年前、アルゼンチンのブエノスアイレスで開かれたＩＯＣ総会で、東京五輪が正式決定した際、日本国民は「お・も・て・な・し」の言葉とともに、五輪決定を大歓迎しました。あれから二年近くが経ち、東京五輪が五年後に迫ってきた時期に、国立競技場の建て替え問題がとんでもない状況になっていることが明らかになってきたのです。

新国立競技場の外観が、神宮の森の環境問題などから、当初決定していた外国の女性デザイナーの描いた流線型の斬新なデザインが退けられ、お椀をふせたような屋根付きスタジアムになることは、多くの国民も知っていたと思います。しかし、今回、下村大臣が公表した構想では、いつの間にか、新スタジアムは屋根を付けない状態でオリンピック開催を迎え、スタンドもかなりの部分が仮設スタンドになる、という計画に変わっていたのです。

旧国立競技場の解体工事が、遅ればせながら終了した時点で、担当大臣からこのような「寝耳に水」の話が出てきて、驚いたのは舛添知事だけではありません。国民全体がびっくり仰天したに違いありません。最近、二〇一八年の韓国・平昌冬季五輪が、財政難とスポンサー不足から工事などが大幅に遅れ、開催が危ぶまれる事態になっているという報道が見られますが、今回の新国立競技場の問題を知って、平昌冬季五輪を「対岸の火事」視している場合ではないと感じました。

この期に及んで、新国立競技場の規模を見直すとか、東京都に大幅な負担増をお願いするとか、そんな基本的な問題が浮上してくるのは、国家の恥をさらしているような話で、本当に情けないと思います。下村大臣には東京五輪を成功に導く重責を担っている政治家だという矜持はあるのでしょうか。

また、この問題について、東京五輪をリードする立場の人の公式な発言を聞いておりません。東京五輪組織委員会には、元経団連会長の御手洗冨士夫名誉会長、元総理の森喜朗会長、豊田自動車社長の豊田章男副会長といった錚々たる方が名前を連ねています。ここは森会長が安倍総理、舛添知事と話し合い、きちっと収拾を図らないと、国民の東京五輪に対する不信感、失望感が高まるのではないかと心配になります。

一方、舛添知事には、国や文科省の東京五輪推進体制を批判するだけでなく、自らが東京五輪の推進者であるという、強いリーダーシップを発揮してほしいと思います。五輪は国家レベルの催しですが、基本的には都市が主催するスポーツの祭典なのです。二〇二〇年東京五輪が決定したときの都知事は猪瀬直樹さんですが、舛添知事は東京五輪が決定してから都知事に就任したわけですから、東京五輪開催に大きな責任を負っていることは百も承知のはずです。だからこそ、舛添知事は就任以来、ロンドン、北京、ソウルなど、過去の五輪開催都市を相次いで視察されているわけです。

舛添知事が国や文科省の五輪推進体制を批判すればするほど、国民の五輪熱はひいていきます。現在のままでは、新国立競技場が中途半端な状態で、オリンピックが開催されることになります。舛添知事は「東京五輪をリードするのは私だ」というくらいの気概をもって現状打開に乗り出すべきだと思います。現状のまま、いたずらに時間を浪費すれば、二〇二〇年東京五輪は日本再生、大震災復興を世界にアピールするどころか、一九六四年東京五輪の栄光にはるかに及ばない、日本の衰退を印象づける五輪になりかねません。（平成二十七年七月号）

安倍政権に黄信号点る？ 安保法制国会の〝不毛〟

国会は集団的自衛権容認問題が絡む安保法制を巡って紛糾し、審議が予定どおり進まなかったために、通常国会は九十五日間という大幅延長されました。安倍晋三首相の何としても安保法案を通すという決意表明です。「安保法制をなぜ今、強行するのか」という批判に対して、安倍首相は、「国会で決める段階では国民にその意味がよく浸透していない法案でも、決まって実施されてから、それが評価されることがある」という意味の発言をしています。

その発言の背後にはおそらく、母方の祖父・岸信介首相が、「安保反対」のシュプレヒコールが国会を取り巻く中、六〇年安保を強行したことがあります。岸首相が、後楽園球場が毎晩満員になっていることを挙げ、「声なき声」もあることを示唆したことを思い出します。

その後、長い東西冷戦構造が続く中で、日本がアメリカの核の傘に守られながら、奇跡の高度経済成長を成し遂げたことで、岸首相に対する評価も高まりました。安倍首相が安保法案に執念を燃やすのは、おそらく祖父を念頭に置いてのことに違いないと、私は推測しています。

安倍首相はまた、安保法制により日本の安全保障体制をより強固なものにするのは、国家・国民の生命と財産、平和を守るためだと力説しています。一国の総理にその責任があることは、洋の東西を問いません。それは、総理が政治生命を賭けて取り組むべき最大のテーマでもあるはずです。

ただ、私が安保法制国会を見ていて不思議に思うのは、総理が政治生命を賭けて取り組んでいるのに対して、与党内にあまりにもお粗末な場面が散見されることです。例えば、衆院憲法審査会に自民党、民主党、維新の党の三党がそれぞれ一人ずつ憲法学者を参考人として呼び、集団的自衛権容認は違憲か否かについて質した際、集団的自衛権容認の自民党が呼んだ憲法学者までが、「違憲」と答えたことです。合憲説を取る憲法学者もいる中で、自民党がわざわざ違憲説の学者を呼んだというのは、にわかには信じられない話です。

また、自民党若手議員の勉強会で、「マスコミを懲らしめるには、広告料収入が入らなくなるのが一番」などと、企業経由でマスコミに圧力をかける意見が出たことが明らかとなり、勉強会の世話人で青年局長を務めていた中堅議員が更迭されました。その勉強会では、沖縄の世論やマスコミ報道も問題視されていたようです。

安保法制や普天間基地の辺野古移設に関しては、国民や沖縄県民に反対論が多く、マスコミも安倍政権批判を強めていますから、自民党の若手議員としても「何とかしなければ」と思ったのでしょうが、そんなことを議論して安倍政権の援護射撃になると、本当に考えていたのでしょうか。あまりにも浅はかとしか言いようがありません。

若手議員たちから、なぜそのような安直な発想が出てくるのでしょうか。私は、もしかすると、これも小選挙区制の弊害の一つではないかと感じます。というのは、中選挙区時代には自民党には五つの派閥があり、派閥のベテラン議員が新人議員たちをしつけ、育てていました。派閥の中では、若手が持論を述べるような機会はほとんどなく、若手は日夜、一生懸命政策の勉強に取り組んでいたのです。マスコミ対策などは派閥のトップクラスが、マスコミのトップクラスとの間に「以心伝心」のパイプをつくり、睨みを利かしていたように記憶しています。

今回、谷垣禎一幹事長が、「(自民党に対する)国民の信頼を大きく損なう発言で、看過できない」として、青年局長更迭という厳しい対応をしたのも、昨今の若手議員の言動の軽さが、目に余ったからではないかと思います。若い議員は自分が政治生命を賭けて取り組む政策の勉強と、有権者の声に耳を傾けることに集中すべきです。

国民から「自民党は何をやってるんだ」と言われそうなことが続くと、安倍首相が政治生命を賭けて取り組んでいる安保法制の前途に、黄信号が点灯しかねません。自民党は「一強多弱」体制に安住することなく、政権運営に全力投球すべきです。

それにしても、国家・国民の生命と財産、平和を守るための安保法制の議論が、国会で深まらないのが不思議です。野党は法案の批判や揚げ足取りをするだけではなく、自分たちが構想している国家・国民を守るための政策をぶつけるべきです。

(平成二十七年八月号)

東京五輪を機に「戦没者慰霊・平和祈念公園」を！

お盆の八月十五日が終戦記念日に当たり、毎年、天皇・皇后両陛下のご出席のもとに、武道館で「全国戦没者追悼式」が行われるのは、本当に不思議な巡り合わせです。毎年八月十五日に「全国戦没者追悼式」が行われるのは、戦没者たちの御霊が「どうぞ私たちの苦しみを忘れずに、二度と戦争を起こさないでほしい」と訴えている証なのではないかと、私には思えます。八月十五日は、日本の終戦記念日であるだけでなく、第二次世界大戦が終結した日でもあり、世界中で亡くなった数千万の戦没者・戦争犠牲者の霊を慰める日です。仏教の怨親平等思想に立脚すれば、敵・味方の区別なく戦争に倒れていった犠牲者を悼む日なのです。

ただ、昭和五十三年にA級戦犯が靖国神社に合祀されて以来、天皇陛下の靖国神社へのご参拝はありません。また、近隣の中国・韓国の強い反発から首相や閣僚の参拝が毎年のように問題視されているのが現状です。天皇陛下から一般国民まで、戦没者や戦争犠牲者を慰霊する心を持つ人々が、心置きなく参拝することができる形をつくるために、政治家も役人もマスコミも国民も、真剣に智慧を絞らなければならない時期にきている、と私は感じています。

一昨年春、私は、靖国神社からほど近い千代田区富士見の朝鮮総連本部ビルの競売に応札し、一旦、落札致しました。しかし、資金調達が不調に終わり、結局、断念に追い込まれたことは、私にとっては本当に痛恨の極みでした。私が入札に参加したのは、同ビルが北朝鮮の駐日大使館の役割を果たしており、民間不動産会社が落札して再開発にでも乗り出したら、日朝関係は決定的に悪化すると憂慮したからでした。ただ、私も朝鮮総連本部ビルをそのまま残すことだけを考えていたわけではありません。私は朝鮮総連本部ビルの将来展望として、靖国神社問題を解きほぐす構想を持っていたのです。靖国神社に隣接する富士見の朝鮮総連本部ビル七百坪とその周辺の千五百～二千坪の国有地を一体化して再開発し、広く戦没者を慰霊し平和を祈念する慰霊と平和の公園を造るという構想です。そういう施設を靖国神社の隣接地に造れば、天皇・皇后両陛下をはじめ総理大臣、海外からの国賓など、いつでも誰でも、自由にお参りできるようになります。しかも隣接地には靖国神社があり、「靖国神社で会おう」と言って死地へ赴いた戦没者たちの霊も慰めることができるのです。

最近、二〇二〇年の東京オリンピック・パラリンピックを五年後に控えて、新国立競技場の建設費問題が突然、クローズアップされ、安倍総理は「ゼロベースからの見直し」を決断しました。いまさら東京五輪を返上することはできません。できるだけコストを抑えて、八万人を収容できるスタジアムを建設するしかないのです。五輪後にコンサート会場として使用できるよう、開閉式屋根をつけるなどという余計なことを考えずに、五輪の開会式、閉会式ができ、陸上競技のメイン会場となるスタジアムの建造に、全身全霊で取り組んでもらいたいと思います。

それにしても、当初公表された二千五百億円という建設費は、あまりにも巨額過ぎました。私は、二千五百億円という建設費を聞いたとき、とっさに私が構想している「戦没者慰霊・平和祈念公園」のことを想起しました。新国立競技場にそれほど巨額の国家予算を投じる余裕があるのなら、その費用の一部を、国に殉じて非業の死を遂げた戦没者の慰霊を行い、怨親平等の心で世界平和を祈念する公園の建造に回した方が、よほど有益ではないのかと。半世紀前の東京五輪のときには、東海道新幹線が開通し、都心部の高速道路網の整備が始まりました。その遺産は半世紀後の今日も、大きな役割を果たしています。五年後の東京五輪では、日本国民の精神的な絆を再確認する、国立の「戦没者慰霊・平和祈念公園」を造ることを提言したいと思います。それは、朝鮮総連本部ビルの将来的な方向にも関係し、ひいては日朝関係正常化、拉致問題解決をも展望するものになり、さらには北東アジアの平和に寄与するものになるはずです。

私の戦没者慰霊の祈りは、仏教の怨親平等の教えに基づく行動です。怨親平等は、敵・味方の区別なく戦没者を慰霊することが、その後の平和につながるという、仏教の根本思想です。首都の真ん中に位置し、かつては霊峰富士を眺められた聖地である九段・富士見の地こそ、国営の「戦没者慰霊・平和祈念公園」にふさわしいと、私は確信しています。

（平成二十七年九月号）

「戦後七十年談話」に続き日中関係改善に尽力を！

安倍晋三首相の「戦後七十年談話」は、「村山談話」や「小泉談話」よりかなり長文で、先の大戦に対する反省とお詫びを入れながらも、日本の言い分もオブラートに包んだ形で主張されていましたが、中国、韓国からの反発もそれほど強いものではなかったようです。また、マスコミの世論調査によれば、国民の受け止め方も「評価する」が「評価しない」を上回りました。「安倍談話」というハードルをひとまず乗り切ったところで、安倍首相に期待したいのは、近隣諸国、特に中国との関係改善への取り組みです。

私は今年七月初め、中国の西安、北京を訪問しました。訪問の最大の目的は、西安に残る唐時代の大寺、大興善寺の前住職、故界明法師の追悼法要を行い、同寺で二回目の八千枚護摩行を厳修することでした。界明法師は私が中国の仏教者の中で、最も親しくお世話になった方でした。大興善寺はインドから来た密教第六祖の不空三蔵法師が、唐における密教布教の本拠地とした由緒ある寺です。私は二〇〇六年、大興善寺を初めて訪れたとき、界明法師と初めてお会いして、長年の知己であるかのように意気投合しました。

今から千二百十年前、日本から密教を学ぶために遣唐使船に同乗して唐に渡った弘法大師空海は、長安に長期滞在して本物の密教の師を探し続け、苦労の末、当時、不空三蔵法師の後を継いで密教第七祖に就いていた、青龍寺の恵果阿闍梨に辿り着きました。そのとき、恵果阿闍梨は長い間、空海を待っていたかのように、「よう来られた。よう来られた」と大歓迎され、短期間のうちに密教のすべてを空海に伝授し、密教第八祖に指名されたのでした。

私は、界明法師と初対面で意気投合したとき、その悦びはお大師さまが恵果阿闍梨に大歓迎されたときの悦びと同じではないかと感じたのです。

そして、私は翌二〇〇七年九月、大興善寺で多くの僧侶と信者さんが見守る中、弟子たちとともに八千枚護摩行を厳修したのでした。唐の末期、「破仏」政策で仏教が弾圧されて以来、中国で密教の八千枚護摩行が行われたことは一度もなかったと言われ、私の八千枚護摩行は約千二百年ぶりの里帰りでした。私たちが護摩壇の焦熱地獄で長時間、顔や額や手に火傷しながらも必死に行を勤める姿に、中国の人たちは大いに驚き感動され、護摩行が終わると、私は多くの中国の信者さんに取り囲まれ、身動きができないほどでした。私は現代中国の人たちの心の奥底にある仏教の心を再確認したのでした。

私は、空海以来、真言密教が守り続けてきた護摩行の修法を、中国に再び広く伝えることによって、日中の仏教交流が進展するだけでなく、両国間の友好関係を飛躍的に改善させるという、揺るぎない自信を感じています。今回の大興善寺における二回目の八千枚護摩行でも、その確かな手応えを感じてきました。

七月の訪中では、北京の仏教関係者とも交流してきました。現在、北京仏教協会の胡雪峰会長は、今年四十九歳という若さです。若干十五歳で中国北部最大の寺院・雍和宮にて出家されて以来、二十六歳で北京市仏教協会の常務理事となり、昨年、北京仏教協会の会長に就任されました。中国全体の仏教者をリードする、中国仏教協会の理事も兼任されています。まさに胡雪峰会長は中国仏教界の将来を担う人です。

私は、弘法大師空海が恵果阿闍梨から密教のすべてを伝授されたように、今度は私が胡雪峰会長のような中国の仏教界の将来を担う人たちに、護摩行の修法などを伝授させていただくのが務めではないかと考えています。中国でも毎日大きな火を焚きながら、衆生救済と世界平和を祈願する密教行者が出てくれれば、日中両国で焚かれる大きな護摩の火がシンクロしながら、両国を照らし、その光が北東アジアから世界へと広がっていくはずです。

戦後七十年の間に、歴史認識をめぐる日中の断絶は、むしろ広がった感があります。日米関係はせいぜいここ百六十年程度のことですが、日中関係は聖徳太子の頃から数えても約千四百年のぶ厚い歴史があります。日中関係の断絶状況を埋めない限り、日本にも北東アジアにも真の平和は訪れないのです。日中関係を再構築し、アジア太平洋地域に平和を招来することこそが、中長期的な日本外交のテーマだと、私は思います。

日中和解の糸口を見つけ、地に足が着いた日中新時代の扉を開く努力を、安倍首相にしていただきたいと、私は日々、護摩行の炎を輝かせながら祈っています。

（平成二十七年十月号）

「新・三本の矢」政策に望む「経世済民」の理想

国会議事堂正門前の「安保法案反対」運動で盛り上がった永田町も、安保法案が成立し、通常国会が閉会すると同時に、一気に秋が到来しました。そんな中で意気軒昂なのが、安保法案の可決・成立と前後して、無投票で自民党総裁選に再選を果たした安倍晋三首相です。シルバーウィークの五連休明けには、アベノミクスの第二ステージとして、「新・三本の矢」構想を表明しました。

「新・三本の矢」とは①希望を生み出す強い経済、②夢をつむぐ子育て支援、③安心につながる社会保障——の三本です。経済政策というより、夢と希望を謳った選挙公約的な印象を受けます。そして、この「新・三本の矢」で目指すのは、「一億総活躍社会」です。「ニッポン『一億総活躍』プラン」を策定し、担当大臣も置いて、日本国民が一致協力して、日本経済の成長エンジンをさらにふかしていく、という狙いです。安倍首相には、当面の最大の目標であった安保法案を成立させた達成感、安堵感もあったのでしょうが、それにしても「新・三本の矢」構想はあまりにも「大風呂敷」に過ぎるのではないのかと、サポーターの一人として心配になってきます。

安倍首相が「経済」を重視するのは、昭和三十五年の岸信介内閣から池田勇人内閣へのバトンタッチを念頭に置いてのことだそうです。当時、岸内閣が六〇年安保騒動の責任を取る形で退陣し、そのあとに登場した池田内閣は「所得倍増論」を掲げ、高度経済成長をリードすることで経済大国の礎を築いたのです。その歴史に倣い、政治から経済への転換を、同じ安倍内閣で実現しようというのが、安倍首相の戦略です。

しかし、戦後の日本は社会の底流に流れる伝統的な精神や美徳まで置き去りにして、カネとモノに価値を置く高度経済成長路線をひた走ってきたために、結局、バブル崩壊で「第二の敗戦」状況を余儀なくされ、亡国の淵を彷徨ったのも、歴史の教訓です。私は、安倍首相が日本経済の再生に必死に取り組んでいることを承知の上で、「一にも二にも三にも、経済だ」と国民をリードすることは、戦後の高度経済成長が深刻な亡国現象に行き着いた歴史を繰り返すことにつながらないかと、心配な気持ちを禁じ得ないのです。

かつて愛郷心、愛国心を育む教育基本法の改革をリードし、「美しい国・日本」をキャッチフレーズに総理の座を射止めた安倍首相が、「経済、経済」と言われるからには、「経世済民」の原点に戻った経済を志してほしいと、私は祈るような気持ちで見守っているのです。

先日、三カ月遅れで東芝の株主総会が開かれました。粉飾まがいの経営により名門・東芝の名前も地に堕ちた感じがしますが、株主総会では「土光さんの墓前に土下座して謝れ」と怒号が飛んだそうです。土光敏夫さんは昭和四十年から七年間、経営不振に陥っていた東芝の社長を務め、見事に経営を立て直した、東芝の「中興の祖」です。土光さんはその後、経団連会長に就任し、三期六年にわたり重責を担いました。さらに、八十四歳で経団連会長を退くと、中曽根康弘首相に第二臨調（第二次臨時行政調査会）の会長を要請され、行革審の会長時代も含めて五年間、行革に尽力されました。土光さんは九十一歳で亡くなられましたが、晩年はほとんどお国のためにご奉公された人でした。

土光さんは経団連会長時代でも、夜の宴会を一切断って早めに帰宅し、夫人とともに質素な夕食を摂った後、毎晩読書に励んだということです。また、休日には小さな家庭菜園を楽しんだり、オンボロになった家の修理をしたりして過ごしました。そして、朝晩必ず法華経を唱え、毎日自分の行いを反省しながら、新しい気持ちで電車で出勤されたそうです。電車で通勤した経団連会長は土光さんぐらいのものでしょう。

考えて見ると、土光さんが亡くなったのは、事実上昭和最後の年となった昭和六十三年です。翌年の新年に昭和天皇が崩御されて平成がスタートし、その年の暮れ、東京の株式市場は三万九千円台のピークを付け、翌平成二年からバブル崩壊が始まったのでした。土光さんはバブルの絶頂期からバブル崩壊への分水嶺で亡くなられたわけです。

土光さんのような清貧で信仰に篤い財界リーダーがいなくなったことが、バブル崩壊後の「失われた二十年」をつくり、日本経済の真の再生を遅滞させているような気がしてなりません。安倍首相の経済の舵取りが、「経世済民」の本質をはずれないよう、日々の護摩行で祈りたいと思います。

（平成二十七年十一月号）

明の鄭和による海洋進出には大国の「誇り」があった!

去る十月二十七日、アメリカが突如、イージス駆逐艦「ラッセン」を、中国が領有を主張し、人工島を造成している南沙諸島へ派遣し、人工島周辺の監視・哨戒活動を開始しました。安保法制国会で集団的自衛権が容認された直後だっただけに、心配した国民も多かったと思います。中国側はアメリカの行動に対して、「米国は扇情的な発言や活動を控えるべきだ」と猛反発しています。しかし、アメリカが監視・哨戒活動を何の成果もなく終わらせることはないでしょう。南シナ海に九本の線「九段線」を引いて、ほぼ全域の領有を主張してきた中国が、難しい局面に追い込まれたことは否めません。

中国の海洋進出の背景には、中国が長い間、周辺海域を支配してきた歴史があります。中国の海洋進出で忘れてならないのは、明の時代、鄭和というイスラム系の武将が指揮した七回の大航海です。鄭和の大航海については、今から十二年前、ギャヴィン・メンジーズというイギリス海軍出身の研究者が、『1421――中国が新大陸を発見した年』(ソニーマガジンズ社)という本を出して、話題を呼びました。

著者は、鄭和の指揮する「宝船艦隊」が、一四二一年にアメリカ西海岸に到達していたと主張しました。鄭和の艦隊が到達したのはアメリカ大陸だけではありません。一四〇五年から一四三三年にかけた合計七回の航海で、東南アジア、インド、アラビア、アフリカ、南北アメリカ、オーストラリア、ニュージーランド、南氷洋、さらにはグリーンランド、北極海、ベーリング海峡、カムチャッカ半島、日本列島近海など、ほとんど全世界の海をくまなく航海しています。

そもそも、コロンブスやマゼランが大航海に出掛ける前に、南北アメリカ大陸や南極、喜望峰、マゼラン海峡などが描かれた正確な世界地図が、ヨーロッパに出回っていたと言います。それは鄭和の艦隊の調査に基づいて中国で作成された地図ではないかと、メンジーズは推測しています。当時の中国は自然科学の分野でも世界最先端の知識や技術を持っていました。例えば、最大級の「宝船」は、船体の全長が百メートル以上あり、三千トンクラスの大型船だったようです。コロンブス、マゼラン艦隊の船は、いずれも八十トンクラスだったと言います。鄭和の「宝船艦隊」を国家事業として構想し送り出したのは、明を代表する皇帝で、北京に紫禁城を造った永楽帝です。

当時の明は超大国として周辺諸国を支配しながら、面倒を見る立場でした。「宝船」には仏教の僧侶や儒者、学者なども乗り込み、訪問国で仏教や儒教の教えを説いたり、自然科学や社会科学の講義を行ったり、現地の宗教家や学者たちと討論したりして、相手国の文明的なレベルアップにも努めていました。一方、貢ぎ物をしてきた小国に対して、明はその数倍から数十倍の金品を下賜していたようです。

鄭和の大航海がコロンブスやマゼランの陰に隠れてしまったのは、鄭和艦隊の記録自体が中国に残されていなかったからです。永楽帝が没し、鄭和の大航海が終了した数十年後に、大航海で蓄積された海図や地図、世界各地の資料などがすべて焼却されてしまったのです。当時の官僚が、「将来、鄭和の大航海記録を参考に同じような大航海が行われ、再び財政が悪化して民を苦しめないように」と、処分してしまったのです。

それにしても、永楽帝時代の「宝船艦隊」による海洋進出には、超大国・中国の気概と言いますか、国家・国民が沸き立つ一種の華があります。また、周辺の小国を従わせつつ、啓蒙・指導をしていく姿には、大国の誇りも感じられます。当時の中国の充実した国力は、現代の中国人民にとっても誇らしく思えるはずです。その点、今日の南シナ海や東シナ海における中国の海洋進出はどうでしょうか。

私は、中国人民がそれなりに豊かな生活を享受できるようになれば、やがて中国は「宝船艦隊」の時代に優るとも劣らない、真の意味のリーダーシップの取れる国になると見ています。

中国には、唐の都・長安が世界最大の国際都市として、人種のるつぼのように国際人が集まって繁栄していた当時の誇りを、また、日本の仏教者が東シナ海の荒波を乗り越えて教えを請いに行き、中国の高僧が東シナ海の荒波を乗り越えて日本に教えを広めに来た当時の誇りを、そして鄭和の「宝船艦隊」が世界の七つの海を自由自在に航海した時代の輝きのある誇りを取り戻していただきたいと、私は祈っています。(平成二十七年十二月号)

平成二十八年（二〇一六）

四　月　熊本地震
五　月　Ｇ７伊勢志摩サミット、オバマ米大統領が広島を訪問
六　月　英国国民投票でＥＵ離脱決定
七　月　参院選で自民党が勝利
八　月　天皇陛下のおことば
十二月　安倍首相が真珠湾を訪問
　　　　米大統領選でトランプ氏が勝利

ＴＰＰ合意を機に想起する江戸末期の農村復興の〝魂〟

平成二十七年の日本を振り返ってみると、日本社会の将来に対する影響という点では、ＴＰＰ（環太平洋パートナーシップ協定）の大筋合意が大きな出来事でした。コメ、麦、牛肉・豚肉の合意内容を見るだけでも、協定発効後、日本市場への開放圧力がどんどん強まってくることは明らかです。よほど上手くリードしないと、日本の農業が一段と疲弊する懸念があります。

日本が純粋に農業国であった江戸時代に、先人はいかにして農業を立て直し、農村復興を成し遂げたのでしょうか。江戸時代の農村復興の代表的存在が江戸末期の農政家・二宮尊徳です。尊徳は相模（現在の神奈川県）の大地主の家に生まれますが、父の時代に没落します。当時の相模地方は全国的な商品経済の波に巻き込まれ、農村は急速に荒廃していました。尊徳は、農村の荒廃の一因は農民の精神的荒廃にあると捉え、農村復興には、農家の経済的な復興と同時に、農民の精神的な復興を行い、農業経営の積極的な担い手を育てようとします。

尊徳はまず、「天道は自然に行われる道であり、人道は人の立つべき道である。天道に任せたままでは、堤防は崩れ、川は埋まり、橋は朽ち落ち、家は立ち腐れとなる。これに反して人道は、堤防を築き、川の土砂をさらい、橋を修理し、家の屋根を葺いて雨の漏らぬようにするものである」と言い、天道と人道の本質的違いを明らかにしています。

尊徳は天道より人道を評価しているわけではなく、「私は天地をもって経文とする。よくよく天地の経文を拝見して、その経文を誠心誠意求めていけば、万古不易の道理により、誠の道に基づいて誠の勤めを果たすことができる」と言っているのです。尊徳は人道を人の作為と考え、積極的に天道すなわち自然に働きかけ、自然を変えることによって、人間社会に役立たせることこそ、人道と天地・自然が一体になることだと考えていたのです。

尊徳はその原則に立ち、農村の復興のために必要なことは、「分度」と「推譲」だと説きました。分度とは「分をわきまえる」ことで、具体的には、過去何十年かの収入の平均が天命自然の「分」であり、それに応じて支出の限度を定めることを「分度」としました。さらに「分度」を明確にすることで得られた「分度外」の収入を蓄えたり、村や藩に納めることを「推譲」としました。

「推譲は万物を倍増させ、豊富にする道である。父が子に譲ることを慈と言い、子が父に譲るを孝と言い、兄が弟に譲るを良と言い、弟が兄に譲るを悌と言い、……そうなれば、必ずや一家和睦し財豊かにして安住できる。……天下国家においても、君主が自らの分を遠慮し、有り余る分を生かして譲り、民衆に恵んで大いに仁政を施せば、すべての民が感動し、悦ぶことだろう」と説いています。二宮尊徳は節約と互譲という、日本古来の二つの美徳を掲げて、農村の復興に挑戦したのです。

もう一人、二宮尊徳と同時代に、房総地方で農村復興に尽力した大原幽学という人がいます。幽学の農村復興活動を支えたのは、「道心」という思想です。幽学はいかなる下層の庶民でも五行（木・火・土・金・水）、五常（仁・義・礼・智・信）を備え、本質的には善であり、自然の養育をもって導けば必ず正しい本心、道心に至ると考えていました。

道心は「身を慎み人を憐れむ志」であり、私利私欲を克服した状態です。しかし、幽学は道心を維持することは一人だけでは容易ではなく、同じ道を志す「道友」と協力し合うことが必要だと考え、道友たちがお互いに土地を出資し、組合をつくるときには、飲酒の禁止、節約のすすめなど、それまでの生活態度を改めることを求めました。組合による農業経営の現場では、幽学は農業予定表を作って、作業別に年間労働量を計算し、一年間の労働力の合理的配分を行って、道友たちに計画的な農業を指導しました。また、道友たちの家屋を耕作地に隣接して建て替えるなど、耕地整理を行って生産性の向上を図っています。幽学も尊徳に似て、自発的な勤勉や禁欲生活を指導し、農業改革を行いながら生産性を向上させ、農村復興を図っていきました。しかし、道友を中核とした組合による農村復興運動は幕府からあらぬ嫌疑をかけられ、幽学は結局、自殺に追い込まれています。

いずれにせよ、二宮尊徳、大原幽学が外圧強まる江戸末期に、荒廃する農村復興のために、伝統的な日本の心を前面に農業改革に取り組んだことは、注目に値します。

（平成二十八年一月号）

今こそ求められる河合栄治郎的な人格教育の〝光〟

私が最近憂慮しているのは、日本経済は多少上向きましたが、日本社会の精神的荒廃は依然として歯止めがかかっていないということです。その原因の一つには教育の劣化があり、その根底には教育者の質の低下があるような気がしてなりません。例えば、最近の大学教授には、専門的な知識を持った研究者として優秀な人や、弁舌巧みでマスコミ受けする人は多くいますが、学生に人格的影響を及ぼす、真の教育者は少なくなったと言われています。

戦前、東京帝国大学の経済学部教授に河合栄治郎という教授がいました。昭和初期から戦中にかけて、社会思想家、経済学者、自由主義者、理想主義者として一世を風靡した有名な学者です。河合教授の門下生はほとんど鬼籍に入っていますが、その多くが生前、「河合先生の真骨頂は教育者としての人格にあった」と口を揃えて語っています。河合教授は明治二十四年、東京に生まれ、昭和十九年に五十三歳で亡くなっています。少年時代の河合教授は、国家主義的なジャーナリスト・徳富蘇峰を愛読する愛国少年でした。その愛国少年が人格を最も大切にする理想主義者に変身したのは、第一高等学校に入り、札幌農学校ＯＢでキリスト者・理想主義者の新渡戸稲造校長の感化を受けたのがきっかけです。当時の一高はバンカラが幅をきかせ、剛健尚武の気風がモットーとされていました。学生から軟弱だと批判された校長は、大勢の学生を前に諄々と説いたのです。

「自分はあながち一高の伝統的校風を破壊しようとするものではない。本意はただ、人生の目的は単なる立身出世ではなく、金を儲けることでもなく、個々人の人格、すなわち個性の尊厳を認識して、そのすこやかな成長をうながそうとすることにある。……剛健もよい、尚武もよい。しかし、私の教育の究極のねらいは人格の向上にこそある」

会場は水を打ったように静まり、泣いている学生もいました。その一人が若き日の河合教授でした。その後、河合教授は東京帝国大学で労働問題を専攻し、当時の職工・女工ら底辺の労働者の悲惨な状況を改善するという理想に燃えて、農商務省に入りますが、保守的な役所に愛想を尽かし、母校の東大経済学部の助教授に転身します。河合教授は大正の終わりから昭和の初めにかけては、反マルクス主義の理想主義者、自由主義者として活躍しますが、やがて二・二六事件批判など、新聞・雑誌で反ファシズムの論陣を張ります。

その後、河合教授の著作の多くが発禁処分となり、東大教授の椅子からも追われます。そして昭和十四年に河合教授は、その著作が「安寧秩序ヲ紊ルモノ」として、当局から起訴され、長い裁判闘争を闘いますが、昭和十八年に大審院で有罪が確定し、翌年の二月に亡くなります。

河合教授の生涯を俯瞰してみますと、教育者としての人格は表面に現われてきません。しかし、河合教授の教え子たちが残した河合教授の姿を読みますと、河合教授がいかに優れた教育者であったかがわかります。河合教授のゼミは教室だけでは終わらず、学生が教授の家に押しかけていくことがよくあったようです。教授と学生が議論を闘わせていると、知らぬ間に教授の独演会となり、古今東西の偉人の人物論に始まり、人生論、恋愛論、時局論に至るまで、延々と続いたそうです。終電が終わっても独演会は終わらず、いつしか夜が明けていたということが再三あったといいます。教育に情熱を持ち、学生を愛していないと、なかなかそこまではできません。

河合教授の門下生には、戦後日本の経済成長を支えた人材がキラ星の如く並んでいます。山際正道、佐々木直、宇佐美洵の三人の日銀総裁、東京電力の社長、会長を務め、経済同友会の代表幹事として「財界の良心」と評された木川田一隆、日本郵船の社長、会長を長く務めた菊地庄次郎、京都大学教授から防衛大学校長を務めた猪木正道、学者として民社党の綱領づくりに参画し、後に民社党議員になった関嘉彦――。

こうした門下生たちは、戦後、河合教授の薫陶を受けたことを誇りとし、河合教授の名前を汚さぬように、それぞれの分野で仕事に打ち込み、それが戦後の日本社会の一時の輝きにつながったのです。河合教授の教育者としての人格が発する光が、門下生の人格を照らし、戦後のある時期、日本経済を輝かせたのです。教育というのは本来、そういうものです。教育を通じて、正しい光が全国津々浦々を照らす。二十一世紀の日本の教育は、そうあるべきです。

（平成二十八年二月号）

〝五代ブーム〟と大阪再興に奮闘した五代友厚の志

ＮＨＫテレビ小説「あさが来た」の好視聴率に貢献してきた登場人物の一人が、ディーン・フジオカさんという、新進気鋭の若手俳優が演じた薩摩出身の五代友厚です。五代は天保六年（一八三五）に、薩摩藩の儒者の家に生まれ、幼少の頃から文武両道を学んでいます。五代が十三歳の頃、父親が藩主・島津斉興から入手した世界地図を見せられ、その地図の複写を命じられたと言います。その数年後、浦賀沖に四隻のペリー艦隊が来航し、江戸が大混乱に陥ったとき、五代は「男児志を立てるは、まさにこの時にあり」と、奮い立っています。それは若い頃から世界地図を俯瞰する広い視座を養っていたからでしょう。

ペリー来航から三年後、島津斉彬のもとで薩摩藩の役人となった五代は、薩摩藩の伝習生として幕府の長崎海軍伝習所へ派遣され、そこでオランダ士官から航海術を学びます。そして、水夫として幕府艦「千歳丸」に乗船し、上海に渡航しています。このとき同乗していたのが、長州藩の高杉晋作です。高杉は上海で欧米の植民地と化した清の実情に危機感を抱き、尊王攘夷運動に傾斜していきますが、五代はむしろ開国の必要性を実感していたようです。その翌年、生麦事件をきっかけに勃発した薩英戦争で、五代は後に「日本の電気通信の父」と呼ばれた寺島宗則とともに、イギリス海軍の捕虜となります。通訳のはからいにより横浜でイギリス艦から脱出しますが、捕虜となった身でもあり、潜伏生活を続けました。

その後、薩摩藩へ戻った五代は薩英戦争の敗戦を教訓に、海外に明るい人材を養成するために、欧州へ留学生を派遣すべきだとする「五代才助上申書」を藩に提出しました。藩主・島津忠義、国父・島津久光は五代の建言を受け入れ、元治二年（慶応元年・一八六五）に、五代友厚、寺島宗則らを中心とする「薩摩藩遣英使節団」十九名をイギリスに派遣したのです。この使節団は半ば密航でしたが、渡航をサポートしてくれたのが、長崎を拠点に活動していたトーマス・グラバーでした。五代は渡航手続き、配船などの交渉で、何回もグラバー邸を訪れています。

『薩摩藩英国留学生』（中公新書）の著者・犬塚孝明氏は、そのときの五代を次のように記しています。

《五代は、終生「人は常に機を見るに敏にして、進退を謬らざることを要す」ということを信念にしていたほどの男である。自己を最大限に活かすことのできるチャンスはこの時をおいてほかにないと思ったであろう。五代という男は、果断ではあるが、反面多少強引なところがある。しかし、その強引さも、常に緻密な計算の裏付けをもってするから説得力のあるものとなってくる。……政商グラバーを前にして弁舌巧みに滔々と論じ、とにかく渡航に関する一切の世話を彼に承諾させてしまうのである》

この使節団の大半は留学生であり、三カ月間の語学研修を経て、ロンドン大学のユニバーシティカレッジの法文学部聴講生として、歴史・自然科学・数学などを学んでいます。五代は留学生たちがロンドンで修学中、欧州各地を視察して回り、帰国後は、実業家として大きく飛躍していきます。明治二年には新政府の役人を退官し、紡績業、鉱山業、製塩業などに関わる一方、現在の大阪証券取引所、大阪商工会議所、大阪商科大学、南海電気鉄道などを設立して、大阪経済の立て直しに大きな貢献を果たしました。

大阪商工会議所の前身である大阪商法会議所設立の目的は、「大阪の実業家の相互扶助によって、新時代の潮流に棹差し、大阪商人の伝統である信用第一主義に則り、自己の利益を増すと同時に大阪の繁栄を軸に国富の増強に資する」というもので、五代は初代会頭に就任しています。明治十一年のことです。西郷隆盛や大久保利通ら、明治維新の立役者たちが相次いで消えていく中で、五代は明治維新の大変革の波に翻弄され、低迷していた商都・大阪の再建に必死に奮闘していたのです。

大阪証券取引所前と大阪商工会議所前で五代の銅像が大阪の来し方行く末を見つめています。「大阪商人の伝統である信用第一主義に則り、自己の利益を増すと同時に大阪の繁栄を軸に国家の増強に資する」という五代の大いなる志は、現在の大阪に残っているのでしょうか。「地方創生」が叫ばれている今日、大阪は真の大阪維新を成し遂げられるのでしょうか。「はるが来た」で一種の五代ブームが起きた真の意味合いは、そのあたりにあるのではないかと、私は感じています。

（平成二十八年三月号）

中山恭子代表の「日本のこころ」に新風を期待する！

現在の安倍晋三政権は四年目を迎え、小泉純一郎政権以来の長期政権になっています。しかし、昨今の永田町は「一強多弱」状況ゆえの閉塞状況に陥っており、与野党ともにタガが緩んでいる印象を禁じ得ません。自民党は今年に入って、甘利明経済再生・ＴＰＰ担当大臣が、ＴＰＰ交渉基本合意の調印式を目前にして、政治献金疑惑で辞任に追い込まれたのをはじめ、「国会議員にも育児休暇が必要だ」と訴えていた若手男性議員が、同僚議員である妻が出産入院中であるにもかかわらず、グラビアタレントとの不倫にうつつを抜かしていたことを週刊誌に暴露され、議員辞職に追い込まれました。このほか、大臣や自民党議員から言わずもがなの不規則発言が相次ぎ、謝罪を余儀なくされました。

タガが緩んでいるのは自民党だけではありません。新たな自民対抗軸の結成を目指している野党各党も、決してほめられた状況ではありません。難航していた民主党と維新の党の合流・新党結成が決まりましたが、双方に沸き立つようなムードが感じられないのです。維新の党の松野頼久代表、今井雅人幹事長ら首脳陣は元民主党議員で、一度、袂を分かった経緯があり、民主党内には合流に複雑な思いを持っている人は少なくないはずです。しかし、民主党も党勢を立て直して、政権奪還を目指すとすれば、新しい皮袋を用意しなければならないのは自明の理で、維新の党との合流は苦渋の選択と言うほかありません。

問題は、衆参同日選挙も予想される夏の参院選に向け、共産党とも政策を突き合わせ、選挙協力をしていく野党第一党の姿勢が、果たしてどこまで国民に受け入れられるかです。日本経済新聞の世論調査によれば、民主党と維新の党の合流新党に「期待する」と答えた人は二五パーセントで、「期待しない」人が六四パーセントに達したと言います。多くの国民の心の奥には、民主党政権の三年三カ月に対する失望が、まだトラウマとして残っているのです。民主・維新合流の前途は容易ではないと思います。

与野党ともタガが緩んでいる政治状況の中、私がひそかに注目しているのは、昨年暮れ、次世代の党代表の中山恭子参院議員が、次世代の党の理念を受け継ぐ形で創立した「日本のこころを大切にする党」（略称＝日本のこころ）です。中山恭子代表は「日本のこころ」という党名に対する思いを、概ね次のように語っています。

「日本のこころとは、私たちのもっとも根底にある考え方、心の営み、思想とか感性あるいは行動様式、習慣など、日本人の精神の基層にあるものです。日本の人々は恵まれた自然、四季折々の美しい風景のなかで、争いを嫌い、和をもって尊しとなし、相手を思いやり、美しいものを尊び、こまやかな心の営みをしてきました。日本の人々は、本来、勤勉であり、親切で、真面目、正直、誠実です。優しく、礼儀正しく、お互いに協力し合い、助け合う人々です。日本のこころは、日本にとってかけがえのない貴重な宝です。日本のこころを大切にする――これは、私たちの祈りであり、皆さまとともに歩む道標です」

この所感は、今からちょうど十年前の平成十八年、安倍首相が第一次安倍内閣をスタートする直前に出した『美しい国へ』（文春新書）と通底しています。小泉政権時代、中山恭子当時内閣官房参与が安倍官房副長官とともに、五人の拉致被害者の帰国に大きな役割を果たしたことは、まだ記憶に新しいところです。二人は日本の伝統的な精神を尊重し、それを政治の根底に置きながら、真の日本再生に全力を挙げるという点で、志を同じくする同志と言っても過言ではないと思います。

今年夏の参院選は、中山代表自身は改選期ではありませんが、現在落選中の日本維新の会、次世代の党時代の若手議員を、再び国会に戻すために、選挙応援に全力投球すると意欲満々のようです。中山代表の必死の選挙応援が、タガが緩んだ与野党に失望した全国の有権者の内なる「日本のこころ」に響けば、ある程度健闘できるかも知れません。

また、安倍首相がこの三年間、アベノミクスに集中し、「美しい日本」政策が若干置き去りにされている感が無きにしもあらずですから、中山代表の「日本のこころ」の活動が脚光を浴びれば、地方創生と相まって、安倍首相の「美しい日本」づくりにも拍車がかかるのではないかと、日本社会の精神的荒廃を憂慮している私は、「日本のこころ」に大いに注目しているところです。

（平成二十八年四月号）

熱気・パワーともに新進党に劣る岡田民進党の前途多難

先頃、民主党と維新の会が合流して、衆参国会議員百五十六名の民進党が結党され、民主党は二十年で消滅しました。なぜ民主党が消えたのかと言えば、平成二十一年秋から三年三カ月続いた、民主党政権に対する国民の失望があまりにも大きかったからです。たしか福田康夫内閣当時、民主党代表だった小沢一郎さんが、自民党との大連立を仕掛けたものの、民主党内の猛反発で断念し、「民主党が政権につくのはまだ無理だ」と慨嘆したことがありました。

それから二年も経たない平成二十一年秋の総選挙で、有権者が一斉にタガが緩んだ自民党にお灸を据え、民主党が地滑り的大勝利を果たし、政権交代を果たしました。しかし、鳩山由紀夫さん、菅直人さん、野田佳彦さんが半ば仮免許で政権運営を行い、三年三カ月で下野を余儀なくされたのでした。

そして、民主党という党名には政権時代の不評がついて回り、国政選挙で大惨敗が三度も続きました。民主党の看板と訣別し、民進党を結党することは、旧民主党にとって避けられない選択でした。

しかし、いくら看板を掛け替えても、民進党の前途は厳しいと言わざるを得ません。民進党の首脳陣は岡田克也代表、枝野幸男幹事長、江田憲司代表代行です。「新しい酒は新しい皮袋に」と言われますが、これでは新しい酒を古い革袋に入れたようなもので、新党特有の沸き立つような熱気が感じられないのです。

岡田代表は、「民進党は安倍政権の暴走を止めなければならない。困難を乗り越え、一人ひとりが大切にされ、安心して生活できる社会、平和な日本を、強い決意を持って実現しなければならない。安倍政権が衆参同日選挙をやると言うなら、受けて立つ」と言い切りました。

しかし、夏の参院選はすでに四カ月を切っています。そのタイミングで民進党を立ち上げ、三カ月で夏の参院選の準備を行い、同日選挙も受けて立つというのは、岡田代表も民進党代表として、退路を断って参院選に挑むということでしょう。岡田代表はまた、「夏の参院選で政治の流れを変える。私は代表として全ての責任を負い、必ず結果を出す」と力説されていますが、マスコミは「負けたら辞任」と報じています。仮に、民進党が結党四カ月足らずで参院選に敗れ、岡田代表が辞任するようなことになったら、民進党は短命に終わるかも知れません。今後三カ月間、岡田代表はまさに政治生命をかけて参院選に注力されることでしょうが、それはさらなる茨の道の始まりになるかも知れません。というのも、世論の民進党に対する反応がかんばしくないからです。世論調査では、「民進党に期待する」という回答は、一五～一七パーセント程度にとどまっているのです。

私は民進党という党名を聞いたとき、咄嗟にかつての新進党を想起しました。新進党とは、小選挙区比例代表制の導入を控えて、平成六年暮れに、新生党、公明党、民社党、日本新党、自由改革連合などが、「自由・公正・友愛・共生」を理念に結党した政党で、初代党首は小沢一郎さんが担いだ自由改革連合代表の海部俊樹さんでした。

結党当初の新進党は衆議院百七十六名、参議院三十八名、合計二百十四名という大所帯でした。結党時の国会議員数が二百人を超えたのは、昭和三十年に結党された自由民主党以来のことですから、新進党には沸き立つような熱気がありました。実際、有権者も自民党に対抗する二大政党の一方の雄として、新進党に大きな期待を寄せたのです。その証拠に、翌平成七年に行われた参院選では、新進党は改選議席数十九議席から、一気に四十議席へと増やし、比例区の得票では自民党を上回る躍進を果たしました。

新進党には小沢さん、海部さん、羽田孜さんら、自民党時代に総理大臣、幹事長、農水大臣などを務めたベテラン議員がたくさんおり、いつでも政権を担える態勢がありました。しかし、党内にいろんな派閥があったことや、二代目党首に就任した小沢さんの独断専行に対する反発などもあり、新進党は次第に分裂傾向を強め、遂に平成九年暮れに、小沢さんの自由党など六つの党に分裂して、丸三年で消滅に至ったのです。

新進党の実力者たちが私利私欲を抑え、もう少し日本の民主主義の将来に思いを馳せていたら、今頃、日本に自民党対新進党という二大政党制が根づいていたかも知れません。民進党には新進党ほどの熱気もパワーも感じられません。岡田代表はじめ民進党の議員、党員が一枚岩となって全力投球しないと、新たな地平を開くことは難しいでしょう。

（平成二十八年五月号）

バブル崩壊後の日本の亡国現象と通底する中国の仏教ブーム

四月初め、ＮＨＫ「クローズアップ現代＋」が、「経済減速――中国で仏教大ブーム?!」というタイトルで、最近の中国での仏教ブームを取り上げていました。中国では昨今、仏教セミナーが各地で開かれ、活況を呈しているそうです。参加者の多くは中小企業の経営者で、中国経済が減速する中で、多くの企業経営者が苦悩し、仏教に救いを求めているということです。

文化大革命で疲弊した中国社会を立て直すため、鄧小平が「改革開放」を唱えてから、もう四十年近くになります。この間、中国は、政治は共産党一党体制を維持したまま、資本主義経済を推進するという前代未聞の路線をひた走り、急速な経済発展を遂げ、日本を抜いて世界第二の経済大国にのし上がりました。

しかし、その過程で、未熟かつ独裁的な経済運営を背景として、政治の腐敗、汚職の蔓延、経済のバブル化が極限に達し、現在の習近平政権は徹底した汚職の摘発、バブル経済崩壊の食い止めに、必死に取り組んでいるのが現状です。習近平政権が中国から東南アジア、中東、ヨーロッパを結ぶ、「一帯一路（海上シルクロード）戦略」を標榜し、アジアインフラ投資銀行（ＡＩＩＢ）を立ち上げたのも、中国の大国化を推進すると同時に、成長が行き詰まり、バブル崩壊の危機にさらされている中国経済のテコ入れを図ったものと見られています。

しかし、野放図に成長してきた中国経済は、随所に綻びが出てきており、中国経済の減速はもはや周知の事実です。そういう状況を背景に、中国では企業倒産が相次ぎ、経営に四苦八苦している企業経営者が、仏教に救いを求めるようになっているのです。番組の中で、倒産寸前に追い込まれたコンサルタント会社の社長が登場し、仏教のセミナーに参加し、他人の利益を優先する「利他の精神」を学び、全ての人々に感謝し、恩返しをすることを学んだことによって、不安や焦りが和らいだことを告白していました。そして今では、仕事中でも『般若心経』を肌身離さず持ち歩き、仕事で不愉快なことがあったり、イライラしたときには、『般若心経』を読んで心を鎮めているということです。

この仏教ブームは若者たちの間にも広まっており、大学を出たエリートが出家する例も少なくないようです。仏教寺院の門を叩いた大学を卒業したばかりの女性の、「働いても働いても豊かになれない両親の姿を見て、将来に希望を失い、この寺にやってきました」という苦悩に満ちた言葉が、とても印象に残りました。中国は世界第二の経済大国にはなったものの、社会は荒廃し、人心は絶望の淵に追い込まれていたのです。

私はこの番組を見て、現在の中国社会の精神的状況は、バブル経済崩壊後の日本と似た部分があり、中国の仏教ブームの深層には、一種の亡国現象があるのではないかという感じを受けました。日本のバブル経済崩壊が明らかになってきたのは、平成三年でした。当時すでに日本社会の道徳的荒廃が指摘され、ひたすらカネとモノを追い求めてきた、戦後の高度経済成長路線への反省が言われるようになっていました。

その象徴が平成四年に出された中野孝次著『清貧の思想』で、バブル崩壊後の不況におののく人々の心を深くとらえて、ベストセラーとなりました。「日本の伝統的な心や精神には、清貧をモットーとする思想・生き方が流れているが、戦後、それを忘れてカネとモノの経済成長を追い求め、バブル経済に熱狂したことが、亡国現象につながったのだ」という真摯な主張に、国民の多くが頭を垂れたのでした。

当時の日本の〝清貧ブーム〟と、現在の中国の仏教ブームには、通底するものがあるような気がします。現在の中国は、政府が各地で仏教寺院の復活を支援しているそうです。習近平国家主席の、「仏教は中国の特徴ある文化であり、中国人の信仰心や考え方、文化や習慣に大きな影響を及ぼした」という発言には驚きましたが、中国社会科学院の研究員の、「今の中国社会はさまざまな問題を抱えていて、人心は動揺している。指導者は社会の安定と調和のために、仏教を文化として人々の生活に復活させるべきだと考えている」という解説には共感を覚えました。

私は日本の仏教者の一人として、中国の仏教ブームを奇貨として、日本の仏教界はあらゆるルートを通じて、中国の仏教界と友好関係を深めることが大事だと思います。それがこの先、世界が一つの混迷・混乱の時代を乗り越えたとき、東アジアの平和と繁栄の礎になるからです。

（平成二十八年六月号）

オバマ大統領の「広島慰霊」を受容した「怨親平等」の伝統

参院選を控えて安倍晋三内閣の支持率上昇に大きく貢献したのが、伊勢志摩サミット後に行われた、オバマ大統領の広島訪問でした。米国の広島、長崎に対する原爆投下は、米国内では「戦争を終結させるためにやむを得なかった」という評価が定着していますが、日本では無辜の市民を殺戮した残虐行為と批判されています。戦後、米国の大統領が誰一人として広島を訪れなかったのは、「戦争を終結させるためにやむを得なかった」という論理が、日本では通用しないからです。

しかし、二〇〇九年に黒人として初めて米国大統領に就任したオバマ大統領は、その年の四月にチェコのプラハで、「核兵器の廃絶」を訴える演説を行い、ノーベル平和賞を受賞しています。その後、オバマ大統領は「核の廃絶」に関して、目に見える行動を起こさないまま、八年間の在任期間を間もなく終えようとしています。在任最後の年のサミットが日本で開かれることに、オバマ大統領は「神の啓示」を感じたのではないでしょうか。

ただ、オバマ大統領には、広島市民からどのように迎えられるかという不安があったはずです。大統領専用車で平和公園に向かったオバマ大統領の目には、沿道で歓迎する多くの市民の姿が映ったはずですが、その表情はテレビ画面では見ることができませんでした。オバマ大統領の表情が読み取れたのは、専用車が原爆資料館の脇に到着し、出迎えた安倍首相と握手を交わしたときでした。大統領は緊張した表情のまま、安倍首相に二言、三言語りかけ、広島県知事、広島市長と握手したあと、資料館の中に消えていきました。大統領はおそらく、広島の爆心地に足を踏み入れたとき、その中空に遍満している十万を超す御霊の慟哭の叫び声を聴き、一瞬、身がすくむ思いがしたのではないかと思います。

オバマ大統領は資料館を見学したあと、安倍首相とともに原爆慰霊碑に花輪を捧げ、被爆者代表たちの前で、「一九四五年八月六日朝の記憶を薄れさせてはいけない。核兵器保有国は恐怖の論理にとらわれず、核兵器なき世界を追求する勇気を持たねばならない」という内容の演説を終えると、高齢の被爆者代表の前に歩み寄り、手を取りながら言葉を交わし、癒やすようにハグされました。

オバマ大統領は、二人の被爆者代表と言葉を交わした瞬間、自分が広島を訪れたことが被爆者たちに受け容れられていることを直感し、広島を訪問して良かったと感じられたはずです。その後、オバマ大統領は原爆ドーム方向に移動しながら、安倍首相に、「広島に来ることができて本当に良かった。これからやるべきことがたくさんある。今日はあくまでスタートだ」と呟いたそうです。

その後のマスコミの世論調査では、九〇パーセントの人がオバマ大統領の広島訪問を評価している、という結果が出ています。日本人は米国の原爆投下が無辜の市民を殺戮した残虐行為だと受け止めているにもかかわらず、米国大統領が広島を訪れ、原爆慰霊碑に花を捧げ、黙祷することを、受容し歓迎したのです。

そこで私が想起したのは、日本の伝統精神の一つである、仏教の「怨親平等」思想です。怨親平等とは、「たとえ敵・味方に分かれて戦ったとしても、戦争が終わったときには、敵・味方の区別なく戦没者を慰霊する。それが戦後の平和の礎になる」という考え方です。鎌倉時代に二度にわたって蒙古軍を撃退した北条時宗が、戦後、鎌倉に円覚寺を創建したのも、豊臣秀吉の朝鮮征伐に参加した薩摩藩の島津義弘・忠恒親子が、撤退後、高野山に「高麗陣敵味方供養塔」を創建したのも、戦いで非業の死を遂げた敵・味方の戦死者を慰霊するためでした。

怨親平等思想は、昭和の軍人にも受け継がれていました。A級戦犯として処刑された東条英機元首相は、遺書の中で「自分たちが処刑されて一段落したら、靖国神社で、敵、味方、中立国の国民罹災者の一大追悼慰霊祭を行われたし」と言い遺しています。また、南京事件の責任を問われて、東条元首相と一緒に処刑された松井石根陸軍大将は、生前、伊豆山大洞台に「興亜観音」を建立し、本堂に「支那事変中華戦没者霊位」「支那事変日本戦没者霊位」と書かれた二つの立派な位牌を納めて、日支両軍戦没者の慰霊に努めました。

私は今回のオバマ大統領の広島訪問に対する日本国民の受け容れ方を見て、日本社会の底流には怨親平等の心が生きていると確信しました。同時に、日本はそれを二十一世紀の世界の平和に活かしていかなければならないと思ったのです。

（平成二十八年七月号）

英の「ＥＵ離脱」教訓に大きな〝パラダイム転換〟に備えよ

イギリスの「ＥＵ離脱」は、米ソ冷戦が終焉した四半世紀前によく使われていた、「パラダイム転換」という言葉を想起させました。「パラダイム転換」は、従来の世界を構築していた枠組みが、大きく転換することを意味します。米ソ冷戦構造の終焉時に盛んに言われた「パラダイム転換」という言葉には、それまでの世界を覆っていたイデオロギーによる対立の時代が終わり、新しい世界平和への道程が始まるという、一種の希望・期待が込められていたような気がします。しかし、そのパラダイム転換の先に生まれたのは、米国一国支配によるグローバル資本主義の時代でした。世界中で格差社会が拡大し、欧米社会とイスラム社会の対立が先鋭化して、先進各国でイスラム教徒がテロを続発させる、今日の「文明の衝突」時代を招き、イギリスの「ＥＵ離脱」の遠因になっているのです。米ソ冷戦の終焉という世紀のパラダイム転換は、結局、米ソ二大国の抑止力が働いていた冷戦時代より、むしろ深刻な危機状況を創りだしたと言ってもいいでしょう。

今回のイギリスの「ＥＵ離脱」が、当面、欧州の秩序崩壊につながることはないと思いますが、正式な離脱交渉が始まったあとに、イギリス側、ＥＵ側それぞれにさまざまな利害関係が表面化し、欧州の秩序が崩れることを心配しています。イギリスの国民投票に先だって行われた、イタリアの首都、ローマ市の市長選挙では、初の女性市長が誕生しました。新市長はＥＵ離脱論者だそうです。移民や難民流入問題を機に、ヨーロッパ各国ではＥＵ離脱の動きが顕在化してきており、この状況がさらに深刻化すれば、ＥＵの「欧州は一つ」の理念は元の木阿弥となりかねません。日本もイギリスのＥＵ離脱というパラダイム転換に、しっかり対応できる態勢を整えておくべきです。

問題は、パラダイム転換の動きが欧州だけではないという点です。今年十一月に行われるアメリカ大統領選挙は、民主党がクリントン元大統領夫人で、元国務長官のヒラリー・クリントン候補、共和党が不動産王で過激発言で知られるドナルド・トランプ候補の戦いになるようですが、いずれが大統領になっても、日本にとっては悪影響が出るのではと懸念されています。例えば、昨年やっとの思いで基本合意に辿り着いたＴＰＰ（環太平洋パートナーシップ協定）については、クリントン候補は「アメリカ側の条件を満たしていない」として反対、トランプ候補は「ばかげた協定だ」として強く反対しています。特にトランプ候補は、日本の「安保タダ乗り論」を展開し、駐留米軍の引き揚げまでも示唆しています。トランプ氏が大統領になれば、日米同盟も深刻なパラダイム転換を迫られる可能性があります。「ポスト・オバマ」が誰になろうと、アメリカの対日政策のパラダイム転換が行われた場合に備えておく必要があります。

さらに、今後起こり得るもう一つのパラダイム転換として、中国の動向から目を離すことはできません。中国は依然として南シナ海、東シナ海へのプレゼンスを強めています。六月半ばには、南シナ海に中国が造成した人工島の十二カイリ内を、アメリカ海軍第七艦隊のイージス駆逐艦「ラッセン」が「自由航行」と称して航行し、それに対して中国側が監視・追尾し、警告を発するという、一触即発の事態が起きています。また、六月十五日には、中国の情報収集艦が口永良部島の西側海域で、日本の領海を侵犯したことが明らかになっています。さらに、日中両国の政府関係者は否定していますが、東シナ海上空では最近、スクランブル発進した自衛隊機に対して、中国軍機が攻撃動作を仕掛けたという事態も起きていると言われ、尖閣諸島周辺の緊張は高まる一方です。

こうした中国が南シナ海、東シナ海に対するプレゼンスを強めている背景には、徹底した汚職追放で政権基盤を固めてきた習近平政権が、中国経済の減速に伴い、国内政治の舵取りに難渋していることがあるのではないかとの見方があります。

私は中国の仏教界の要人と親しく交流していますし、日本の仏教が中国を経由して伝えられた歴史を思えば、日中が最悪事態に至ることは何としても回避すべきだと考えていますが、そのこととは別に、日中間にいかなるパラダイム転換が起きようとも、それに果敢に対応できる態勢だけは固めておくべきだと考えています。いずれにしても、今後予想される国際的なパラダイム転換を想像するだけでも、安倍晋三政権の前途は決して楽観を許されないと思います。

（平成二十八年八月号）

先進諸国は「布施の心」で「文明の衝突」状況を回避せよ！

昨年一月と十一月に、パリでイスラム国による同時多発テロ事件が起きて以来、イスラム過激派によるテロの連鎖が拡大しています。三月下旬には、ベルギーの首都・ブリュッセル国際空港で、六月中旬には、米国フロリダ州オークランドのナイトクラブで、六月下旬には、トルコのイスタンブールのアタチュルク国際空港で、イスラム国の関与と見られる自爆テロ事件が起き、四十人以上の犠牲者が出ています。

そして、七月初旬には、バングラデシュの首都・ダッカで、イスラム国関係者の飲食店襲撃事件が起き、日本人七名を含め二十名が犠牲になり、七月二十一日のフランスの革命記念日には、地中海に面したフランスを代表するリゾート地・ニースで、革命記念日を祝う花火を見物中の群衆にトラックが突っ込み、銃を乱射するテロ事件が起きています。さらに、七月二十三日には、ドイツ・ミュンヘンのショッピングモールで、イラン系男性が銃を乱射し、同じ日にアフガニスタンの首都・カブールでは自爆テロにより八十名以上が犠牲になっています。このようにイスラム国が絡むと見られるテロ事件が頻発しているのです。

欧米先進国とイスラム過激派の衝突は、東西冷戦の終焉の頃から徐々に表面化し、「文明の衝突」的な対立構造になってきたのは、二〇世紀の終わり頃からで、二〇〇一年の九・一一事件でその構図は決定的になりました。その背景には世界的に貧富の差が拡大したことがあります。

東西冷戦構造が崩壊したとき、世界の多くの人たちは、これでイデオロギーの対立を背景にした、軍事大国同士の衝突は無くなると考えました。そして、二〇世紀が「戦争の世紀」であったのに対し、二一世紀は世界各国が共存共栄するために、宇宙船地球号を守る「環境の世紀」になると、胸を躍らせました。

しかし、「東西冷戦」のタガが外れた世界は、アメリカ一極構造の「グローバル資本主義」の時代へと変貌を遂げ、金持ちはより金持ちに、貧しい人はより貧しくなる時代が到来したのです。それは個人のレベルだけでなく、国のレベルでも起きたのです。多くの貧しい国の貧しい国民は、従来以上に先の見えない、苦しい生活を余儀なくされました。その屈辱的な暮らしの中で、欧米社会に対する怨念が重層的に積み上げられてきたことが、テロの根底にあるような気がします。

アメリカ一極構造のグローバル資本主義が、世界中の貧富の差を一段と拡大させたのは、否定できないところです。今回、民主党の大統領選候補者指名レースで、ヒラリー・クリントン候補に最後まで食らいついたのは、社会主義者を自称し、北欧式の社会民主主義を志向する、バーニー・サンダース候補でした。サンダース氏は一貫して、ウォール街の資金に依存し、ウォール街の方を向いて政界を歩いてきたクリントン候補を批判してきました。サンダース候補を熱烈に支持してきた民主党員たちは、「クリントン候補には投票しない」と断言しています。アメリカ国内にも、アメリカ一極構造のグローバル資本主義で莫大な富を稼いできたウォール街に反発する人たちが少なくないのです。

私は、現在のイスラム国によるテロの拡散に歯止めをかけ、欧米社会とイスラム社会の「文明の衝突」状況を修復させるためには、アメリカをはじめとする欧米社会に蓄積された莫大な富を、イスラム世界をはじめとする貧しい国々の貧しい民たちに、惜しみなく還元していく必要があると考えています。

仏教では「布施」の心が大事にされています。仏教で教える布施には、大別して「財施（ざいせ）」「法施（ほうせ）」「無畏施（むいせ）」の三つの布施があります。財施は文字どおり金銭や品物を施すこと、法施は他人に物事を教えたり、仏法を説いて、楽にしてやること、無畏施は自分の労力で他人の苦しみや畏れを軽減してやることとです。そうした布施を実践すれば、相手も自分も幸せになれるのです。仏教の布施の心に立脚すれば、ウォール街の富をイスラムなど貧しい国の民に施せば、アメリカ社会もイスラム社会も幸せになれ、心が通じ合うのです。

アメリカで理想的な有徳経営者の一人として挙げられているのが、鉄鋼王アンドルー・カーネギーです。カーネギーは、「自分の富を、手元に残す額よりも、与える額で測った人だった」と言われています。アメリカをはじめとする先進国が、カーネギー精神を発揮して、世界の貧しい国々の貧しい民に、惜しげもなくその資産を施せば、「文明の衝突」は回避されるはずです。

（平成二十八年九月号）

アフリカ諸国への経済支援は利益より相手国への敬意優先で！

台風十号が日本列島の南方海上を北上している間、安倍晋三総理はケニアの首都・ナイロビで行われた、第六回アフリカ開発会議に出席していました。アフリカ開発会議は、日本がリーダーシップをとって、国連、アフリカ連合、世界銀行と共同で開催している会議で、過去五回は、五年ごとに日本で開かれてきたのです。今回は初めてアフリカの地元で行うことになり、ケニアのナイロビが開催地となりました。しかも、今回は三年の間隔に短縮されて行われました。安倍総理としては二回目の開催であり、自分の政権時代に、将来の成長が見込まれるアフリカと日本の関係をより緊密にし、日本経済の再生に活かす形でアフリカの発展に貢献したい、という思いが強かったと思われます。

安倍総理はこれまでの総理の中では、もっとも積極的にアフリカにアプローチをしている総理です。再登板を果たしてすぐにジブチを訪問し、就任一年後にはコートジボワール、モザンビーク、エチオピアを訪問しています。そして、今回はアフリカ開発会議を初めてアフリカで開催し、アフリカとの経済関係を強化するために、大勢の企業関係者を連れてナイロビに乗り込みました。

習近平主席の中国が巨額の資金援助によって、アフリカ諸国に影響力を強めようとしているのは、ここ数年の中国の動きから明らかです。安倍総理はあえてそのアフリカに乗り込み、巨額支援で歓心を買う中国式援助ではなく、技術力を伴う質の高い援助を約束したわけですから、中国としても内心穏やかならざるものがあるでしょう。中国は世界第二位の経済大国となって、アジア、アフリカ諸国にインフラ整備などの経済支援外交を展開していますが、ここへ来て中国国内のバブル崩壊で経済成長にブレーキがかかっている上に、南シナ海、東シナ海などにおける強引な進出が国際的に批判され、一時の昇り龍の勢いはありません。

したがって、アフリカ開発会議に出席していたアフリカ首脳約三十人が、「二〇一八年までにアフリカに三百億ドル（約三兆円）規模の投資を行い、そのうち百億ドルはインフラ整備に向ける」という安倍総理の演説に、大きな期待を抱いたのも当然です。日本特有の「利他の精神」で、アフリカの発展のために真摯に貢献すれば、アフリカを利することが、いずれは日本を利するという、「自利利他」につながるはずです。

中央公論社が昭和四十七年に出した『ルワンダ中央銀行総裁日記』という本があります。ルワンダはアフリカ中部のビクトリア湖に近い小国ですが、一九九〇年代に内戦に端を発した大虐殺があった国で、大虐殺は二〇〇四年に『ホテル・ルワンダ』として映画化され、全世界を驚愕させました。『ルワンダ中央銀行総裁日記』の著者は、国際通貨基金の要請に応じて、日本銀行のエリート行員から独立三年後のルワンダに入り、一九六五年から七一年までの六年間、ルワンダ中央銀行の総裁として、ルワンダ経済の自由化を核とする再生計画を断行した、服部正也さんという人で、最後は世界銀行副総裁を務めています。

服部さんがルワンダから帰国した翌年に、同書を出版された理由の一つは、「アフリカ諸国に対する日本人の関心が、もっぱら資源とか市場とかの、現実的な利益を中心にしており、国民というものに対しては、あまり考慮が払われていないことに対する危惧である」ということでした。また、服部さんは国際援助のあり方については、「ルワンダと世界銀行での勤務を通じて最も不満だったのは、欧米人一般と国際機関の国際官僚の、途上国への人種偏見と蔑視であり、援助の失敗は、この偏見が原因の大半である」とも発言していました。

その後の日本のアフリカ援助が、服部さんの目指した方向で実を結んできたかどうか、はなはだ心許ない感じもします。ただ、国際協力機構（ＪＩＣＡ）経由で派遣されている青年海外協力隊は、今やアジアよりアフリカへ派遣される隊員数の方が多いようですし、紛争地域で警護に就いている日本の自衛隊員のご苦労、アフリカ各地でさまざまな支援事業を展開している企業の方々の努力など、若い方々のアフリカでの献身的な活動を忘れてはなりません。

日本のアフリカ支援を世界の安定と平和に結びつけると同時に、日本経済の新たな成長にリンクさせていくのは、安倍政権だけで完遂できる仕事ではありません。日本のアフリカ支援が、アフリカ諸国民への敬意を持って、長期的に推進されることを祈りたいと思います。

（平成二十八年十月号）

在任記録狙う安倍首相に願う「美しい国」の「美しい引き際」！

早いものでこの年末には、第二次安倍晋三内閣が発足してから丸四年になります。安倍政権は四年前の政権奪還を果たした総選挙を含めて、この四年間で総選挙二回、参院選二回の、四回の国政選挙をいずれも圧勝し、現在でも内閣支持率は五〇パーセント前後の高水準を保っています。リオデジャネイロ・オリンピックの閉会式には、世界的に有名な日本のゲームキャラクター、スーパーマリオに扮して登場したり、日本の首相として初めてキューバを訪問し、キューバ革命の英雄、フィデル・カストロ前国家評議会議長と長時間にわたり懇談したり、最近の安倍首相の言動には余裕さえ感じられます。

ところで、二階俊博幹事長が就任直後に「総裁任期延長」問題に触れられたことによって、安倍総理・総裁の任期延長が年内の大きなテーマとして浮上してきました。その後、高村正彦副総裁が本部長を務める、自民党の党・政治制度改革実行本部の会合で、高村本部長は現在の「連続二期六年」を「連続三期九年」に延長する私案を示しました。出席者から延長する方向性への異論は出なかったようです。総裁任期の延長問題は、「三期九年」への延長を軸に協議が進み、年内には結論を出し、来年三月の党大会で党則が改正されると見られています。

仮に任期が二〜三年延長されれば、安倍首相の下で東京オリンピック・パラリンピックが開催されることになります。そして、第一次安倍内閣の期間を含めた安倍首相の在任期間は、大叔父の佐藤栄作首相の戦後最長在任記録を抜くのみならず、日本の憲政史上最長の在任期間を誇る桂太郎首相をも抜いて、史上最長記録を更新することになります。九月下旬、かつて中国の外相も務めた中日友好協会会長の唐家璇さんが来日し、自民党本部で二階幹事長と会談された際、唐家璇さんが「次の東京オリンピックでも首相は安倍さんではないですか」と質したのに対し、二階幹事長は「おっしゃる通り」と応じたと言われています。

最近、にわかに年末解散・一月総選挙説が流されています。十二月に山口県で安倍・プーチンの日ロ首脳会談が行われ、北方領土問題に新たな進展があるという見通しが根拠です。日ロ首脳会談で日ロ関係に国民も納得できる、未来志向の新たな進展があれば、解散・総選挙の絶好のチャンスに違いありません。もしその選挙で、安倍自民党が国政選挙五回連続圧勝ということになれば、安倍総裁の任期延長に対する異論は雲散霧消します。任期延長が認められれば、安倍首相が東京オリンピック・パラリンピックを超えて政権を担当し、憲政史上最長の在任期間を書き換えることは確実です。

それにしても、小泉純一郎長期政権を引き継いだ第一次安倍内閣では、任命した大臣の相次ぐ不祥事に直撃され、加えて自らの健康問題もあって、参院選の敗戦のあと、後ろ髪を引かれる思いで首相の椅子から降りる羽目になった安倍さんが、五年の雌伏の時を経て再チャレンジに成功し、総理在任期間の記録を更新するかというところまで巻き返すことを予測した人はいるでしょうか。首相の椅子を降りてから五年間、「じっと我慢の子」を演じながら、必死に再起を期した安倍さんの粘り勝ちです。

ただ、戦後最長の総理在任を誇ってきた佐藤首相は、沖縄返還を成し遂げ、退任後にノーベル平和賞を受賞していますが、その引き際は必ずしもハッピーではありませんでした。後継の総理・総裁の座は、意中の福田赳夫さんではなく、田中角栄さんに簒奪された形となり、自らの退任記者会見では、新聞記者とやり合い、新聞記者が退席した会見場で、テレビカメラに向かって語りかける異例の引き際を演じることになりました。また、国会を十重二十重のデモ隊に取り巻かれながらも、信念を持って六〇年日米安保を成し遂げた岸信介首相も、その直後、暴漢に襲われるアクシデントを経て、退陣を余儀なくされています。

私は、安倍首相には岸さん、佐藤さんの引き際を教訓にして、長期政権を担った政治家として、今から「美しい国」のリーダーらしい、潔い引き際を思い描いておいてほしいと、老婆心ながら思います。古代中国より伝わる言葉に、「九仞(きゅうじん)の功を一簣(いっき)に虧(か)く」という言葉があります。「事が今にも成就するというときに、手を抜いたために物事が完成しない、または失敗すること」を意味する言葉です。安倍首相には、そういうことのないよう、最後の最後まで、緊張感を持って、国家・国民のために全身全霊で総理の職に邁進していただきたいと祈っています。

（平成二十八年十一月号）

日ソ国交回復六十年、日ロ首脳会談は「一歩前進」への試金石

去る十月二十三日、鳩山邦夫議員が六月に急逝されたことに伴う、衆議院福岡六区の補欠選挙が行われました。この補選は自民党の候補者調整がつかず分裂選挙となる、異例の選挙でした。立候補したのは、鳩山さんの次男で、福岡六区内の大川市長を務めていた鳩山二郎氏と、自民党福岡県連会長・蔵内勇夫氏（補選告示直前に辞任）の長男で、参院議員秘書の蔵内謙氏の二人で、菅義偉官房長官が鳩山候補を、麻生太郎副総理兼財務大臣が蔵内候補を応援する、閣内を二分する戦いとなりました。結果は「弔い選挙」となった鳩山二郎氏の圧勝に終わり、選挙後、自民党は鳩山氏を追加公認しました。

鳩山家は日本を代表する華麗なる政治家家系で知られています。二郎氏から見て、高祖父の和夫氏が衆議院議長、曽祖父の一郎氏が総理大臣、祖父の威一郎氏が外務大臣、父の邦夫氏が文部大臣、労働大臣、法務大臣、総務大臣、伯父の由紀夫氏が総理大臣です。私は自分自身が室町時代から五百年以上続く行者の家系ですから、世襲政治家の苦労もよくわかります。世襲は批判されがちですが、後継者が政治家の仕事に全身全霊で打ち込む有徳の人であれば、問題はないと思っています。現在三十七歳の二郎氏も、密教で言う身口意、すなわち身体と言葉と心をフル回転させて、国家・国民のための政治に邁進してほしいものです。

今からちょうど六十年前の昭和三十一年十月、鳩山一郎首相が当時のブルガーニン首相との間で、日ソ共同宣言に署名し、日ソ国交回復を成し遂げています。そのときに、「北方領土問題は、まず国交回復を先行させ、平和条約締結後にソ連が歯舞群島と色丹島を引き渡すという前提で、改めて平和条約の交渉を行う」という合意がなされました。しかしその後、平和条約の締結はいまだ実現せず、北方領土問題も何ら進展もないまま、昨今は国後島、択捉島でロシアによる軍事基地建設が進んでいるような状況です。

鳩山一郎首相時代の国交回復以来、何の進展も見られなかった北方領土問題を、何らかの形で少しでも進展さ

せようと必死に取り組んでいるのが、安倍晋三首相です。安倍首相も、祖父・安倍寛氏、父・安倍晋太郎氏、母方の祖父に岸信介元総理、大叔父に佐藤栄作元総理といった政治家が連なる、華麗なる政治家家系の人です。再チャレンジに成功してからの安倍首相の一挙手一投足を見ていますと、ご先祖に恥じない、不惜身命の政治に邁進しようとする、毅然たる決意がうかがえます。

安倍首相はかねがね、「自分が総理在任中に北方領土問題の決着を図る」との決意を披瀝しています。この十二月十五日にはプーチン大統領を、地元・山口県の長門市に招き、胸襟を開いた首脳会談を行って、北方領土問題で一定の進展を図る意向だと言われています。今回の長門市における安倍首相・プーチン大統領の日ロ首脳会談は、十年前の第一次安倍内閣時代を含めれば、合計十四回目になります。旧ソ連時代を含めて、戦後、これだけ首脳会談を重ねてきている日ロ首脳はいません。

プーチン大統領を迎える長門市は日本海に面する街ですが、大越の浜には日露戦争で犠牲となった常陸丸遭難者の墓碑と、日本海海戦で非業の死を遂げたバルチック艦隊のロシア兵の墓碑が並べて建立されており、地区の住民が今もなお、毎年六月に慰霊祭を行っています。まさに、たとえ敵・味方に分かれて戦ったとしても、戦争が終わったら、敵・味方の区別なく戦没者を慰霊するという、仏教の怨親平等思想が現代にも息づいている一つの見本です。

しかし、現実には、日本とロシアの間には、北方領土問題という大きな壁が存在し、東西冷戦が終結して三十年近くになりますが、今もなお日ロ両国は平和条約さえ結ぶに至っていないのです。ただ、ここへ来て世界の潮流は明らかに変化の兆しを見せています。テロとの戦いが深刻化し、文明の衝突が現実化する中で、世界は新たなパラダイム転換が求められています。この世界的な危機を人類の叡智で乗り切ったとき、新しい理念による、新しい世界平和の構築が始まるはずです。そのとき、極東地域の新たな「平和の家」づくりのため、日本とロシアが過去の恩讐を越えて友好を深めねばなりません。そのような長期的な展望に立つとき、日ロ両国が未来志向に立って、お互いに譲歩し合いながら、北方領土問題を一歩でも前に進展させることの重要性は明らかです。今回の日ロ首脳会談はその試金石であり、私も大きな期待を寄せているところです。

（平成二十八年十二月号）

平成二十九年（二〇一七）

二月　森友・加計・日報問題が表面化
　　　北朝鮮・金正男氏暗殺
六月　皇室典範特例法成立
　　　テロ等準備罪成立
七月　核兵器禁止条約採択
十月　衆院選で自民党が勝利

想定外が続発する時代に求められる慎重かつ毅然たる政権運営

平成二十八年は十干十二支で丙申の年に当たり、私は年初、丙申の年は草木の状態で言えば、「茎や幹がしっかりと成長し、その草木の本来の姿・形になってくると同時に、果実は完熟の一歩手前まで成熟した状態になる」として、今年は従来からの懸案事項が熟し、何らかの果実、成果をもたらす年になる可能性があると予測しました。しかし私の見通しはいささか的を外したようです。その要因としては、あまりにも想定外の出来事が相次いだことが挙げられます。

それを象徴しているのが東証株価です。平成二十八年の株価は一万八千九百円台からスタートしましたが、大発会の日から記録的な下げ相場となり、その後も、二月には急激な円高により、六月にはイギリスの国民投票でEU離脱が確定したことにより、そして十一月にはアメリカ大統領選挙でのトランプ候補の勝利により、相次いで株価が急落する場面がありました。結局、株価の年初来高値は十一月末に至っても、大発会の一万八千九百円台をクリアーできないまま推移しています。株価を一時的に急落させた、イギリス国民投票におけるEU離脱派の勝利、アメリカ大統領選挙でのトランプ氏の勝利などは、想定外の最たるものでした。平成二十八年五月に伊勢志摩サミットが行われ、安倍晋三首相が各国首脳をもてなした当時には、イギリスのEU離脱が現実のものとなり、アメリカの次期大統領がトランプ氏になろうとは、誰も予想できなかったのです。

トランプ氏はTPP（環太平洋パートナーシップ協定）からの離脱を表明していますが、安倍首相はあくまでもTPP推進の姿勢を堅持しています。日米首脳が相反する政策を打ち出す状況は、近年にはなかったことです。安倍首相が世界の首脳の中でいち早くトランプ氏と非公式会談を行ったのも、日米同盟の重要性の確認と、TPPを推進する立場の説明が主たる目的でした。今にして思えば、平成二十八年初め、日本のTPP担当大臣として、交渉でリーダー役を務めてきた甘利明さんが、金銭授受問題で辞任を余儀なくされたことは、交渉の前途に漂う暗雲を暗示していた気がします。

直近の想定外の出来事と言えば、韓国の朴槿恵大統領がスキャンダルに直撃され、支持率四パーセントという不信任を国民から突きつけられて、辞意表明に追い込まれたことです。安倍首相としては、苦労に苦労を重ねて、やっとの思いで日本での日中韓首脳会談に漕ぎ着けたところだっただけに、朴槿恵大統領の突然のレイムダック化は残念だったことでしょう。

二十一世紀の初頭には日本は韓流ブームに沸き、韓国ドラマ『冬のソナタ』が爆発的人気を呼びました。多くの日本人女性が韓国を訪れ、日韓の交流は新たな時代を迎えた感がありました。しかし、リーマンショックを境に日韓交流の熱気は急速に冷めたのでした。その後、平成二十三年暮れにはソウルの日本大使館前に慰安婦像が設置され、慰安婦への謝罪を要求する活動が再燃し、現在、世界各地に五十前後の慰安婦像が建てられるに至っています。日韓対立を決定的にしたのが、野田民主党政権時代の末期に起きた、李明博大統領の竹島上陸でした。大統領の上陸は初めてで、野田政権も強く反発しましたが、李明博大統領がさらに竹島上陸の四日後、「天皇は韓国へ来るなら、韓国国民に土下座して謝るべきだ」という意味の発言をしたために、日韓関係は修復困難な状況にまで陥ったのです。

再チャレンジを成し遂げた安倍首相の後を追うようにして、平成二十五年二月に韓国初の女性大統領に就任した朴槿恵大統領は、日本の支援を得て「漢江の奇跡」を成し遂げた故・朴正熙大統領の長女ですから、就任当初は日韓修復への期待もありました。しかし、実際の朴槿恵大統領は外国の首脳に日本の悪口を言いふらす「告げ口外交」で日本を失望させると同時に中国への傾斜を強めました。親中路線が挫折したのは明らかで、韓国は袋小路に追い込まれた状況でした。そして、スキャンダルの発覚により朴槿恵大統領はトドメを刺されたわけです。

朴槿恵大統領の挫折は、日韓修復に注力してきた安倍首相にとって想定外の出来事でした。世界は歴史的なパラダイム転換の時代に入った感があり、日本を巡る国際関係の中で想定外の出来事が続発しています。自民党総裁任期を延長し、歴史的な長期政権をうかがう安倍首相には、慎重かつ毅然とした政権運営を望みたいと思います。

（平成二十九年一月号）

師走の日ロ首脳会談・真珠湾慰霊が照らした日・米・ロの新時代

安倍晋三首相は師走半ばに、地元・山口県長門市と東京で、二日間にわたってプーチン大統領と日ロ首脳会談を行い、その十日後にはハワイの真珠湾で、オバマ大統領とともにアリゾナ記念館を訪れ、戦没者の慰霊を行いました。私は、今後の日米、日ロ関係の展開如何では、「平成二十八年の師走は、日本外交の大きなターニングポイントだった」と、後世の史家から評価されるのではないかと思います。

今回の日ロ首脳会談では、元島民の北方領土への自由往来、日ロ共同の経済活動に関する協議などが確認されたものの、いずれもロシアの主権の下での交流促進であり、領土返還問題には新たな進展はありませんでした。しかし、毎日新聞の世論調査では、領土問題が解決する前に北方領土で共同経済活動を行うことへの賛否では、「賛成」が五九パーセント、「反対」二五パーセント、また、「今後の北方領土問題の進展への期待」に関しても、「期待する」が六〇パーセント、「期待しない」が二九パーセントと、いずれも肯定的な受け止め方が圧倒的でした。

昭和三十一年に日ソ共同宣言が締結され、日ソ国交回復が図られて以来、六十年間、北方領土問題は何の進展もありませんでした。今回、北方領土返還問題に具体的な進展がなかったとしても、元島民の北方領土への自由往来、北方領土における日ロ共同の経済活動の協議が合意されたことによって、過半数の国民が日ロ関係は平和条約締結、北方領土返還に向けて「一歩前進」したと、肯定的に受け止めているのは間違いないところです。

安倍首相はプーチン大統領が「一番重要なのは平和条約の締結だ」と語ったことを取り上げ、「これは重要な発言だ。今まで大統領が公式にこういう発言をしたことは、一度もなかった。これは、九十五分間、膝詰めで話し合った結果だ」と評価しながら、「プーチン大統領は会談中、『経済協力だけを進めて平和条約を後回しにすることはない。私を信じてもらいたい』とも語った」という話も披露していました。

ただ、気になることは、北方領土問題の進展を妨げているハードルとして、三年前にロシアがクリミアを強引に編入したのを機に、欧米各国が一斉にロシアに対して発動した経済制裁が存在していることです。日本は先進国首脳会議（G７）の一員であると同時に、米国と親しい同盟関係にあり、当然のように、ロシアに対する経済制裁に加わりました。一説によれば、日本のロシアに対する制裁はほとんど影響力はない程度のものだと言われますが、今後、平和条約に向けて日ロの話し合いを進める中で、経済制裁が足枷にならないか心配です。

その点、新年早々に就任するトランプ米大統領が、ロシアとの関係改善に乗り出すとアドバルーンを上げ、プーチン大統領もそれを歓迎しているようですから、オバマ大統領時代とはひと味もふた味も違う米ロ関係が構築される可能性があります。その動きが軌道に乗れば、米ロ新時代というパラダイム転換の流れに乗って、日ロ新時代にも拍車がかかる可能性があります。

平成二十八年の掉尾を飾ったのが、安倍首相とオバマ大統領の真珠湾における戦没者の慰霊でした。私は今回の安倍首相の真珠湾における戦没者慰霊は、五月末の伊勢志摩サミットの直後に、オバマ大統領が米国大統領として初めて広島を訪問し、平和記念公園で原爆犠牲者に哀悼の誠を捧げたことへの返礼であり、同じ年に日米のトップが二人揃って原爆犠牲者、真珠湾攻撃の戦没者の霊を慰めたという点に、大きな意義があったと思います。

安倍首相はオバマ大統領とともに真珠湾にある追悼施設「アリゾナ記念館」で戦没者を慰霊した後、真珠湾の埠頭での演説で、不戦の決意を新たにし、「日米を結びつけた寛容の心と、寛容の心がもたらした和解の力を、世界は今こそ必要としている」と力強くアピールしました。

オバマ大統領もまた、「人間は歴史を選ぶことはできない。しかし、歴史から学ぶことはできる。戦争ではなく、平和で勝ち得るものが多く、和解には報復より多くの見返りがあるというメッセージを、世界に送りたい」と結びました。

ただオバマ大統領は八年間の在任期間を務め上げ、新年早々退陣します。トランプ大統領の就任が安倍政権にいかなる影響をもたらすか、新年は年初から日米関係から目を離せない状況が続きます。日本、米国、ロシアの関係が順風であることを祈るばかりです。

（平成二十九年二月号）

トランプ大統領で懸念される「恩義・忘恩・報復」の日米関係

一月二十日朝、トランプ大統領は自らを鼓舞するかのように、「今日から全てが始まる。ムーブメントは続き、仕事が始まる」と、ツイッターに書き込みをし、就任式で、不法移民の排斥やイスラム教徒の入国禁止を訴える一方、大統領選挙戦で広がった米国社会の分断修復のため、米国民の団結を呼び掛け、トランプ時代が始まりました。トランプ大統領は、ホワイトハウスに入るとすぐ、次々に大統領令にサインするなど、トランプ色の強い政策を、これでもか、これでもかと打ち出しています。公約のTPP（環太平洋パートナーシップ協定）からの離脱も宣言しました。日本の甘利明TPP担当大臣と米通商代表部のフロマン代表が、長期間にわたり丁々発止と交渉を重ねてきた努力は、一体何だったのでしょうか。

当面、世界経済は、トランプ大統領の一挙手一投足に右往左往する、神経質な展開を余儀なくされることになり、日米関係は経済的にも、外交的にも、新しい枠組みを模索する時代に入ったような印象を禁じ得ません。日米同盟を金科玉条にしてきた戦後の日本外交の根幹を維持できるのか、あるいは新たなパラダイム転換を図るのか、長期政権を目指してきた安倍晋三総理は、想定外の正念場に立たされている感じがします。日米関係はどうなるのでしょうか。

戦後六十年の平成十七年に、ペリー提督の浦賀来航以来の日米関係を検証する、『日本・アメリカ　対立と協調の一五〇年』（清流出版）が出版されました。著者は戦後間もなく自ら渡米し、ジョージタウン大学大学院修士課程、プリンストン大学大学院博士課程を修了した、三輪公忠上智大学名誉教授です。

三輪さんはペリー以後の日米関係の一五〇年は、「恩義・忘恩・報復」の歴史だったと位置づけます。ペリー提督の江戸幕府に対する態度は、「砲艦外交」と言われていますが、実はペリーはあらかじめ二本の白旗を幕府側に示し、幕府側がとても勝てないと判断したら、白旗を掲げるよう指示をしていました。浦賀沖に現れた四隻の黒い蒸気船を目の当たりにし、戦う前からとても勝てないと覚悟した幕府は、いわば平和裡に米国を受け入れ、和親条約、修好通商条約を結ぶに至ったのです。それは米国側から見れば、日本は米国に恩義を感じるべきだとなり、原爆投下に踏み切ったトルーマン大統領は、戦後、原爆投下を非難する日本に対して、「日本人はペリーの開国で受けた恩を忘れている。原爆はこの忘恩に投げつけられたのだ」と語ったそうです。現実に、明治維新直後、米国から開国を求められた朝鮮は拒否し、米国艦船に対して陸上から砲撃しましたが、上陸した米海兵隊の前に二百四十名以上の戦死者を出して、敗退しています。

ペリーが日本を開国に導いてくれたことを恩義に感じていた日本人は少なくなかったようです。戦前、国際連盟事務次長として、「我、太平洋の架け橋とならん」と日米協調に尽力した新渡戸稲造は、「自分と日本という国家がアメリカから受けた恩をこんなにも感じているということを、日米関係の歴史としてまとめ、処女出版した」人だったと、三輪さんは書いています。

また、戦前、マスコミ界に君臨した評論家でジャーナリストの徳富蘇峰も、『近世日本百年史』で、ペリーの日本開国は日本にとっても、「不幸ではなかった。否、仕合わせであった」と書き、浦賀にペリーの顕彰碑が建立されるなど、日本がペリーに向かって感謝の情を表すことは、「ペリー提督当人にとって、実に意外至極なことだろう」と記しているようです。

いずれにしても、米国側から見れば、ペリー来航から日米戦争までの日米関係は、「恩義・忘恩・報復」の歴史だったのです。戦後、日本は連合国側に占領され、ペリー提督ならぬマッカーサー元帥の指導のもとで、灰燼の中から復活しましたが、占領時代から高度経済成長までは、米国の復興支援や「核の傘」に守られながら、冷戦時代を乗り切ったという意味では、米国に「恩義」を感じる立場だったといえるでしょう。

その後、日本が世界第二の経済大国にのし上がり、家電や自動車で米国市場を席巻してきた時代は、トランプ大統領に言わせれば、「忘恩」の時代だったのかもしれません。今後、日米が「報復」の時代に入ることは避けねばなりません。日米が再び「報復」の時代に入ることなく、新たな「協調」の時代に向かうよう、安倍総理、トランプ大統領の舵取りに期待しながら、日米協調の幸せな未来を祈りたいと思います。（平成二十九年三月号）

森友学園国有地取得問題で露呈した？ 安倍政権周辺の気の弛み

禍福はあざなえる縄の如し——日米首脳会談を成功裏に終えて帰国した安倍晋三首相を待っていたのは、大阪市の学校法人「森友学園」に対する国有地格安払い下げ問題でした。森友学園は今年四月の小学校開校を目指して、昨年、豊中市の国有地の払い下げを受けていましたが、その八七七〇平方メートルの用地は、評価額九億五千六百万円に対して、売却額は一億三千四百万円でした。

国有地がなぜ格安で払い下げられたのか。その土地には生活ゴミや廃材などが大量に埋められており、ゴミの撤去費が八億円あまりかかると算定されたからです。しかし、森友学園側は校舎建設部分の地下のゴミは撤去したものの、その他の部分のゴミは地中に仮置きしたまま、開校しようとしていました。また、売り主側の財務省も、「売買契約の締結をもって事案は終了した。売買に関する記録は保存期間一年に分類され、速やかに廃棄した」と、取引の経緯を詳らかにしていません。

そうした不透明な経緯もさることながら、この国有地売買が問題視された最大の要因は、森友学園側が安倍首相と昭恵夫人の名前を利用していたからです。昭恵夫人は森友学園の幼稚園を視察し、講演を行っていたほか、新設される小学校の名誉校長に就いていました。安倍首相は了解のないままに、「安倍晋三記念小学校」という校名に名前を使われ、寄付金集めに利用されたということです。安倍首相は同学園に強く抗議し、学園から謝罪があったことを明らかにしています。安倍首相はまた、小学校の認可や国有地払い下げに関して、「私や妻が関係していたということになれば、首相も国会議員も辞める」と断言しました。

森友学園問題は、長期政権をうかがう安倍首相にとって、「蟻の一穴」にならないとも限らない要素をはらんでおり、だからこそ安倍首相は自身の進退にまで言及して、癒着を否定したのです。安倍首相にとって森友学園問題が深刻な理由は、理事長の籠池泰典氏が安倍シンパの人だったことです。籠池理事長は改憲を主張する「日本会議」のメンバーと言われ、森友学園が運営する幼稚園は、幼い園児たちが声を揃えて、「教育勅語」を素読することで有名です。

おそらく籠池理事長は安倍首相を支持するあまり、校名を「安倍晋三記念小学校」に内定し、昭恵夫人を名誉校長に担ぎ出したに違いありません。そうすることが安倍政権への支援となり、学校の知名度にもつながると考え、それが安倍首相の足を引っ張り、「贔屓の引き倒し」になることには、思いが及ばなかったとしか思えません。安倍首相周辺にも安倍政権のサポーターにも、気の弛みがあったと言わざるを得ません。

それにしても、森友学園の幼稚園児が大きな声で「教育勅語」を素読している光景をテレビで見て、さすがの私も驚愕しました。私は、般若心経をはじめとするお経や真言は、意味がわからなくとも、毎日一生懸命唱えていれば、自然にこの宇宙のリズムに共鳴することができるようになり、お経や真言に説かれている仏さまの心が身につくものだと説いています。また、江戸時代には藩校や寺子屋で「四書五経」の素読が重視されました。幼児の頃から「少年老い易く学成り難し、一寸の光陰軽んずべからず」「巧言令色、鮮なし仁」などと一生懸命唱えていれば、自然に道徳をわきまえた立派な人間ができると考えられていたのです。

そういう意味では、森友学園の幼稚園の「教育勅語」の素読・暗誦を戦前の軍国教育に連なると一刀両断にすることはできません。そもそも「教育勅語」は、明治天皇の維新後の道徳衰退に対する憂いを受け、道徳教育の再生を図るために作られたものです。明治天皇が遺された「教育勅語」にまつわる歌があります。「世の中のまことの道の　ひとすぢに　わが国民を　をしへてしがな」――。つまり「教育勅語」には、国民に「世の中のまことの道」を歩ませたいという、明治天皇の切なる思いが込められていたのです。

安倍首相は第一次安倍内閣を発足させたとき、「戦後レジームからの脱却」を掲げ、「美しい国・日本」への再生を訴えました。しかし、第二次安倍内閣発足後は、それらの主張を封印し、アベノミクスによる経済再生一筋に注力してきました。しかし、今回、幼稚園児に「教育勅語」を素読、暗誦させている学園理事長との関係を追及されている安倍首相夫妻を見て、私は安倍首相も昭恵夫人も、心の奥では「戦後レジームからの脱却」と「美しい国・日本」の新生を悲願としていることを再認識した次第です。

（平成二十九年四月号）

新しい道徳教科書は日本の偉人の逸話を音読で親しめる形に！

森友学園問題では、図らずも幼稚園児の「教育勅語」の暗唱が話題になりましたが、現在、小中学校の授業には「道徳の時間」という枠が設定され、生徒たちはそこで道徳を教わっています。しかし、この「道徳の時間」は文部省の検定を通った教科書はなく、通知表で評価されることもありません。ところが、小学校では平成三十年度から、中学校では平成三十一年度から、「特別の教科」として「道徳科」が設けられ、道徳が算数や国語と同じ一つの「教科」となります。当然文部科学大臣の検定に合格した教科書が使われ、通知表には記述式の評価も記されます。

戦前の道徳教育の柱は生徒たちに暗唱させた「教育勅語」が担い、その下流に学校教育の「修身科」という科目がありました。しかし戦後、「忠君愛国」や「親孝行」などを説いた「教育勅語」や「修身」が、軍国日本の温床になったとの批判・反省が出て、戦後間もない時代は、道徳教育は行われませんでした。

その後、昭和二十六年のサンフランシスコ講和条約で日本が独立を回復したのを機に、「道徳を教科として教えなければ、国民の道徳性が低下する」と心配する声が出てきて、賛否両論が渦巻きました。そして昭和三十三年に教科外の授業の一つとして、現在の「道徳の時間」が導入されたのです。来年度から「特別の教科」としての道徳が新たに導入されるのは、昭和三十三年の「道徳の時間」の導入に次ぐ、戦後における道徳の授業に関わる第二の改革と位置づけられます。

しかし、新たな道徳の検定教科書づくりに際して、「パン屋」が「和菓子屋」に書き換えられたという報道に接して、そんな些細なことにこだわるような道徳教科書で、真の道徳教育ができるのかと、私は暗澹たる気分に襲われました。そこには、「教育勅語」に込められていた、「これは古今東西に通じる道徳だ」という自信も矜持もありません。あるのは「重箱の隅を楊枝でほじくる」ように検査する、小役人的な偏狭で卑小なチェック意識だけです。

育鵬社が五年前にパイロット版として刊行した『13歳からの道徳教科書』という本があります。「道徳教育をすすめる有識者の会」の代表世話人である、上智大学名誉教授の渡部昇一さんは「日本人には『岩盤のような道徳』がある」という「まえがき」の中で、「子供はいい話、感激的な話が好きです。……子供は何が良いか、何が悪いかにとても敏感なのです。……優れた人の話を読ませる、これが一番です」と書いています。実際、この本の中には、吉田松陰、中江藤樹、西郷隆盛、聖徳太子、二宮尊徳、上杉鷹山、福澤諭吉といった人たちの道徳教育に資する逸話が、平易な文章で説かれており、生徒たちはその人物により親近感を感じることができるでしょう。

もう一冊、道徳の教科書ではありませんが、十年ほど前に出された『坪内逍遙の國語讀本』(バジリコ社)を紹介します。坪内逍遙は日本の近代文学の先駆けとしてよく知られ、早稲田大学で教えながら、新劇運動にも携わり、日本で初めて「シェークスピア全集」を完訳しています。その逍遙が明治三十三年に、十歳の高等小学校一年生用につくった国語の教科書が『國語讀本』です。

内容は「蒸気機関の発明」「火山」「軽気球」といったサイエンス的な話から、西洋の「裸の王様」とうりふたつの「領主の新衣」や伝説の「羽衣」といった民話的、道徳的な話に至るまで、非常に多岐にわたっています。興味深いのは、坪内逍遙が演劇の大家であったためか、すべての項目が、音読にたえられる文章になっていることです。

第五課の「海流」は次のような文章で始まっています。「陸地を河の流るる如くに、海洋の間を一定の方向に流るる水あり。之を海流と名づく。赤道地方より両極に向って流るるは、暖流にして赤道流と呼び、両極地方より赤道に向って流るるは、寒流にして極流と称す」——。

文語体で若干取っつきにくさはありますが、実際に音読してみると、文章にリズムがあり、内容が頭にすっと入ってくるようです。戦前の子供たちが生涯、「教育勅語」を忘れなかったように、坪内逍遙の『國語讀本』で学んだ明治の子供たちは、終生、そこで学んだ理科、社会、物理、哲学、歴史、人情、民話、道徳のエッセンスを忘れなかったに違いありません。新しい道徳教科書は、日本人として誇りに思える人たちを、音読に適したリズム感のある文章で、親しみやすく解説し、子供たちが終生忘れないような工夫をしてほしいものです。

(平成二十九年五月号)

国民の政治への信頼復活に向け政治家は徳に満ちた光を発せよ！

最近の国内政治の劣化には、目を覆うものがあります。安倍晋三内閣に対する支持率は、依然として五〇パーセント前後を維持していますが、支持理由の相当部分は、「他に代わるべき政党が見当たらない」というものです。責任の野党第一党の民進党に信を置く人が少なく、不承不承、安倍内閣を支持している人が少なくないのです。責任の一端は民進党自身にもあります。一度は総選挙に圧勝、三年三カ月間、政権を担当した民主党は、東日本大震災に伴う未曽有の国難状況に果敢に対応できず、短期間で自民党に政権奪還を許しました。その後、民進党に衣替えしたものの、党勢は衰退の一途を辿っています。

蓮舫代表は就任時に、「何でも反対ではなく、政府の政策に対して提案型の対応をしていく」と明言していましたが、民進党は以前にも増して安倍政権との対決姿勢を取るようになり、国政選挙では共産党と協力する有様です。国会で口を極めて政府を攻撃する民進党の若手議員や女性議員の姿を見て、政権交代可能な二大政党制をあきらめた有権者も少なくないようです。

現在の「一強多弱」の政治状況は、四半世紀前に、「政権交代可能な二大政党制の実現」を錦の御旗に、中選挙区制を廃し、小選挙区制を導入した政治改革によってもたらされました。「一強多弱」状況に安住し、タガが弛んだ自民党の一部議員たちを見て、五つの派閥がお互いに政権を目指して切磋琢磨していた、中選挙区時代の自民党の熱いエネルギー、厳しい権力闘争を思い出す人も多いでしょう。

普通なら、安倍首相が再チャレンジに成功してから四年半が経とうとしている今、「ポスト安倍」が永田町の大きな話題になっても不思議ではありませんが、その姿は鮮明に浮かんでいないのが現実です。その原因として、安倍内閣の支持率が高いことが挙げられますが、小選挙区制を背景とする「一強多弱」状況のもと、自民党が「安倍一強」体制に安住しきっている面もあります。自民党のタガが弛んだのは、大臣待望組が玉突き状態になっている状況下で、安倍首相が安易に改造人事を行った面は否定できません。一国の大臣に起用するからには、人格・識見ともに兼ね備えた人材を起用すべきです。安倍首相は第一次安倍内閣時代、大臣の不祥事による辞任が相次ぎ、それも第一次安倍内閣が短命に終わった要因の一つだと言われました。最近の大臣や政務官の相次ぐ辞任は、当時のことを想起させ、安倍首相の心身に余計なストレスにならないか心配になります。

いずれにしても、最近の与野党の対決状況を見ていますと、政治家の質の劣化を感じざるを得ません。そもそも政治家の本分は何かと言えば、昔から「経世済民」と言われてきました。「世を治め民を救う」という意味です。「経済」という言葉は、これをもとに造られた言葉です。「経済」に似た「景気」の「景」の字は、本来「日の光」という意味で、ひいては「慕い仰ぐ」という意味も含まれています。景気という言葉には、単に世の中の経済状態を言うだけではなく、「光の気」、すなわち「何か徳に満ちた神々しい光があふれる様子」という意味も込められているのです。その意味から言えば、景気をよくするということは、世の中に徳に満ちた光をより多く輝かせるということになるのです。

立派な政治指導者や政治家がまっとうな政治を行い、それを国民が信頼する、という状況がなければ、経済や景気は本質的によくならないのです。したがって、長い目で見れば、日本経済の再生のためには、何よりも政治の信頼回復が必要です。仏さまの光に包まれた有徳の政治家がリーダーシップを取り、政治が国民の信頼を取り戻せば、日本経済も再び活気を取り戻すはずです。

東日本大震災直後、未曽有の国難状況に陥っていた日本も、アベノミクスの断行により、一時的には光を取り戻したかに見えました。しかし、ここへ来てアベノミクスも胸突き八丁に差し掛かり、日本経済の再生にもブレーキがかかった感があります。この難所を乗り越えるには、安倍政権と自民党がここへ来て急落した国民の政治に対する信頼を、全力で取り戻すしかありません。

政治リーダーにはそうした人々を引きつける光が必要です。光を発するリーダーになるためには、国家・国民の幸せや世界平和を願って、日々、密教で言う身口意、すなわち身体と言葉と心をフル回転させることです。国会議員一人ひとりがその努力を重ねれば、日本は経世済民の国として、再生するはずです。（平成二十九年六月号）

明治維新百五十年を前に西郷隆盛と庄内藩の交流に学ぶこと

来年は明治維新百五十年という記念すべき節目の年を迎えます。最近は、薩長や西郷隆盛を批判する書物も出されていますが、鹿児島県民は来年のＮＨＫ大河ドラマ『西郷どん』を心待ちにしています。西郷は幕藩体制を打破するために、江戸に赤報隊を組織し、そのゲリラ的活動で江戸市中を混乱に陥れ、幕府側の江戸薩摩藩邸焼き討ち事件を誘発させて、戊辰戦争に持ち込んだ主導者であったかも知れません。しかし、江戸開城の際、勝海舟と語らい、無血開城を成し遂げたのも西郷です。

開明派の主君・島津斉彬の薫陶を受け、二度にわたる島流しの苦汁をなめながらも、主君の悲願だった明治維新を実現し、不平士族に担がれる形で西南戦争に決起して、城山の露となって果てるまで、西郷は一貫して国家のために奔走した英傑であったと、私は受け止めています。

西郷の真骨頂を示す逸話として、現在の山形県鶴岡市の酒井家・庄内藩と西郷の交流があります。幕末の動乱期に新選組を配下に京都御所を守っていたのが、京都守護職だった松平容保率いる会津藩ですが、新徴組を配下として江戸の警護を担当していたのが庄内藩でした。薩摩藩邸焼き討ち事件は、浪人たちを集めて赤報隊をつくり、江戸の治安を攪乱させた薩摩藩に対して、幕府が江戸市中の取り締まりに当たっていた庄内藩、新徴組に指示して報復させた事件でした。この事件を機に鳥羽伏見の戦いが勃発し、戊辰戦争へと雪崩れ込んでいきます。

会津藩や庄内藩など東北・越後の諸藩は、「奥羽越列藩同盟」を結んで、薩長など官軍側に必死に抵抗します。庄内藩は四千五百人の兵士のうち、二千二百人は農民や町民による民兵でしたが、藩士と領民が一丸となって官軍に抵抗し、一時は官軍も撤退を余儀なくされています。しかし、会津降伏の四日後に庄内藩も降伏に追い込まれました。庄内藩は厳しい処断を覚悟しますが、藩主・領民が一致団結して陳情を重ねたところ、藩名が大泉藩に改称されたものの、転封は免除されました。

庄内藩に対する寛大な措置を指示したのが、西郷でした。そのことを知った庄内藩改め大泉藩の藩主・酒井忠宝は、明治三年に前藩主の兄・忠篤とともに、新政府に対して、藩主・藩士七十八名の西国見学の許可を申請し、それが受理されると早速、忠篤一行は西国巡りの旅に出ます。二ヶ月余りかけて鹿児島へ着くと、別途鹿児島入りした十五人を含め、合計九十三人の旧庄内藩士が西郷に弟子入りし、四ヶ月の長きにわたって鹿児島に滞在、西郷の講話を聴き、軍事教練も受けたのです。その後も旧庄内藩士の鹿児島詣では続き、明治十年、西郷が西南戦争に立ち上がったときには、多く旧庄内藩士が西郷と共に戦おうと、九州を目指しましたが、戦いに間に合わず途中で引き返しています。

西南戦争により逆賊となった西郷の名誉挽回が図られたのは、大日本帝国憲法が公布された明治二十二年のことです。東京・上野公園の高村光雲の手になる西郷の銅像は、明治二十二年から足掛け十年がかりで建造されましたが、銅像建設の発起人に、元庄内藩主・酒井忠篤が名前を連ねています。また、西郷の名誉が回復された翌年には、『南洲翁遺訓』という本が発行されました。旧庄内藩士が西郷から聴いた講話のエッセンスを取り出し、遺訓として一冊の本にまとめたものです。西郷は、「敬天愛人」「子孫のために美田を残さず」をはじめ、数多くの名言、至言を残していますが、その大半は『南洲翁遺訓』から取ったもので、華美に流れる急激な西洋化にも警鐘を鳴らしています。

最後に、鶴岡市に現在も残る庄内藩の藩校「致道館」の意義を指摘しておきます。「致道」は『論語』の一節、「君子学んで以てその道を致す」から取った言葉で、「致道館」では「天性重視」「個性伸張」「自学自習」などをモットーに、荻生徂徠の儒学に基づく教育が行われていました。戊辰戦争の際、庄内藩は「絶対に略奪はせず、食糧調達の際は代金を払う」「敵の捕虜に対しても礼節を守り、丁寧に処遇する」などをモットーに行動し、激戦の後には何人もの僧侶を呼んで、敵の戦死者の慰霊も行ったといいます。

西郷と内藩の交流は、「致道館」仕込みの庄内藩士の気高い武士道精神と、西郷の高潔な人格が共鳴し合っていたのです。致道館の天井下の板壁には、旧庄内藩十六代当主の酒井忠良氏の揮毫による「敬天愛人」と大書された額が飾られており、鶴岡市と鹿児島市は「姉妹都市」を結んでいます。

（平成二十九年七月号）

陽明学者・熊沢蕃山が残した民の人情を忖度する政治家論!

江戸時代初期の陽明学者・熊沢蕃山をご存知でしょうか。「日本陽明学の祖」は、「近江聖人」と呼ばれた中江藤樹ですが、蕃山は藤樹より十一歳年下で、藤樹の直弟子です。陽明学は、「思想を持つだけでなく実践を伴わなければ学問とは言えない」と考える「知行合一」などの思想が特徴の学問で、明の時代の学者・王陽明が創始者です。江戸時代初期に藤樹によって取り入れられ、それを弟子の蕃山がさらに広めたのです。陽明学は幕末の攘夷派・倒幕派の人物にも影響を与え、大塩平八郎、西郷隆盛、佐久間象山なども信奉者でした。松下村塾で高杉晋作や久坂玄瑞などを教えた吉田松陰もその一人でした。

蕃山と藤樹の出会いに関して、面白い逸話が残っています。蕃山が近江を馬で旅していた際、財布を馬の鞍に付けたまま、馬を返してしまいました。しばらくしてから気がついた蕃山が、もう財布は戻ってこないとあきらめかけたとき、馬子が財布を持って返しに来たのです。蕃山が礼金を渡そうとすると、馬子は受け取りません。蕃山がそのわけを尋ねると、馬子は「藤樹先生の教えです」と答えたのです。蕃山は早速、藤樹の門を叩き、弟子入りしたのでした。藤樹のもとで三年ほど、陽明学を学んだ蕃山は、二十六歳のとき、陽明学に傾倒していた備前岡山藩主の池田光政公のもとに出仕し、四年前に全国で初めて開校された藩校「花畠教場」を舞台に精力的に活動を始め、光政公の側近となります。三十二歳のときには、光政公が構想していた藩の庶民教育の場「花園会」の趣意書とも言うべき会の理念・目的を起草しています。これは、蕃山が岡山藩を離れた三年後に、日本初の庶民学校「閑谷学校」として開校し、現在も岡山県立和気閑谷高等学校として残っています。

蕃山はその後も、光政公の篤い信頼を受けて、大洪水と大飢饉の危機からの脱出に奔走したのをはじめ、零細農民の救済、治山・治水対策等の土木事業、農業政策の充実など、藩政改革に果敢に取り組みましたが、守旧派との対立が表面化すると同時に、朱子学を官学とする幕府からも睨まれて、三十九歳で岡山藩を去ることを余儀なくされました。
その後、蕃山は京都で私塾を開きますが、これも幕府に監視された挙げ句、京都から追放処分を受けています。さらに現在の奈良県吉野町や京都府木津川市に隠栖した後、いくつかの藩の預かりとして幽閉され、最後は下総の国・古河城内に幽閉中、七十三歳の生涯を閉じています。四十歳以後の蕃山は、まさに浪々の身で、自由も束縛されながら、陽明学者として粘り強く執筆活動を続けました。蕃山の代表的な著作の一つに、五十歳を超えた頃に書かれた『集義和書』があります。

蕃山はこの本を書いた目的を、「人情時変を知るに便あらん事を思うなり」と書いています。「現実に民を治める武士たちに、人間世界の現実の多様な事態に適正に対応する方法を説く」ために書いたのです。蕃山は、武士のそうした対応が、庶民の生活の安定をもたらすと考えていました。最近流行の言葉を使えば、「民衆を治める武士は、民衆の気持ちや時代の変化を十分忖度しながら対応すべきだ」ということです。

『集義和書』の中身を一つだけ紹介しておきます。「今の世の中には、天下国家の政治に参画するため学問をする人が多いようですが、学者に政治を任せれば、国が安らかに収まり、世の中が平和になるでしょうか」という質問に対して、蕃山は概略次のように答えています。

「どんな学問をする場合でも、現実的な利益を求めて勉学するのは、論外だ。いくら勉強をし知力を増進させても、世間の利害関係の渦の中に入れば、道徳的な高みからは遠いところに身を置くことになる。古来、政治で才能を発揮した人物は、道徳的な知恵と学問的才能を兼ね備え、人情の趨勢や時勢の変化を洞察する力を持った人たちだ。今の世は、その地位に就くにふさわしい身分の人か、一般の人々がこぞって推すような由緒ある家柄の人か、人情のおのずから認める人々の中から、悪徳のない人物を選んでいる。その人物がたとえ無学であっても、政治家になるために学問を重ねたような学者が行う政治よりは優っている」

なかなか含蓄に富んだ意見です。もともと政治リーダーの資質を備えた人物は多くないこと、人の道を学んだ学者では政治家には向かないこと、周囲の人情に自然に認められる人が政治家になるべきだ等々、現在の永田町の多くの政治家にとって耳の痛い話かも知れません。

（平成二十九年八月号）

危険水域に入った安倍政権だが、「ポスト安倍」は「安倍」？

長期政権戦略を展開してきた安倍晋三内閣も、ここへ来て内閣支持率が三〇パーセント前後に急落し、危険水域に入ってきた感があります。支持率低下の原因の一つ、加計学園問題がマスコミで問題視されるようになったのは、三月に参議院予算委員会で社民党の福島瑞穂議員が、「加計学園の加計孝太郎理事長が安倍首相の友人であるために、獣医学部新設の許認可に影響を与えたのではないか」と質問したのがきっかけでした。

すでに森友学園の小学校設立に絡む問題で、批判の矢面に立たされていた安倍首相にとって、加計学園問題が野党・マスコミのさらなる攻撃の材料となり、新たなダメージにつながったのは否めないところです。特に、文科省の天下り斡旋問題で辞任していた前川喜平前文部科学次官が、「加計学園の獣医学部設立は、行政がゆがめられた結果だ」として、安倍首相批判の先頭に立ったことによって、野党・マスコミの追及は厳しさを増したのです。

しかし前川氏は天下り斡旋問題で引責辞任する前に、出会い系のガールズバーへの出入りを厳重注意されていたと、読売新聞に書かれました。そして、ガールズバーに出入りしていた理由については、「貧困女子の実態調査だった」と語ったのです。とても文科事務次官を務めた人とは思えない言動です。

また、通常国会終了後に行われた閉会中審査に出席した、前川氏の先輩にあたる文科官僚ＯＢの加戸守行前愛媛県知事は、加計学園の獣医学部が認められたのは、「(岩盤規制で) ゆがめられてきた行政が正されたものと理解している」と発言し、同席していた前川氏に対して、「なぜ虚構をテレビで話すのか。想像が全て事実であるかのごとく発言をしている。それが国民をそういう方向に持っていくことになる。そのリスクを冒してまで作り話をしなければならない彼の心情を理解できない」と、厳しく批判しました。

加計学園は十年以上前から獣医学部の設立に動き、民主党政権時代にも民主党議員がその支援に動いたこともあったと言います。加戸前知事も愛媛県の悲願として、加計学園獣医学部の誘致に奔走してきた経緯があるのです。それにブレーキをかけてきたのは、獣医師会側と、そのシンパの政治家、文科省です。加計学園問題は、分厚い岩盤規制にドリルで穴を開けるチャレンジが、想定外の抵抗に遭ったということです。加計学園獣医学部の成否は、今後の安倍政権の歴史的な評価にも大きく関わってきます。安倍首相周辺の政治家も加計学園側も、後ろ指を指されぬよう、最大限の努力と注意が必要です。

昨年は伊勢・志摩サミットを議長として仕切り、オバマ大統領の広島訪問を実現するとともに、ハワイ真珠湾での戦没者慰霊も行い、米国大統領選挙に勝利したトランプ次期大統領ともいち早く会談し、年末にはプーチン大統領を郷里の山口に招き、新たな日ロ友好への道筋をつけるなど、安倍首相にとって最も充実した一年だったはずです。

しかし、そこで歴史的な長期政権への足固めをしたはずだったのが、二つの学園に絡む問題で、野党・マスコミから集中砲火を浴び、自らが任命した大臣が相次いで醜態を演じるなど、安倍首相にとっては想定外の窮地に追い込まれることになりました。日本有数の政治家家系に生まれ、国家・国民のために働くという気持ちが人一倍強い安倍首相にも、どこかに人間的な弱さがあったということだと私は感じています。それがトップリーダーとしては弱点として自らの足を引っ張ることにもなりかねないのです。

いずれにしても、安倍首相は第二次安倍内閣樹立以来、四年半、最大のピンチに立たされています。ここでさらに支持率を失うようなことになれば、東京オリンピック・パラリンピックを視野に入れた長期政権戦略も水泡に帰しかねません。ただ、最大野党の民進党は、蓮舫代表が辞意を表明し、前途多難の状況です。民進党など野党に「ポスト安倍」を担う力がないとすれば、自民党内にその候補を探すしかありません。しかし、名前が挙がっている麻生太郎副首相兼財務大臣、石破茂元幹事長、岸田文雄外務大臣といった方々は一長一短があり、国民的な支持を得て「ポスト安倍」を担うことができるか、なかなか難しい面があります。

国際情勢を含めて考慮すれば、ここはさまざまな問題を国民が納得する形でクリアーにした上で、安倍首相に「不惜身命」の心で、もうひとふんばりしてもらうしか、選択肢はないような感じもします。（平成二十九年九月号）

政治の停滞から脱却するため仏心を体現する政治家よ出でよ！

私が昨今の日本の政治状況を見ていて感じるのは、政治家の中に仏教の心を体現する人がいなくなったということです。若手の政治家の中には、人智を超えた存在に対する畏敬の念を、まったく持っていないような人も見受けられます。ひと昔前までの政治家は、そうではありませんでした。中曽根康弘さんなどは、首相在任時代、日頃の激務で疲れた心身を癒やし、明日への活力を漲らせるため、折に触れて、東京・谷中の全生庵という寺で座禅を組んでいました、現在の安倍晋三首相も時々、全生庵で座禅を組んでいます。

ちなみに全生庵は、幕府方の重臣・勝海舟の代理として討幕派の総大将・西郷隆盛と会談し、「江戸無血開城」を実現した山岡鉄舟が、晩年、維新前後に国事に殉じた人々を、官軍・賊軍の区別なく弔うために創建した寺です。敵・味方の区別なく戦没者を慰霊することを仏教では「怨親平等」と言いますが、まさに山岡鉄舟は怨親平等思想を実践した、仏教心を備えた武士でした。

西郷隆盛の「命もいらず、名もいらず、官位も金もいらぬ人は、始末に困るものなり。この始末に困る人ならでは、艱難をともにして国家の大業は成し得られぬなり」という有名な言葉は、山岡鉄舟のことを言った言葉です。山岡鉄舟は仏教の心を体現する人物であったからこそ、西郷隆盛から「艱難をともにして国家の大業を成し得られる人」と、全幅の信頼を置かれたのです。

仏さまの心に基づいた政治と言えば、聖徳太子の政治が想起されます。聖徳太子の政治の理想が示されたのが「十七条憲法」です。一般的には、第一条の「和を以て貴しと為す」が有名ですが、第二条には、「篤く三宝を敬へ。三宝とは、仏・法・僧なり」と書かれています。「仏」とは仏像、「法」とは仏さまの教え、「僧」とは僧侶のことです。聖徳太子は「十七条憲法」の第二条で、仏像と仏さまの教えと僧侶を国の三つの宝として敬えと説いたのです。その言葉に続いて、「三宝は全人類の魂の終局的なよりどころであり、あらゆる国の最高の宗教である。

誰であれ、心の底から悪人であるものは少ない。よく教え導けば、それに従うものだ」と説いています。聖徳太子は当時まだ新思想であった仏教の中に政治の基本理念が含まれていることに気づき、仏心に基づく政治の実践を決意されたのです。

第一条の「和を以て貴しと為す」の後には、「上に立つ者が柔和な心を持ち、下の者が調和して議論すれば、物事の道理は自然と通じるもので、成し遂げられないことはない」と続いており、第四条では、「群卿百寮、礼を以て本とせよ」と書かれています。「上の者に礼がなければ、下の者もまとまらない。すべての官僚に礼があれば、階級の序列も乱れることはなく、人民に礼があれば、国家も自然と治まるものだ」というわけです。

「十七条憲法」には、現代にも通用する政治の基本が示されています。日本の政治は今一度、聖徳太子の原点に立ち帰る必要があるとともに、仏教の心を体現する政治家が求められています。

戦国武将の精神的規範が典型的にあらわれているのが「家訓」です。家訓では、その家のリーダーの心構えや、家を発展させる指導理念が真剣に説かれており、それはその家の領国支配の根本精神となり、家臣や領民の生活の基本原理でした。戦国武将は常に死と隣り合わせの緊張感の中にいながら、リーダーとしての矜持を持って日本の伝統精神を体現し、家臣や領民に手本を示そうとしていました。

西暦一五〇〇年頃、小田原を本拠地に現在の関東南部に君臨した、北条早雲という武将がいます。北条早雲が残した家訓が『北条早雲二十一箇条』ですが、その第一箇条には、「第一仏神を信じ申すべき事」と書かれています。早雲は自ら入道、すなわち仏門に入った人だけに、仏神を信じることを第一に挙げたのは当然ですが、それが鎌倉時代に定められた『御成敗式目』を淵源とする、武家社会に共通する根本原理であったことも確かです。仏神を崇敬することは武士の基本で、武士道精神の根幹となってきたのです。

近代に入り、新渡戸稲造博士が仏教・儒教・神道などが渾然一体となって昇華されている『武士道』は日本独自の道徳だと、欧米に紹介して以来、国際的には日本のリーダーは武士道精神を体現する人だと見られてきました。日本の政治家から武士道の面影が消えつつあることは、日本社会の道徳的衰退を示すものだと、私は真剣に危惧しています。

（平成二十九年十月号）

混乱の船出をした小池新党「希望の党」の〝光と影〟

九月末に衆議院が解散され、十月二十二日に総選挙が行われます。今回の解散・総選挙は解散前から想定外の出来事が相次ぎ、衆議院議員が必死で議席にしがみつく、サバイバル選挙となりました。この状況をつくったのは、解散を決断した安倍晋三首相ではなく、「希望の党」を立ち上げ、代表に就いた小池百合子東京都知事と、党勢の低迷から抜け出すために、民進党の「ガラガラポン」を決断した前原誠司代表です。

小池都知事が国政でも新党を創ることは、既定路線と見られていました。次の総選挙を見据えて、小池知事側近の若狭勝衆議院議員や、民進党からいち早く離脱し小池知事に合流していた細野豪志議員らが、新たな候補者選定を進めていました。ただ、小池知事が自ら国政の新党代表に就任するという見方は、それほど多くはなかったようです。しかし、解散・総選挙がほぼ確定した九月二十五日午後、小池知事は新党づくりを「リセット」し、自らが代表に就任すること、党名は「希望の党」であることを発表しました。それは安倍首相が解散の決意表明をする直前でした。もともとテレビのニュースキャスターから政治家に転身した小池知事一流の演出、パフォーマンスでした。

民進党が離党者続出で分裂含みとなっているすきに、一気呵成に解散・総選挙に討って出て、政権基盤を確固たるものにした上で、歴史的な長期政権に向け新たなスタートを切るという、安倍首相の戦略は、小池知事の参戦によって「待った」をかけられた形となりましたが、安倍自民党にとって小池知事の参戦以上に衝撃だったのは、民進党の前原代表が小池知事との話し合いの末、民進党の公認候補は出さず、希望の党の公認を受けるか、無所属で出るか、二者択一で総選挙を戦うという決断をしたことでした。

前原代表が民進党の両院議員総会でこの決断を披瀝した際、民進党議員からは強硬な反論は出ずじまいで、なんとなく全会一致で了承されたということです。このとき前原代表は、希望の党の公認を求める議員は全員、受け入れられると明言したそうです。しかし、小池知事が憲法改正、安全保障等々、自公政権と大同小異の考え方を持っているのは周知の事実で、左右両派が混在する民進党議員が全員、もろ手を挙げて希望の党に合流するとは、とても思えないというのが、大方の見方でした。

実際、小池代表も「民進党議員の受け入れは合流ということではありません。全員を受け入れる気持ちはさらさらありません」と、強い調子で否定しました。つまり、小池新党入りを希望する民進党議員に対して、憲法改正や安保政策などに関して、厳しい「身体検査」を行うということです。この小池代表の発言に対して、民進党左派議員の中から拒否反応が出て、希望の党からの立候補を拒否する議員も出始め、枝野幸男代表代行は新党「立憲民主党」を立ち上げました。小池知事と前原代表の会談に同席した連合の神津里季生会長も、小池発言に反発するかのように、立憲民主党支持に傾きました。また、小池知事が希望の党の代表に就任し、毎日のようにテレビに出て脚光を浴びていることに、東京都民から冷ややかな目が注がれているようです。特に築地市場の豊洲移転に「待った」をかけられた市場関係者からは、怨嗟（えんさ）の声が上がっています。

小池知事が希望の党の代表に就任直後は、新たな小池ブームが起きる勢いがあり、小池代表自身が都知事の職をなげうって総選挙に出馬するという見方もありました。自民党筆頭副幹事長の小泉進次郎議員などは、「小池さん、出てきてください。その方がすっきりします」と、挑発めいた発言をしていましたが、よほどのことがない限り、小池知事が都政を放り投げて国政に出ることはないでしょう。ただ、ここまで小池新党が脚光を浴び、国民に期待を持たせた以上、希望の党がある程度の議席を確保しなければ、希望の党の今後は茨の道を余儀なくされるのではないでしょうか。

安倍自民党は希望の党の動静に一喜一憂することなく、この約五年間の安倍政権の実績と今後の政策を、粛々と訴えていくしかありません。私は、現在の日本は内外ともに多事多難な国難状況にあり、新しい党に政権を委ねるのはできれば避けたいと考えています。

ただ、今回の総選挙をきっかけに、自民党に代わり得る政権担当能力を持った政党が育ち、文字どおり「政権交代可能な二大政党制」への新たな歩みが始まってくれたらと祈っています。

（平成二十九年十一月号）

安倍首相は「謙虚」より難題克服に全身全霊で取り組むべき

十月二十二日の総選挙で安倍自公政権が圧勝して、第四次安倍晋三内閣がスタートしました。しかし、閣僚人事、党役員人事とも、従来のメンバーがそのまま留任、選挙大勝後の船出にしては、静かな出航となりました。問題は、総選挙圧勝後、安倍首相をはじめ大臣、自民党幹部が、口を揃えて「謙虚に」という言葉を連発した点です。

普通、総選挙に圧勝すれば、その党は悦びに沸き立つものですが、今回、安倍首相の表情は終始こわばっていました。よほど選挙戦中の全国遊説が精神的、肉体的にきつかったのか、安倍政権への逆風を感じて大勝できる確信が持てなかったのか、安倍首相の表情に勝者の昂揚感はまったく感じられなかったのです。

私は、解散が急浮上した時から、日本を取り巻く内外の情勢が多事多難な折、日本の政界が政権交代でも起きて、大混乱に陥るのは避けたいと思っていました。したがって、安倍政権が国民の信を失いかけていたのが事実だとしても、この約五年間、四〇～五〇パーセント前後という比較的高い内閣支持率のもとで、安定政権を実現してきた安倍政権が持続するのがベターだと考え、国民の選択がそこに落ち着くことを祈っておりました。結果的に国民の選択が良識的なところに着地したことで、私は内心、ホッとしたというのが、正直なところです。

先に通常国会が閉会になったとき、安倍首相はそれまでのリーダーシップを前面に、政局をリードしていく態度を改め、政権批判に対しても丁寧に説明していくことを表明しました。

ただ、五年前、第二次安倍内閣を発足させた当時の安倍首相は、臥薪嘗胆の五年間を埋めるかのように、日本経済再生のためのアベノミクスを打ち出し、強いリーダーシップでデフレ脱却に取り組んで、国民の高い支持を獲得しました。そのリーダーシップは、いささか強引ではあっても、どこか国難状況の日本を立て直してくれる、救世主的な光のイメージを伴っていました。それが国政選挙のたびに、安定多数を獲得する結果につながっていたのだと思います。

しかし、この五年間で五回目の国政選挙となった、今回の総選挙における大勝は、安倍首相の心に悦びを隠せない昂揚感より、そこはかとない不安感を与えたと推察します。選挙戦中、全国を遊説して回った安倍首相には、国民の政治に対する不信感が地の底から沸き上がってくるマグマのように感じられたのではないでしょうか。

安倍首相にプレッシャーをかけた政治への不信感は、ただ安倍政権だけに向けられたものではなく、何でも反対に終始し、愚かな内部分裂に至った野党第一党にも向けられたものです。要するに、「安倍一強」状況ができたのは、国民が「他に選択肢がないから」と、安倍首相に政権運営を任せた背景があり、国民の政治不信に対する責任は、本来、与野党ともに負うべきものだったのです。

しかし、日本有数の政治家家系に生まれ、国家・国民のために働くことを宿命づけられた安倍首相は、国民の間に蔓延する政治不信は自らの責任でもあると深刻に受け止め、笑顔を見せることを自制したのです。この五年間、信念を持って「安倍一強政治」を突き進んだ安倍首相が、ここへ来て急に謙虚な姿勢に転じるのは、本来の安倍政治のエネルギーをそぐことにならないか、私はいささか心配をしています。

日本の前途には、多くの難題が山積しています。経済再生、財政再建、地方創生、少子高齢化・人口減少、震災復興・原発事故処理、沖縄基地問題、日米・日ロ・日中・日韓、北朝鮮の拉致・核・ミサイル問題等々、多くの難題が山積しているほか、混迷の色を深めている国際情勢への対応にも万全を期さねばなりません。

これら難題への対応は、政権の姿勢が「謙虚」になったからといってスムーズに運ぶものではなく、むしろ、首相自らが強いリーダーシップを発揮して、不惜身命の心で取り組まねばなりません。その意味では、安倍首相が外交面で掲げる「地球儀を俯瞰する外交」の心意気が大事であり、国内でも「日本列島を鳥瞰する内政」という視点で、これまで以上にリーダーシップを発揮し、日本再生の道筋をつけるべきです。

安倍首相には来年の自民党総裁選や、桂太郎首相の在任記録を抜くことなどは、ひとまず脇に措いて、国家・国民のために不惜身命の心で政治に邁進するという、政治家としての原点に立ち帰り、謙虚な中にも気概を持って、政治課題に全身全霊で取り組んでほしいものです。

（平成二十九年十二月号）

平成三十年（二〇一八）

二月　平昌冬季五輪
三月　米中貿易摩擦が激化
四月　南北首脳会談
六月　米朝首脳会談（史上初）、大阪北部地震
七月　西日本豪雨、オウム死刑囚らの刑執行
九月　インドネシア沖地震
十一月　日ロ首脳会談で北方領土問題に転機

引退を余儀なくされた横綱日馬富士暴力事件の〝舞台裏〟

歳末ムードが強まる中、大相撲界を震撼させたのが、横綱日馬富士関の暴行事件と、それに伴う引退劇でした。私は貴乃花一門の応援団を務めており、今回の事件は決して他人事(ひとごと)ではありません。事件は九州場所が始まる三週間ほど前の十月下旬、巡業中の鳥取で起きました。地元の相撲関係者と白鵬関、日馬富士関、鶴竜関の三横綱をはじめモンゴル出身力士との宴席が設けられ、貴乃花部屋のモンゴル出身力士、貴ノ岩関もその席に参加したのです。

貴乃花親方は日頃から、モンゴル出身力士同士の酒席などでの親密な付き合いは、本場所の土俵での真剣勝負に疑念を持たれかねないと、貴ノ岩関がそうした宴席に出ることにストップを掛けていたようです。その日は地元の相撲関係者が、貴ノ岩関の母校、鳥取城北高校の相撲部の関係者であり、参加を認めたようです。宴席は和気あいあいのうちにお開きとなり、事件は店を変えた二次会の席で起きたのでした。

日馬富士関が貴ノ岩関に先輩力士との付き合い方について、叱責(しっせき)・指導・忠告を始めたところ、貴ノ岩関がスマホをいじって真面目に聞いていなかったため、日馬富士関が切れて殴りかかり、途中で白鵬関が止めに入ったものの、結果的に貴ノ岩関は頭頂部を十針ほど縫う大ケガを負ったのです。ただ、その後、現場で日馬富士関と貴ノ岩関は話し合い、事を荒立てないよう合意していたといわれ、実際、貴ノ岩関は親方に事件を報告せず、その後も、巡業の稽古に出たり、親方とともに地元関係者への挨拶回りをしていたのです。

その後、頭の大ケガの影響が出てきたためか、貴乃花親方が貴ノ岩関の異常に気づき、貴ノ岩関から事の経緯を聞いた上で、これは傷害事件だとして、鳥取県警に被害届を出したのです。貴乃花親方が全くの独断で警察に被害届を出し、協会への報告を意図的に怠っていたとすれば、親方にも非があったと言わざるを得ません。日本相撲協会は公益財団法人であり、貴乃花親方に言うに言われぬ正当な背景があったにしても、やはり理事の一人として、「和」を保ちつつ、事件の最も真っ当な解決を図る努力をすべきでした。

ただ、貴ノ岩関は母親を八歳の時に、父親を鳥取城北高校に入学した直後に亡くしており、高校を卒業し角界入りした後は、貴乃花親方夫妻が親代わりとなってきた経緯があります。しかも、貴ノ岩関は貴乃花部屋にとっては待望の初めての幕内力士でした。貴ノ岩関が暴力で大ケガをしたとわかったとき、親代わりを任ずる貴乃花親方が激怒し、すぐに鳥取県警に被害届を提出した気持ちも、理解できる気がします。

日馬富士関は引退の記者会見で、暴行を振るった理由について、「先輩横綱として、弟弟子が礼儀、礼節がなっていないとき、それを正し、直し、教えてあげるのが先輩の義務だと思って叱った」と語りましたが、礼儀、礼節を教えるにしては、いささか度が過ぎます。大相撲界には昔から、稽古で徹底的にしごき、かわいがる慣習がありますが、頭に大ケガを負わせるのは行き過ぎです。

根はもっと深いという見方もあります。今年の初場所は、稀勢の里関が悲願の初優勝を果たし、横綱昇進を決めた場所でしたが、十三日目までは、稀勢の里関が一敗、白鵬関が二敗で、優勝を争っていました。十四日目の白鵬関の相手は東前頭十枚目の貴ノ岩関で、初顔合わせでしたが、何と貴ノ岩関が寄り切りで初金星を挙げ、稀勢の里関の初優勝が決まったのでした。

初顔合わせで最強横綱白鵬関を圧倒して、稀勢の里関の初優勝、横綱昇進を援護するなどということは、普通のモンゴル出身力士には、なかなかできないことでしょう。常日頃から、モンゴル出身力士の「互助会」的雰囲気を快く思っていない貴乃花親方の薫陶を受けてきた貴ノ岩関だからこそ、白鵬関の一瞬の油断を衝くことができたのでしょう。しかし、その勝利が今回の日馬富士関の暴行事件の遠因ではないか、という見方もあるのです。

今回の暴行事件に同席しながら、しばらく傍観していた白鵬関への風当たりが強まっています。成績的には、白鵬関は双葉山関に匹敵する横綱ですが、どうしても双葉山関にはなれない部分があります。立ち合いのかち上げや張り差し、土俵際の駄目押し、懸賞金の受け取り方等々、どうしても薄皮一枚足りないのです。日馬富士関が引退し、鶴竜関も稀勢の里関も次の場所が進退をかけた場所になります。今回の事件の着地次第では、大相撲人気に再び翳りが出て来る心配があります。

（平成三十年一月号）

明治維新百五十周年に改めて脚光浴びる西郷隆盛の人物像!

明治維新から百五十年という記念すべき年を迎えました。ＮＨＫ大河ドラマは『西郷どん』です。明治維新百五十年周年と、大河『西郷どん』のスタートに合わせて、改めて西郷隆盛にスポットライトが当たっています。『正論』二月号には、文芸評論家・新保祐司さんの「西郷隆盛『凡人の道』に惹かれた天才」という一文が掲載されています。「天才」とは、昭和四十五年十一月二十五日、陸上自衛隊市ヶ谷駐屯地に乗り込み、割腹自殺を遂げた、三島由紀夫のことです。三島は自決に先立つ二年半前、産経新聞の「明治百年を考える」欄に、上野公園に立つ高村光雲作の西郷の銅像に語りかける形の、「銅像との対話」という一文を寄せていました。その冒頭、三島は「西郷さん」と呼び掛けながら、次のように書いていたのです。

《明治の政治家で、今もなお「さん」づけで呼ばれている人は、貴方一人です。その時代に時めいた権力主義者たちは、同時代人からは畏敬の目で見られたかもしれないが、後代の人たちから何らなつかしく敬慕されることがありません。あなたは賊として死んだが、全ての日本人は、あなたをもっとも代表的な日本人として見ています》と。

そして、三島はこれまで自分は西郷さんがなぜ人気があり、偉いのかがよく理解できなかった、西郷さんの心の美しさの性質がわからなかった、と告白しながら、西郷さんの人気、心を、こう解き明かしています。

《あなたの心の美しさは、日本人の中にひそむもっとも危険な要素と結びついた美しさです。この美しさをみとめるとき、われわれは否応なしに、ヨーロッパ的知性を否定せざるをえないでしょう。あなたは涙を知っており、力を知っており、力の空しさを知っており、理想の脆さを知っていました。それから、責任とは何か、人の信にこたえるとは何か、ということを知っていました。知っていて、行いました。この銅像の持っている或るユーモラスなものは、あなたの悲劇の巨大を逆に証明するような気がします》

この下りを読むと、三島が西郷さんの銅像の下にひざまづき、涙しながら語りかけているような光景が浮かんできます。三島は最後に、銅像の西郷さんが三島に語りかける、意表をつく場面でこの一文を閉じています。

《三島君。おいどんはそんな偉物ではごわせん。人並みの人間でごわす。敬天愛人は凡人の道でごわす。あんたにもそれがわかりかけてきたのではごわせんか?》

新保さんは、「天才中の天才」の三島が西郷さんの「凡人の道」に傾倒するに至ったのは、三島が真の「天才」だった証しだと結論づけています。新保さんはさらに、その三島の気づきは、評論家の故江藤淳さんの『南洲残影』に通底すると指摘しています。

『南洲残影』は平成十年に出された本ですが、江藤さんはその翌年に自らを「形骸」と表現して自殺しています。『南洲残影』は江藤さんの遺書と言っても過言ではありません。江藤さんは、西郷さんが西南戦争に決起したのは、日本という国家を護る大義のためであり、西洋人に侮られ、新政府の高官たちに喰い物にされて、亡国の危機に瀕している日本に殉ずること以外に、西郷さんの「条理」はなかったと結論づけています。『南洲残影』の中に、無謀な挙兵に疑問を抱きつつ、結局、西郷さんと運命を共にした薩摩の軍人・永山弥一郎の独白が出てきます。

《(日本の)崩壊と頽落を死を賭して防ごうとした者どもがいたという事実そのものによって、国の崩壊を喰いとめねばならない。何故なら、このように死んでいった人々の記憶は、かならず後世に残るからである。……ならば後世の記憶となるために死のう。西郷先生を、独りで死なせるわけにはいかないではないか》

江藤さんは、西南戦争における西郷軍のこの精神は、後の帝国陸軍の精神の規範となり、帝国陸軍は死と滅亡に向かって進んでいったのだ――と推論されています。

最近、明治維新前後の歴史の見直しを迫る本が相次いで出版されており、従来の薩長中心の史観に立てば、薩摩の西郷さん、大久保さん、長州の桂小五郎、高杉晋作、伊藤博文、土佐の坂本龍馬などは、明治維新の英傑でありますが、最近の見直し史観では、それらの英傑は単なる「テロリスト」と位置づけられているのです。

いずれにしても、大河ドラマ『西郷どん』が、西郷さんをどのように描いてくれるのか、鹿児島県人として楽しみにしています。

(平成三十年二月号)

平穏な社会情勢のもとでの生前退位、新天皇の即位を願う！

平成三十年がスタート致しました。今年の年明けは、昨年後半には一触即発状況にあった北朝鮮の核・ミサイル問題が、韓国の平昌で開催される冬季オリンピックが北朝鮮と韓国の南北合同出場となったためか、一時的に静かになっており、政治・経済的には予想外に静かな幕開けになった印象があります。

ただ、全国各地を襲っている記録的な豪雪、異常低温は、日本列島を震えあがらせています。

平成三十年の日本社会の動静について、私がもっとも注視しているのは、「時代の変わり目」という点です。来年四月三十日に今上天皇が退位され、翌五月一日に現在の皇太子殿下が天皇陛下に即位されて、新しい元号がスタートします。日本にとっては、天皇陛下が代わり、改元が行われるという変わり目は、単なる時代の変わり目ではありません。青天白日のもとに、国家・国民が一体となって、粛々と新しい御世を迎えることが求められるのです。

新しい元号の決定については、政府は「あまり早く決定すると、スタート時に盛り上がらない」との懸念から、「来年に入ってからでもいい」という姿勢のようですが、私は元号に込められる理念、希望、誓願の内容が、国民の心にストンと落ちるかどうかがいちばん大事だと考えます。

ちなみに「昭和」の出典は、『書経』の中の「百姓昭明、協和万邦」で、「国民の平和と世界の共存繁栄」を願ったものであり、「平成」の出典は、『史記』の「内平かに外成る」と、『書経』の中の「地平かに天成る」から取ったもので、「内外、天地とも平和が達成される」という願いが込められており、改めてその崇高さに頭が下がる思いがします。その意味では、新元号の決定時期に関しては、「盛り上がり云々」はそれほど考える必要はないと思います。

私が今年の日本社会の動静に注視しているのも、来年の生前退位が大きな混乱なく粛々と行われることを願っているからに他なりません。しかし、昭和、平成という直近二回の改元前後の社会情勢を振り返ってみると、決して平穏な時代状況のもとで新しい御世が迎えられたわけではありません。

昭和元年は一週間足らずで終わり、事実上、昭和がスタートしたのは昭和二年からでした。この年は日本経済にとって大変な年でした。ニューヨーク発の世界大恐慌が始まったのは、昭和四年十月のことですが、日本ではすでに昭和二年に金融恐慌が起きています。金融恐慌の処理を誤った第一次若槻礼次郎内閣は総辞職し、次の田中義一内閣は金銭債務支払い延期緊急勅令を発し、三週間のモラトリアム（債務支払い猶予令）を実施して、何とか急場乗り切りを図ったのでした。この年の七月、芥川龍之介が「何か僕の将来に対する唯ぼんやりとした不安」を理由に自殺をしていますが、昭和二年は金融恐慌による経済混乱が大きな社会不安をもたらし、先の見えない閉塞状況が広がった年だったのです。そして、日本は閉塞状況の打開の道を満州に求め、翌年、満州某重大事件と呼ばれた張作霖爆殺事件をきっかけに、満州に版図を広げていったのでした。

では、平成のスタート時はどうだったのでしょうか。昭和の末期、日本は戦後の高度経済成長の最後の徒花ともいうべき爛熟のバブル経済に踊り、昭和が終わろうとしていたときも、東証株価は騰がり続けていました。

しかし、昭和の終わりと並行する形で、リクルート事件が表面化し、元号が平成に変わった平成元年には、リクルート社創業者の江副浩正元会長、NTTの真藤恒初代会長、元文部事務次官、元官房長官などが逮捕されたり、在宅起訴されたり、一大疑獄事件となったのでした。

当時の竹下登内閣は、リクルート事件に直撃されて、平成元年六月に、在任約一年半で総辞職を余儀なくされ、後継の宇野宗佑内閣は、女性問題を暴露され、参院選に惨敗して、わずか五十日で退陣の憂き目を見ることになります。さらに平成元年で忘れてならないことは、この年からオウム真理教事件が表面化したことです。

昭和、平成のスタート時の社会情勢を振り返ってみると、両方とも決して順風満帆の中で新しい天皇陛下を戴き、新しい御世が始まったわけではなかったのです。

私は、新天皇陛下が国民統合の象徴として、少しでも平穏な時代状況のもとで即位され、国家・国民の幸せに深く寄り添っていただくことを、願ってやみません。

（平成三十年三月号）

「首相への敬意」をマスコミに説いた〝後藤田発言〟！

国会では森友・加計問題、働き方改革に関連して厚生労働省が出した不適切データ問題等々、相変わらず野党の執拗(しつよう)な政府追及が続いています。

つい一年半前、民進党代表に就任した蓮舫参院議員が、「自公政権の政策に対して対案を出し、しっかり議論していく」と抱負を述べていたことが、まるで夢か幻のようです。

ここ五年の離合集散により、野党は軒並み「反対のための反対」政党に先祖返りしてしまった感があります。

一方、昨年、森友学園問題で一気に危険水域と言われる三〇パーセント前後まで急落した安倍晋三内閣の支持率は、その後、総選挙での圧勝、新たな野党の混迷を背景に回復傾向をたどり、今や森友学園問題以前の支持率を取り戻した感があります。「何でも反対政党」の野党には、多くの有権者も失望しているのではないでしょうか。

安倍首相はこの秋、自民党総裁に三選されれば、任期はさらに三年延びます。その間、選挙で惨敗するとか、大きな不祥事が表面化するといった緊急事態がなければ、東京オリンピック・パラリンピックの翌年、二〇二一年秋まで首相を務めることになり、最初の在任一年を含めると、桂太郎首相を抜いて、日本の憲政史上、最長の在任期間となります。

しかし、安倍首相の前途は楽観を許さない状況です。昔から、「禍福は糾える縄の如し」と言い、人生の不幸と幸福はかわるがわるやってきますから、第二次安倍内閣発足から五年あまり、順風満帆の航海を続けてきたとしても、油断は禁物です。

特に来年は今上天皇が退位され、新天皇が即位されて、新しい元号がスタートする大事な年であると同時に、東京オリンピックが翌年に迫る年ですから、政治の混乱は何としても避けたいところです。

少なくとも、自民党内の結束が乱れるような事態にならぬよう、細心の注意を払う必要があります。

また、安倍首相には「自分が首相在任中に解決を図る」と明言された、北方領土問題・日ロ平和条約、さらに北朝鮮との拉致問題解決などを実現する使命があります。首相としてそれらの悲願を達成するためには、どうしてもこの秋の総裁選をクリアーしなければなりませんが、そのメドは立っているのでしょうか。安倍首相は今、一つの正念場を迎えています。

正念場の安倍首相にとって天敵ともいうべき存在は、国民に一定の影響力を持っているマスコミです。自民党が政権を奪還した二〇一二年暮れの総選挙を含めて、この五年数カ月の間に安倍首相は総選挙三回、参院選二回、合計五回の国政選挙を戦って、いずれも圧勝しています。そういう状況下で、大手マスコミが必死に「安倍おろし」を煽っても、有権者の胸に響くことはないでしょう。

マスコミは「不偏不党」を建前にしていますが、現状の報道姿勢はとても「不偏不党」とは言えません。森喜朗政権の末期、森首相がマスコミの集中砲火を浴び、結局、退陣に追い込まれたことがありました。当時、政界のご意見番のような存在だった後藤田正晴さんが、月刊誌『新潮45』の「『総理の資質』とは何か」というインタビューで、マスコミに対して次のような言葉で自重（じちょう）を求めておられました。

「森総理ほどマスコミの批判の的になる政治家も少ない。しかし、マスコミもよくない。今は政治も経済も教育も乱れているが、みんな多少、おっかなびっくりしている。それはマスコミの批判を受けるからだ。しかし、マスコミは批判を受けない。これが良くない。一方に流れすぎる。マスコミは、一国の代表者に対しては、それなりの敬意を表しながら、厳しい批判をするということでなければならない。しかし、片言隻句を捉えて、一から十まで批判するのは、マスコミの正しい態度ではない。それでは物を言えない。言いたくなくなる」と。

後藤田さんはマスコミにも一定の節度を求められたのです。現在のマスコミは「不偏不党」の理念を遵守することより、権力の腐敗・暴走をあばくことに力点を置いている感が否めません。これでは真に節度ある報道はできないと思います。

いずれにしても、マスコミには、ジャーナリズムの気概と矜持を持って、不偏不党の報道に邁進してほしいものです。

（平成三十年四月号）

安倍首相は朝鮮半島の新たなパラダイム構築に全力で取り組め

平昌オリンピックを機に浮上した、朝鮮半島の南北対話は、予想以上の速さで進展しています。南北首脳会談、米朝首脳会談の決定に続いて、世界をアッと驚かせたのが、金正恩委員長が突如、夫人と共に専用列車で北京を訪問し、習近平国家主席と初の中朝首脳会談に臨んだことです。かつて中国の支援を受けながら朝鮮戦争を戦った北朝鮮は、朝鮮戦争の休戦以後は、重要な決断を行動に移す場合は、常に中国の了解を取って行動してきました。近年は中国が経済大国となるにしたがって、韓国との関係を深めてきた経緯があり、中朝関係はかつての蜜月時代とは変わりつつありました。

しかし、北朝鮮がミサイル・核開発路線から非核化路線に転進を図る以上、永年〝血盟の関係〟を続けてきたサポーター・中国に、事前にその主旨をきちんと説明し、了解を取っておく必要があったのです。金正恩委員長としては初めての北京訪問であり、双方が夫人同伴で挨拶を交わす場面では、お互いに笑顔が見えましたが、首脳会談の席では、習主席の話を必死にメモ帳に書き取る、金委員長の緊張した姿が報じられました。

いずれにしても、南北首脳会談、米朝首脳会談が行われるこの四月から五月にかけて、朝鮮半島情勢は劇的に変わる可能性があります。少なくとも、昨年から今年初めにかけて危惧されていた、朝鮮半島での一触即発の危機的状況は、ひとまず回避されたと見ていいでしょう。

問題は日本の立場です。今回の南北間の友好ムードの醸成から、米朝首脳会談の決定に至る動きに関しては、日本政府は半ば「蚊帳の外」に置かれていた感があります。金正恩委員長の訪中についても、北朝鮮から訪中した要人が誰なのか、日本側は特別列車が北朝鮮に戻るまで、特定できていなかったのではないか、という見方まであります。安倍晋三首相は「私の在任中に拉致問題は解決する」と明言されていますから、北朝鮮のパラダイム転換によって、拉致問題が解決の方向に動き出すことは望ましいはずです。ただ私はここで、「ジャパン・パッシング」（日本素通り）という言葉を想起します。戦後日本がアメリカの「ジャパン・パッシング」に最も衝撃を受けたのは、佐藤栄作政権の末期に、アメリカのニクソン大統領が日本の頭越しに、初めて中国との国交開始を決断したときで、当時、「ニクソンショック」と言われました。当時のアメリカは泥沼化したベトナム戦争から「名誉ある撤退」をし、世界の盟主として新しい国際秩序を構築していく必要がありました。ニクソン大統領が目をつけたのが、当時、ソ連と対立していた大国、中国でした。ニクソン大統領は新たな国際秩序を構築していくパートナーとして中国を選び、腹心のキッシンジャー補佐官を秘密裏に中国に派遣するなどして、米中和解を成し遂げたのです。その間、同盟国日本には何の連絡もしていなかったと言われています。

佐藤首相は、米中接近の流れの中で、沖縄返還を成し遂げ、後にノーベル平和賞を授与されますが、在任時には結局、日中国交回復に手を付けることはできず、日中国交正常化、平和友好条約の調印は、田中角栄首相、福田赳夫首相の時代を待たねばならなかったのです。

佐藤首相は安倍首相の大叔父に当たります。現在の北朝鮮問題で、日本が米国、中国の連携の埒外に置かれ、南北接近状況が「寝耳に水」状況にあるとすれば、安倍首相は大叔父・佐藤栄作首相と同じ苦い思いを味わっていることになります。現在、安倍首相は森友問題で、野党やマスコミの集中砲火を浴びながらも、内閣支持率三〇パーセント前後を死守していますが、内心忸怩たる思いだと拝察します。このまま退陣を余儀なくされるようなことになれば、日本経済の再生、地方創生、働き方改革、北方領土返還と日ロ平和条約の締結、拉致問題の解決等々、鳴り物入りで掲げた政策の多くが、中途半端で終わる可能性があります。安倍首相にはそれを許さない気迫が、まだ残っているはずです。

安倍首相がこの切所（せっしょ）を乗り切るには、これまで首脳外交で築いてきた世界の人脈を最大限生かして、現在進行中の朝鮮半島の新しいパラダイム構築に、全身全霊で携わっていくことです。日本と朝鮮半島の交流の歴史は、愛憎半ばする関係にありますが、日本はその愛憎のＤＮＡを生かして、真剣に朝鮮半島の平和と安定のために貢献する姿勢を打ち出すべきです。この数カ月間は、北東アジアの将来にとってとても大事な時です。安倍首相にはその真ん中で身を粉にして働いてほしいものです。

（平成三十年五月号）

いま政治家・官僚に求められる山岡鉄舟の「深沈厚重・磊落豪雄」！

四月末に板門店で行われた南北首脳会談を機に、新たな北東アジアの枠組みづくりが始まる可能性が出てきました。日本は国家戦略として、新たな北東アジアの平和に、積極的に参画していく覚悟を持たねばなりません。それにしても、この一年数カ月の日本の政治状況を振り返って感じるのは、政界・官界に有徳の士が、目に見えて少なくなってきていることです。それは政権側の人材のみならず、政権を批判、追及する側にも言えることです。

徳川家康と同時代の人物で、中国は明の時代末期の有能な官僚、呂新吾が書いた『呻吟語』という名著があります。没落していく大帝国・明の官僚が、まさに「うめき苦しみながら書いた書」です。呂新吾はその中で、有能なリーダーの人格として、次の三つを挙げています。

第一等の人格は、どこまでも深く、しっとりと落ち着き、限りない内容を秘めている「深沈厚重」の人物です。第二等の人格は、小さな型にはまらず、気迫に満ち、スケールが大きい「磊落豪雄」の人物です。第三等の人格は、頭がよくて才があり、弁舌が立つ「聡明才弁」の人格です。呂新吾は「あとは平凡な人格で、リーダーには適さない」と言っています。今の日本の国会に、第一等から第二等、第三等の人格を備えた人が多かったら、政治はもう少し粛々と進むのではないかと思います。

現在、NHK大河ドラマで、『西郷どん』が放映されています。キリスト者の内村鑑三が『代表的日本人』の中で、西郷を「武士の最大なるもの、また最後のもの」と言い、「武士の鑑」とまで絶賛していますが、その西郷が「命もいらず、名もいらず、官位も金もいらぬ人は、始末に困るものなり。この始末に困る人ならでは、艱難をともにして国家の大業は成し得られぬなり」と、その「不惜身命」の生き方を絶賛したのが、幕末から明治半ばにかけて、「深沈厚重」「磊落豪雄」の人物として活躍した、旧徳川幕臣の山岡鉄舟です。

西郷よりいち早く、鉄舟が「不惜身命」の人であることを見抜いていたのが勝海舟です。明治維新の年の三月、静岡まで進軍していた西郷率いる官軍が、そのまま江戸に総攻撃を開始したら、江戸が火の海になることは必定です。勝海舟は幕府側の恭順の意を示した手紙を、側近の山岡鉄舟に持たせて、静岡の西郷のもとに向かわせたのです。ただ、勝海舟が偉かったのは、山岡鉄舟に薩摩藩士・益満休之助を同行させたことです。益満は西郷の命令を受けて、江戸で倒幕運動の画策をしていた男で、幕府に身柄を拘束されていました。勝海舟はその益満の身柄をもらい受け、山岡鉄舟の静岡行きに同行させたのです。

益満が同行していたとは言え、単身で敵の総大将・西郷のもとに乗り込んだ山岡鉄舟は、勝海舟になり代わって、江戸城総攻撃の中止と江戸の無血開城を取り決めました。一般的に、江戸が火の海にならずに済んだのは、西郷と勝海舟のおかげだと言われていますが、その陰には山岡鉄舟という「不惜身命」の人物がいたのです。

山岡鉄舟は幕臣の家に生まれていますが、数えで十五歳になった折りに、自らの戒めの言葉として書き記した『修身二十則』という文章があります。

《神仏、ならびに目上の人を粗末にしてはならない／自分にとって快くないことは、他の人にもそれを求めてはならない／自分の力の及ぶ限り、善いことに力を尽くすべきである／自分の名誉や利益だけのために、学問や技芸を習ってはならない／自分の善行を誇らしげに人に自慢してはならない。何ごとも自分の心に恥じないようにつとめるべきである》——。

江戸時代の武士の子弟のレベルの高さを感じます。江戸時代の武家社会には、子供の頃から厳しい掟が課されており、リーダーシップという面では、現代よりはるかに優れた土壌があったような気がします。

山岡鉄舟は、明治新政府のもとでは、一転、侍従として明治天皇に仕えました。旧幕臣の中には、「変節」と非難する人もありましたが、鉄舟はその批判を「仏教の小乗を知って、大乗を知らぬ人の言い分」だと一蹴し、最後まで「不惜身命」の生き方を貫きました。

晩年、山岡鉄舟は維新の戦争で亡くなった武士を弔うために、東京・谷中に全生庵を建立しています。全生庵は、中曽根康弘さんが総理時代に座禅に通ったお寺ですが、山岡鉄舟の、非業の死を遂げた戦死者に対する至誠の気持ちが、彼の死後も多くの愛国者たちに支持され、評価されてきたことは、周知の事実です。（平成三十年六月号）

朝鮮半島新時代に臨む日本に欠かせない雨森芳洲の「誠信」の外交！

今年も梅雨の季節となりました。日本列島が鬱陶しくなっているのは、梅雨入りのせいだけではありません。昨年の春以来、政治の世界を覆っている森友・加計学園問題の暗雲が、依然として垂れ込めているからです。

冷静な目で見て、森友・加計学園問題は、安倍晋三政権側に「李下に冠を正さず」という古代中国以来の箴言をないがしろにしていたという落ち度は、多少なりともあったと思いますが、かつてのロッキード事件やリクルート事件のような、政権の屋台骨を揺るがした疑獄事件とは、本質的に異なるのではないかと、私は思います。

昨今、日本を取り巻く国際情勢は急展開しつつあります。その最大要因は、いうまでもなく朝鮮半島情勢です。本来なら、安倍総理はこの五年半の間に「地球儀を俯瞰する外交」で培ってきた、国際的な人脈を駆使して、米朝首脳会談後の朝鮮半島の非核化、南北朝鮮の融和、日朝間の拉致問題解決、北朝鮮への経済協力等々の諸問題の舵取りに、一意専心しなければならない時なのです。

朝鮮半島は日本にとって、まさに「一衣帯水」の土地であり、歴史的に密接なつながりがあります。日本と朝鮮半島との親善友好のために汗を流した人も少なくありません。中でも日本側の人物として忘れてならないのは、江戸時代中期の人、雨森芳洲です。

雨森芳洲の名前がよく知られるようになったのは、平成二年五月に、当時の盧泰愚(ノテウ)大統領が来日したときの、宮中晩餐会がきっかけでした。

天皇陛下からの、「江戸時代には、朝野を上げて朝鮮通信使を歓迎しました」というお言葉に対して、盧大統領は「二百七十年前、朝鮮との外交に携わった雨森芳洲は、誠意と信義の交流を信条としたと伝えられます。彼の相手役であった玄徳潤(げんとくじゅん)は、東莱(とんね)に誠心堂を建てて日本の使節をもてなしました」と、雨森芳洲のことに触れ、さらに、「雨森芳洲は現代の韓国で最も賞賛されている日本人の一人です」と、芳洲を称えたのでした。

東萊というのは、釜山の近くにある温泉地です。江戸時代に日朝関係の親善友好のために、朝鮮側の窓口だった玄徳潤は、釜山郊外の温泉地に誠心堂という迎賓館を建築し、日本からの使節を歓待したのです。

雨森芳洲は近江の国（現在の滋賀県）の医者の子として生まれ、少年時代に京都で医学を学んだあと江戸に出て、朱子学の木下順庵に弟子入りし、同門の新井白石、室鳩巣らとともに、木下門下の秀才と将来を嘱望されました。その後、対馬藩に召し抱えられ、儒学者として藩主、藩士たちに講義を行うほか、海峡越しに隣接する朝鮮との外交・貿易などを担当していました。

三十歳の時に、朝鮮担当部補佐役に就き、初めて朝鮮に渡り、日本人が常駐する釜山の「倭館」に滞在して、朝鮮語をマスターし、朝鮮側が作成した日本語辞典『倭語類解』の編集に協力したり、自ら朝鮮語入門書『交隣須知』を作っています。

その結果、朝鮮語、中国語に通じ、通訳なしで朝鮮語で意見交換ができるようになり、釜山から対馬を経由して江戸までを往復していた朝鮮通信使に随行して、江戸に上ることもしばしばあったようです。そういう経験を積み重ねていく間に、雨森芳洲は独自の外交の要諦を身に付けていったのです。

雨森芳洲が残した有名な朝鮮外交の要諦は、「朝鮮交接の儀は、第一に人情・事勢を知り候事、肝要にて候。互いに欺かず争わず、真実をもって交わり候を、誠信とは申し候」で、「国によって風儀も嗜好も異なるので、日本側の物差しだけで接しては、必ず不都合が生じる。相手国の歴史・言葉・習慣・人情・作法などをよく理解し、尊重して、誠信の交わり、すなわちまごころの外交を行うべきである」という意味です。

こういう心構えで朝鮮の外交官らと交流したわけですから、信頼されました。朝鮮通信使の一員として、雨森芳洲と親しく交流した使節の一人は、芳洲のことをこう謳っています。「立派な学者が僻地に住んでいることは惜しいことだ。／君の才能に優るものはない。／客を応接し礼をつかさどって、儀に欠けるところなし」――。

最後に、雨森芳洲は豊臣秀吉の朝鮮征伐を、「豊臣家無名之師を起こし、両国無数之人民を殺害せられたる事に候」と厳しく批判していたことを指摘しておきます。日本は決しておごることなく、雨森芳洲の「誠信の心」で朝鮮半島情勢に向き合ってほしいものです。

（平成三十年七月号）

サッカーW杯での西野采配は「武士道精神」の発露でもあった！

今回のサッカーワールドカップ・ロシア大会における、日本チームの決勝リーグ進出を決めたポーランド戦の戦いぶりは、世界のサッカー史にも長く語り継がれる出来事になったようです。今回のワールドカップでは、日本は直前に代表監督を外国人から西野朗監督に代えたり、直前のテストマッチで外国勢に三連敗したために、「本番も三連敗で一次リーグ敗退」を覚悟しました。

ところが、緒戦のコロンビア戦の試合開始直後に神風が吹きました。コロンビア選手がゴール前でハンドを犯し、一発退場となったのです。日本はPKで試合開始5分足らずで1点を先制したうえに、それ以降、ほぼ90分間を通して、10人のコロンビアチームと戦い、2対1で緒戦を勝ち取ったのでした。

第2戦のセネガル戦は、何とか引き分けました。第3戦の相手は2連敗で敗退が決まったポーランドでした。日本は勝つか引き分けなら無条件で一次リーグ突破、ベスト16が決定します。しかし、そうは問屋が卸してくれませんでした。ポーランドに先取点を取られ、日本はなかなか点が取れません。同じ時間帯にセネガルもコロンビアに1点先取され、苦戦しています。もし日本、セネガルが1対0で敗れると、H組1位はコロンビアです。2位を争う日本とセネガルは勝ち点4のまま並び、得失点差も同じです。その場合、フェアプレーポイントといって、もらったイエローカードの枚数が少ない方が上位に位置づけられます。その時点で、日本のイエローカードはセネガルより2枚少ないのです。残り時間が約10分となった時点で、西野監督が選択した戦術は、パス回しで時間をつぶして、0対1のまま試合を終わらせることでした。もし、その10分間にセネガルが1点入れたら、日本は3位敗退です。西野監督は「二つの試合は1対0のまま終わる」ほうに賭け、薄氷を踏む思いをしながら、一次リーグ突破をつかみ取ったのでした。

外国のメディアでは、「武士道精神に逆行する」という意味の批判も報じられたようです。佐賀・鍋島藩の武士・

山本常朝の書いた『葉隠聞書』には、「武士道とは死ぬことと見つけたり」という有名な一節がありますが、武士道精神は決して死に物狂いで戦いに臨む精神ではないのです。明治32年に英語で『武士道』を刊行した新渡戸稲造は、「義」「勇・敢為堅忍の精神」「仁・惻隠の心」「礼」「誠」「名誉」「忠義」など、武士道精神の要諦を挙げながら、武士道精神の崇高さを説いています。例えば、「義」については、「義は武士の掟中最も厳格なる教訓である。武士にとりて卑劣なる行動、曲りたる振舞いほど忌むべきものはない」と言い、幕末の尊皇攘夷派の志士・真木和泉の「節義は例えていわば人の体に骨あるがごとし。骨なければ首も正しく上にあることを得ず、手も動くを得ず、足も立つを得ず。されば人は才能ありとても、学問ありとても、節義なければ世に立つことを得ず」という言葉を紹介し、「義」の大切さを説いています。

また「勇」については、「勇とは義しき事をなすことなり」と言い、武士道では死に値しないことのために猪突猛進的に飛び込んで死ぬのは「犬死」と軽蔑されたことが紹介されています。さらに新渡戸は、「勇気が人の魂に宿れる姿は、平静すなわち心の落ち着きとして現れる」として、次のように書いています。

「平静は静止的状態における勇気である。(略)真に勇敢なる人は常に沈着である。彼は決して驚愕に襲われず、何ものも彼の精神の平静を紊さない。(略)危険もしくは死の脅威に面しても沈着を失わざる者、例えば差し迫る危険のもとに詩を誦み、死に直面して歌を吟ずる者、かかる人は真に偉大なる人物として吾人の賞賛するところであり、その筆蹟もしくは声音従容としてなんら平生と異なるところなきは、心の大なることの何よりの証拠である」

新渡戸はまた、「刀・武士の魂」の章で、刀は武士道の力と勇気の表徴であると同時に、武士に自尊心と責任感を与えるものだったと書いています。そして、刀鍛冶は霊感を受けた芸術家であり、その職場は神聖な場所とされていたこと、刀は完璧な芸術品であり、無分別な濫用は慎むように指導されていたことを紹介しながら、「武士道の究極の理想は結局平和であった」と説いています。

新渡戸稲造の説く「武士道」の観点に立てば、ポーランド戦で西野監督が苦渋の選択をした戦術こそ、武士道の奥義をわきまえた道であったということもできるのです。

(平成三十年八月号)

西日本豪雨で問われた「平成の大合併」「地方創生」の成果?!

去る七月上旬の「線状降水帯」による西日本豪雨では、自治体からの避難勧告、避難指示、避難命令が遅かったとか、住民によく伝わらなかったという声が、少なからずありました。また、愛媛県の大洲市や西予市では、肘川上流の二つのダムの大量放水による洪水で犠牲者が出ましたが、ダムの管理者側と地元自治体は、大量放水の二時間前から連絡を取り合っていたにもかかわらず、自治体から住民に避難指示が出されたのは、放水のわずか五分前だったそうです。地元自治体と地域住民との間の情報伝達が不十分だったことが、犠牲者が増えた一因だったことは否めないところです。同じことが復旧・復興局面でも起きているようです。慶応義塾大学の小熊英二教授が、七月二十六日付けの朝日新聞の「論壇時評」の中で、興味深い見方を示しています。教授は、西日本豪雨の被災地は、「平成の大合併」で隣接する市に編入された山あいの周辺地域が多いと指摘しながら、次のように問題点を指摘しました。

「広域合併は災害にさまざまな影を落としている。合併された町は、町議会や町役場がなくなり、意思決定機能を失う。物事を決めるのは、遠く離れた中心街にある県庁や市役所、市議会などだ。結果的に復興計画なども、地域の実情と乖離した巨大土木工事などになりやすい。（中略）そのうえ、広域合併で人減らしを進めたので、非正規職員を含めて業務に忙しく、合併で編入された周辺地域には行ったことがない職員も多い。この状況で、被災地域の事情を十分に理解するのは難しいことだ」

この指摘は、集中豪雨や台風などの自然災害への注意喚起や、避難情報の伝達などにも、当てはまります。平成十七年前後に鳴り物入りで行われた「平成の大合併」は、議員数の削減、地方自治体の効率化、地方経済の活性化、中山間地域の救済等々の目標を掲げて推進されましたが、「合併により面積は広くなったが、地域の活性化にはつながっていない」という自治体が大半です。

特に、合併された中山間地域では、大合併によって限界集落化に拍車がかかったところが少なくないと聞きます。また、大合併によって人口が増えた場所でも、土砂崩れの危険がある山あいや、洪水の危険が指摘されている地区に、新興住宅地が開発されたケースがあり、自然災害と隣り合わせの暮らしを余儀なくされている人たちが少なくないのです。

こうした状況から、安倍晋三政権が強力に推進している「地方創生」が、今ひとつ軌道に乗ってこない理由が推察できるような気がします。「平成の大合併」が所期の目的を達していないのであれば、政府がいかに「地方創生」を推進しようとしても、地方から新たなエネルギーは沸き上がってこないでしょう。「地方創生」はただ地方の活性化を図るという程度の、願望だけでは成し遂げることはできません。長年の過密・過疎問題に根本的にメスを入れ、東京一極集中を終わらせる、というくらいの突破力が不可欠です。あえて言えば、田中角栄的な突破力です。記録的な長期政権を担おうとしている安倍首相には、蛮勇を奮ってその突破口を開いてほしいと思います。

私は、西日本豪雨の直後、鹿児島の私の寺で、犠牲者供養の護摩行を厳修しました。その願文の中で荒ぶる自然の鎮まりを願い、次のように祈りました。

《昨今の日本において、政治・経済の指導者と国民の間に信頼、有りや無しや。家族間の細やかな愛情・思いやり、有りや無しや。荒ぶる自然の前に国家・国民が翻弄される姿、本来の日本に非ず。日本の根底に流れる心、国家と国民と自然が調和することにあり。豪雨災害を最低限の被害にとどめるには、国家と国民と自然の調和を取り戻すことこそ、肝腎なり。

日本人のＤＮＡには自然と共生し、指導者と国民が一体感を持ち、八百万の神を敬うといった感性が刷り込まれおり、今回の豪雨を機に、そのＤＮＡを覚醒させることこそ、犠牲者の苦しみを我がものとし、心から犠牲者を慰霊することにつながると確信す。

美しき四季に恵まれ、最先端の文明を謳歌する日本は、自然災害で非業の死を遂げた数え切れない犠牲者の上に成り立っていると言っても過言ではなし。自然災害犠牲者の御霊を永遠に慰めながら、現在の未曽有の国難状況、日本伝統の和の心をもって乗り切るとの、強き決意が不可欠なり》と。

（平成三十年九月号）

記録的な猛暑の中で「新たな文明」の確立に思いを馳せる！

記録的な猛暑だった夏も、ようやく終わりを告げました。近年、猛暑の夏が続く背景には、地球温暖化現象があります。温暖化は人類の文明の発達と比例する形で進行してきたというのが定説になっていますが、地球温暖化を食い止めるために、人類の叡智が結集されるに至っていないのが現実です。悲観的な立場に立てば、地球温暖化は行き着くところまで行き着き、地球規模の破局を迎える一歩手前までいく可能性があるともいわれます。私も、文明の価値についてコペルニクス的な質的転換がなければ、人類はこのまま温暖化の流れに翻弄され、結局は営々として築いてきた現在の文明を喪失するのではないか、と危惧する一人です。

私が想像する、コペルニクス的な文明の質的転換とは、現代文明の基盤になっている、大量の資源を消費して、経済的な資産や利便性を向上させることに価値を置く考え方をやめ、多くの国々や地域地域の特長を最大限に活かしながら、それぞれの国家・民族が自立自存し、協調しながら共存していくという、新たな地球文明の確立です。

安倍晋三政権は「地方創生」を最重要政策の一つと位置づけ、全国津々浦々の過疎地に、独自の産物・産品を開発し、新たな産業を興し、育成することによって、そこに新しい住民を呼び込む施策を推進していますが、必ずしも順調に進展しているとは言えない状況です。しかし、日本が少子高齢化社会、人口減少時代を乗り越えて、新たな国づくりを推進するためには、東京一極集中に歯止めをかけ、地方創生を断行することが不可欠だと、私は考えています。

そして、地方創生策を必要としているのは、この日本列島だけではなく、新しい文明のあり方を模索している国際社会にも、この地域創生的な発想が必要なのです。最近、世界の海が大量のプラスチックゴミで汚染され、その影響が海の生物たちにも及んでいる、というニュースが流れました。それぞれの国々が自国の言い分を主張し合うだけでは、何の解決にもつながりません。国際的に協力しながら、一歩ずつ改善策を講じていくしかないのです。日本はその先頭に立つべきです。

弘法大師空海、お大師さまが、『即身成仏義』という著作の中で、仏教の「帝網」という教えを説いています。帝網とは「帝釈天の網」のことです。仏教の守護神の一つである帝釈天は、須弥山の頂上の宮殿に住んでいますが、その宮殿を飾っている宇宙に輝く大きな網が帝網です。帝網の結び目の一つひとつは宝石の珠、宝珠になっており、その宝珠は鏡のようにお互いを照らし合い、映し合って、宇宙に輝いているのです。その結び目の一つひとつが、地球上の生きとし生けるもの全ての、いのちそのものであり、帝網はそのいのちが一つの生態系として共生・共存している、この地球の本当の姿を表しているのです。

地球上のすべてのいのちが、お互いに絆を結び合って共生しているのだと、世界の人々が確認し合えば、資源を過大に消費し、経済的な資産や利便性に価値を置く考え方をやめ、多くの国々や地域地域の特長を最大限に活かしながら、それぞれの民族が自立自存し、協調・共存していくという、新たな地球文明の確立に向け、展望が開けてくるに違いないと、私は思うのであります。

いずれにしても、地球温暖化を背景とした猛暑の夏は、二十一世紀初頭に生きる私たちの生き方に警鐘を鳴らし、新しい文明構築の必要性を訴えかけているような気がしてならないのであります。ただ、現実の日本に思いをめぐらすと、昨今の日本はどこかタガの外れたような状態になっているのではないかと、暗澹たる気持ちになってきます。

私は、現在の日本の政治の混迷要因は、安倍一強政治にあるというより、四分五裂状況にある野党に原因があるのではないかと分析しています。つまり、三年三カ月の民主党政権の蹉跌が、今もなお、国民の中にトラウマとして残っているということです。野党がいくら安倍一強政治を批判しても、有権者が同感しなければ、政権交代は実現できないのです。野党が小党乱立の状況を打開し、政権交代可能な政治状況の創出に向けて、血のにじむ努力を続けない限り、自民党の一強政治が続くのではないかと、私は見ています。タガが弛んでいるのは政界だけではありません。霞が関の官僚も、スポーツ関係団体も、世界に冠たるモノづくり企業も、タガが外れかかっている状態です。このままでは「ポスト平成」時代が案じられます。

（平成三十年十月号）

国際情勢の地殻変動に「中庸国家日本」で対応する法とは！

九月末にニューヨークで行われた日米首脳会談では、日米が二国間の新たな関税交渉に入ることで合意されましたが、日本側が新たに交渉するのは「日米物品貿易協定」だとしているのに対して、米国側は「包括的なＦＴＡ（自由貿易協定）」を目指しているとみられており、今後の展開次第では、日本製自動車に高関税が課せられ、日米同盟関係にヒビが入りかねないと、懸念する声が上がっています。

私はこの二〜三年、国際情勢は大きな地殻変動を起こしつつあるような気がしてなりません。日本は今、深刻な少子高齢社会を迎え、遠からず団塊世代の退場による多死社会が、そしてその先には深刻な人口減少社会の到来が待ち受けています。現状のまま無為無策で推移していけば、平成以後の日本社会には、前途に光の見えない困難な時代が到来するのは必至の状況です。

日本の長期的な国づくりを考えた場合、どのような視点があるのか。ここでは十年ほど前に出版された、『右であれ左であれ、我が祖国日本』（ＰＨＰ研究所）という本を紹介しておきます。著者は現在、東京大学名誉教授の船曳建夫（ふなびきたけお）氏です。船曳氏はまず、少子化、赤字国債、アジア外交の緊張、エネルギー戦略、集団的自衛権、憲法改正等々、私たちが現在かかえている問題は、「日本国」という国家の視点で見ない限り解決しない、つまり、国家自体をとらえ直すところから出発すべきだ、と指摘しています。船曳氏は、日本の国家モデルは、①織田信長の「国際日本」モデル、②豊臣秀吉の「大日本」モデル、③徳川家康の「小日本」モデル——の三つしかないと言います。確かに、信長は外向きの国際的な視野を備えていました。秀吉は朝鮮半島に出兵するなど、国家の拡大を企んだ大日本的な人物です。家康は、鎖国で内政に万全を期した、内向きの小日本的指導者でした。

明治維新後、近代国家を整備していく過程で、日本は「大日本」モデルを追求していきますが、近代日本が追求した「大日本モデル」には、一つの問題点があったと、船曳氏は概ね次のように論じています。

《「大日本」が東アジアに拡張されていくとき、アジアを覆うだけの理念がなかった。それは日本人の構想力が貧困だといった能力の問題ではなく、明治維新以降の「大日本」は、「天皇制」と不可分であり、「天皇」の特性と、伝統的な日本の文化的資本には、他の国々の人々、民族をも覆うような普遍性、一般性が鍛えられていなかったからだ》

そして船曳氏は、戦後日本は「国際日本」を目指し、「大日本」も「小日本」も試してみたが、結局、冷戦終結・バブル崩壊・第一次イラク戦争などで、右も左も傷つき、改めて新しい日本の未来図を描かねばならなくなったのだ、と言います。

船曳氏は、今後の日本の生きる道として、「中庸国家日本」を提示します。ただ、米・中・ロの三つの超大国に囲まれて、日本独自の国家モデルを実現していくのは、至難の技です。そこで船曳氏は「それぞれのモデルを別の次元で試しながら、結果としての中庸日本に補正していくことを考えてはどうか。つまり、日本が持つ、地政学上の困難と国土の潜在力を逆手にとって、三つのモデルを使い回し、補完しながら、日本国の体制を定めていくべきだ」と言うのです。

その場合、「大日本」「国際日本」「小日本」の三つのモデルは、次のように活用されます。第一に、「大日本」への努力は常に行うこと。それが、国力を保ち、人口減少時代に総崩れを避け、「中庸日本」への軟着陸に欠かせないというわけです。第二に、江戸時代の日本は、高い国力と技術水準によって、日本全土に大きな危険や生活の危機を、可能な限り避けるシステムを築きましたが、二十一世紀に目指す「小日本」は、「持続可能な平和」の国内システムを作ることだと言います。同時に、長い歴史をかけて培ってきた江戸時代の人々の文化と生活の楽しみを、二十一世紀にさらに発展させることとも、「小日本」の活用法の一つに位置づけています。第三は、「国際日本」は「国際」を変えることで達成できる、という点です。日本にとって「国際」は長い間、「西洋」を意味していました。「国際」「西洋以外」がパワーを付けている昨今、日本にとって重要なのは「東アジア」です。「国際日本」はアジア、とりわけ東アジアで活かすべきだと、船曳氏は力説しています。

日本の未来戦略を考えるヒントになる本です。

（平成三十年十一月号）

明治維新百五十年の終わりに会津藩主・松平容保を見直す！

私は日本の戦没者慰霊の本質は、仏教の「怨親平等」思想にあると考えています。「怨みも親しみも平等である」という意味で、戦争・戦没者慰霊に当てはめると、「不幸にも敵・味方に分かれて激しい戦争をしたとしても、戦争が終わったら、敵・味方の区別なく戦没者を慰霊する。それが戦後の平和の礎となる」ということです。

この怨親平等思想に基づいて明治維新の戊辰戦争を考えるならば、薩長側も会津藩など奥羽越列藩同盟側も、怨親平等であり、いずれの立場に立つ人も、戊辰戦争の戦没者を敵・味方の区別なく、平等に慰霊しなければならないのです。明治維新から百五十年が経っているのに、いまだに「薩長だ」「会津だ」と角を突き合わせているのは、仏心にかなう態度ではないのです。

怨親平等の心で明治維新を俯瞰しますと、奥羽越列藩同盟側にも立派な人材はいました。例えば、幕末の会津藩藩主だった松平容保です。容保は会津藩の始祖・保科正之が遺した家訓十五か条の、忠実な実行者でした。その家訓の第一条には、「徳川将軍家には一心に忠義に励むこと。他の藩と同じ程度の忠義で満足してはならない」と謳われていました。だからこそ、容保は体調が悪いにもかかわらず、京都守護職への就任を、徳川幕府のためにという一心から受諾したのです。

当時の京都では、攘夷派の浪士たちが闊歩しており、治安は最悪でした。その状況下、京都入りした容保は、天皇家と徳川幕府との「公武一和」を図る孝明天皇と徳川家茂の間を取り持ったりします。そんなとき、「京都守護職は江戸に下るように」と命じる詔勅が下ります。容保がおかしいと思って調べると、それは容保の京都不在を画策する、過激攘夷派による偽の詔勅でした。事態を憂慮された孝明天皇は、慣例を破って、松平容保に直接、手紙を届けさせました。そこには、「今、守護職を東下させることは、朕の少しも欲しないところで、驕狂の者がなした偽勅であり、これが真勅である。今後も彼らは偽勅を発するであろうから、真偽を察識せよ。朕がもっとも頼りにしているのは会津である」と書かれていました。これが有名な孝明天皇直筆の御宸翰です。京都守護職・松平容保はこれほどまでに天皇に頼りにされていたのです。

この後、過激攘夷派の七公卿が都落ちに追い込まれる八月十八日の政変、長州藩の過激派が蛤御門を急襲し、会津藩などが守り抜く蛤御門の変、第一次長州征伐と、幕末の動乱はますます深刻化します。慶応二年（一八六六年）に入ると、一月に薩長同盟が成立し、六月には第二次長州征伐が始まりますが、七月に入って、将軍家茂が長州征伐のために滞在していた大阪城で病死し、容保を取り巻く情勢は一変します。さらにこの年の十二月二十五日、容保を全面的に信頼し、容保も敬愛して止まなかった孝明天皇が、突然崩御されるのです。あまりにも突然の崩御だったため、京都では「暗殺」の噂が広まりました。

孝明天皇の突然の崩御により、堰を切ったように明治維新への怒濤の流れが始まります。慶応三年（一八六七年）二月、徳川慶喜や幕府上層部の優柔不断ぶりにあきれていた松平容保は、京都守護職の職を辞し、在京の会津藩の重臣たちに「国に帰ろう」と呼び掛けました。会津藩の重臣たちには、誰一人、反対する者はいなかったようです。しかし、その後、徳川慶喜の大政奉還、王政復古の大号令、戊辰戦争の端を開いた鳥羽・伏見の戦いと、政治状況が目まぐるしく展開していく中で、会津藩は新政権から疎外され、朝敵視され、江戸からも追放され、遂には奥羽越列藩同盟の盟主として、新政府軍と激しい会津戦争を戦うに至るのです。その戦いの中で、白虎隊、等々の悲劇も生まれたのでした。

会津戦争後、しばらく蟄居生活を送った容保は、明治二年、実子で幼少の松平容大（かたはる）が青森県の斗南藩知事に任じられたのを機に、斗南藩に預け替えとなり、一時、現在のむつ市に居住しました。明治五年に蟄居生活を解かれ、明治十三年には、徳川家康が祀られる日光東照宮の宮司となり、明治二十六年に東京の自宅で波乱の生涯を閉じています。

明治維新から六十年目の昭和三年（一九二八年）、秩父宮雍仁親王と松平勢津子さまの婚礼が執り行われました。勢津子さまは松平容保の六男・恆雄氏の長女です。この婚礼により、会津の人たちは「朝敵会津の汚名はすすがれた」と安堵したと伝えられています。

（平成三十年十二月号）

平成三十一年
令和元年（二〇一九）

二月　米朝首脳会談（二回目）
五月　令和へ御代替わり
六月　香港民主化デモ、米朝首脳会談（三回目）
七月　参院選で自民党が勝利
九月　房総半島台風、ラグビーW杯
十月　消費税10％へ、即位礼正殿の儀、首里城焼失
十一月　教皇フランシスコ来日

カルロス・ゴーン逮捕で改めて日本の企業精神の根を探る！

日産自動車のカルロス・ゴーン会長が逮捕された事件は、日本の企業社会を震撼させましたが、最近、日本の大企業の世界では、杜撰な品質管理で醜態を見せる企業が相次いでいます。私には、日本企業が日本本来の企業精神を失いつつある、という感じがしてなりません。

江戸時代初期に鈴木正三という禅宗の僧がいました。もともとは徳川家康直参の三河武士ですが、四十歳を過ぎて出家後も、俗名正三を名乗った人です。鈴木正三が士農工商それぞれの立場の人たちに向けて、自分の職分を精一杯尽くすことが仏行であることを説いた『万民徳用』という本があります。

正三はその中で、すべての職業には「仏性」があり、世の中に有用ではない職業はないとしながら、「商人は利益を出すような商売をしなければならないが、それには秘訣がある。それは正直をモットーとした商売に徹することだ。そうすれば仏陀神明のご加護があり、取引相手もお客もその商人との取引を喜び、商売は繁盛する」と言っています。続けて「そういう正直な商いをやっておれば、その商人は福徳が充満する人となり、行住坐臥すなわち日常生活がそのまま禅定となって、自然に菩提心が成就する」と書いています。いずれにしても、鈴木正三は、仏の道に関連づけながら、正直な商売こそが成功の秘訣であることを説いたのです。

鈴木正三とほぼ同時代に、住友家の家祖、住友政友がいます。政友も武士の家に生まれながら、涅槃宗の僧侶として人生を送った人です。政友が子孫に遺した訓戒の中で、「人を騙して利益を得たとしても、それはいずれ神仏から罰を受ける。正直な商売は、一時的には儲からないと感じられるかも知れないが、最後は神仏のご加護を得て成功する」と、正直な商売を説いています。政友はまた、商売の心得を箇条書きにした、子孫宛ての手紙を残していますが、第一条では、「相場より安い品物を持ってこられても、その背景がはっきりしないものは、盗品の可能性もあるから、決して買ってはならない」と戒めています。政友は商売は慎重かつ堅実に行うべきだ、と力説していたのです。政友の教えは、明治二十四年に制定された「住友家法」に受け継がれ、その冒頭部分には、「信用・確実が商売を繁栄させるのであり、決して浮わついた利益を追ってはならない」と書かれています。「浮利を追わず」という戒めは、長年、住友グループの経営理念として定着していましたが、バブル期のイトマン事件で、堅実なイメージを失ったのは、住友グループには痛恨事でした。

日本の経済社会の中で、正直な商売とともに大事にされてきたのは、節約・倹約です。江戸時代の儒者で歴史家の頼山陽は、『日本政記』の中で、「政治・経済を行う者は倹約を実践しなければならない、それを民にまで広げれば、国全体が平和で安定する」と説いています。

節約といえば、二宮尊徳を想起します。昔はどの小学校にも、薪（まき）を背負い歩きながら本を読む、二宮尊徳像があったものです。尊徳の教えで有名なのが、「勤倹・分度・推譲」です。「勤倹」は一生懸命働き、倹約すること、「分度」は分をわきまえて、節度ある生活をすること、そして「推譲」は勤倹、分度で得た成果を他人に譲るということです。尊徳は「勤倹・分度・推譲」の哲学を実践し、尊徳を信じ、尊徳を師と仰いだ農民たちとともに、各地で荒れ果てた農地を肥沃な土地に蘇らせました。戦前までは、尊徳が説いた三つの美徳は、日本社会に色濃く残っていました。しかし、戦後の高度経済成長の間にすっかり忘れ去られ、小学校の校庭から尊徳像も消えていったのです。

平安中期の天台宗の僧・源信が『往生要集』の中で、「貧乏でも足りるということを知っている人は富める者であり、財産があってもまだ欲の多い人は貧者である」と書いています。

『徒然草』の著者、吉田兼好も、「名声や利益に気を取られて、静かな時間を持つこともなく、一生あくせくするのは愚かなことだ。大きな馬車や立派な馬、金色に輝く宝石も、心ある人には必要ないものだ。黄金は山に棄て、宝石は川に投げよ。利益に惑わされるのは、愚かな人がやることである」と説いています。

二十一世紀の日本の企業社会に、源信や吉田兼好のような清貧を尊ぶ価値観が、しっかり根づいていたなら、カルロス・ゴーン会長のような外国人経営者は、もう少し早く放逐されていたことでしょう。

（平成三十一年一月号）

安倍首相は予期せぬ株価暴落を逆手に引き際を飾れるか?

実質的に平成最後の年となった平成三十年が暮れて、四カ月と期間が区切られた平成三十一年が明けました。平成時代は昭和の半分足らずで間もなく終焉しますが、昨年末に世界的に株価が暴落したために、五月から始まる新元号の時代は、日本にとって内政・外交ともに厳しいと覚悟せざるを得ない状況です。

昨年末の「クリスマス暴落」で、東証平均株価は一気に千円を超す暴落となりました。昨年九月下旬には二万五千円台を回復した東証株価も、年末の三連休が終わり、大納会を迎える最終週に入った途端に、千円を超える暴落に直撃され、遂に一昨年九月以来一年三カ月ぶりに、終値で二万円の大台を割り込みました。年末に来ての株価暴落は、一月には戦後最長の景気上昇を達成するはずの日本経済にも、大きなショックを与えました。

今回の暴落の直接的なきっかけは、FRB（米連邦準備制度理事会）が景気過熱感を抑えるために行った利上げにより、米経済の先行きに不透明感が出てきたことだと言われていますが、それに加えて、背景には米中の通商摩擦や、政権のキーマンを次々に解任するトランプ大統領の政権運営に対する不信感があるとも言われます。

振り返ってみますと、平成時代はバブル経済崩壊の前夜に始まり、平成元年末の大納会の日には、東証平均株価は史上最高値の三万九千円台を付けたのでした。しかし、平成二年から株価は右肩下がりに転じ、十年前の平成二十年十月には、リーマンショックにより東証株価は六千円台まで暴落し、バブル崩壊後の最安値を記録しています。

まさに平成時代三十年間の前半から中盤にかけての二十年間は、バブル経済の崩壊過程と、その後のどん底時代でした。バブル崩壊当初の十年間には、日本経済の衰退は「失われた十年」と呼ばれていましたが、それがいつしか「失われた二十年」と呼ばれるようになり、日本はバブル崩壊による亡国現象を「第二の敗戦」状況と位置づけざるを得なかったのです。

安倍晋三首相が再チャレンジに成功し、アベノミクスを掲げて第二次安倍内閣が発足したのが、ちょうど六年前の平成二十四年十二月末でした。その前後の東証株価を調べてみますと、民主党の野田佳彦内閣では、十一月から十二月にかけて八千円台から九千円台を上下する展開でしたが、十二月半ばの総選挙で自民党が圧勝し、第二次安倍内閣の発足が決まるとすぐに株価が反応し、総選挙の三日後には一万円台を回復しています。

この六年間、多少の上下動はありましたが、東証株価はほぼ右肩上がりで上昇を続け、去る九月下旬には二万四千四百円台を回復するところまで辿り着いたのでした。これは「なんだ、かんだ」と言っても、やはり安倍政権が日本経済の再生を最大目標として、アベノミクスを推進してきた結果だと言えるでしょう。この成果があったからこそ、安倍政権はこの六年間、世論の支持をバックに森友・加計学園問題も乗り切ることができたのです。

しかし、先の自民党総裁選を乗り切り、東京オリンピック・パラリンピック後までの在任期間を視野におさめた安倍首相にとって、今回の株価暴落は予期せざるハードルだったに違いありません。

最近、私の気のせいか、安倍首相の表情から余裕の笑顔が消えたような印象を受けています。この株価暴落が一過性のものではなく、長期低迷の発端だったということにでもなると、安倍首相の悲願とする、日本の憲政史上首相在任最長記録の達成にも、黄信号がともる可能性が出てきます。

この六年間、「地球儀を俯瞰する外交」で世界を駆け巡り、世界の首脳と親密な関係を築いてきた安倍首相には、自らがイニシアチブをとって首脳外交を展開し、昨今の国際経済の混迷状況を打開する役割を果たしてもらいたいものです。

安倍首相が全身全霊で世界経済の安定に向け、主導的役割を果たすことにより、北方領土問題を含めた日ロ関係の改善、東アジアの新たな平和の構築を視野に入れた日中関係のさらなる改善、北朝鮮との間に横たわる拉致問題の早期解決及び日朝関係の前進等々の懸案も前進し、安倍首相の引き際は光に包まれるものになるはずです。

いずれにしても、年明けの亥年の春は、新しい時代を迎える光り輝く春というより、先行きの不透明な、寒さが身にしみる春になりそうです。安倍政権の正念場です。

（平成三十一年二月号）

細野議員の「二階派入り」に思う小選挙区制度の限界！

一月末に通常国会が始まり、年末・年始に休戦状態だった永田町にも政界の先行き不透明感を打破しようとする動きも出てきました。国民民主党の玉木雄一郎代表と、自由党の小沢一郎共同代表が、衆参両院で統一会派をつくることに合意し、この夏の参院選では自民一強体制を崩すべく、野党統一候補の擁立に向けて尽力していく姿勢を打ち出したのも、その動きの一つです。

その一方で、民主党政権時代、数々の大臣、民主党幹事長、代表代行等々の要職を歴任し、現在は無所属の細野豪志議員が、自民党の二階派へ特別会員として入会しました。細野議員の動きには疑問視する見方も多いようですが、私はこのニュースを聴き、改めて小選挙区選挙が行き詰まってきているという印象を持ちました。

現在の衆議院の小選挙区制は、平成八年（一九九六年）の総選挙から導入されています。イギリスや米国のような二大政党制が実現しやすく、政権交代が可能な選挙制度だとして、有権者から概ね好感をもって迎えられた記憶があります。小選挙区制の導入に先だって、政党が裏金で政治資金を集める類の汚職を根絶するために、各党の獲得議席数により政党交付金を出す制度も整えられました。

中選挙区制最後の総選挙では、五五年体制が崩壊して、日本新党や新党さきがけをコアとする細川護熙政権が誕生し、小選挙区制最初の総選挙は、村山富市総理から自社さ政権のバトンを受け継いだ、橋本龍太郎総理のもとで行われました。もはや二十三年前の「今は昔」の話です。

その後は、自公連立の小泉純一郎内閣が長期政権となったあと、安倍晋三内閣、福田康夫内閣、麻生太郎内閣が一年ずつで交代し、平成二十一年の総選挙で民主党が歴史的な圧勝を収め、政権交代を成し遂げました。しかし、政権運営が未熟だったのに加えて、東日本大震災とそれに伴う原発事故に直撃され、民主党政権は鳩山由紀夫、菅直人、野田佳彦総理の三年三カ月で崩壊したのでした。平成二十四年暮れに第二次安倍内閣が発足し、アベノミクスで深刻なデフレ状況を解消し、微々たるものではありますが、曲がりなりにも経済を成長させたことによって、六年を超える自公連立の安倍内閣が続いているのが現状です。

私が昨今の政治状況を見ていて感じるのは、政治家の劣化ということです。ここ数年、安倍政権が野党・マスコミから相次いで集中砲火を浴びている背景には、一強状況が続いていることからくる自民党議員の驕りがあるような気がします。それに付随して、忖度か配慮か、霞が関の公務精神の弛みも感じられます。

また、安倍一強政治を叩くことに必死で、確固たる政権構想を打ち出せない野党の状況も、政治劣化の一因と言わざるを得ません。民主党政権崩壊後、野党各党は離合集散を繰り返して、今や誰がどの党に所属しているのか、明確に区別できる有権者は少ないでしょう。これでは世論調査で、「他にいい人がいないから」と、安倍政権を支持する有権者が多くなるのも当然です。

中選挙区時代には、自民党に大きな五つの派閥があって、それぞれの派閥が自前の総理・総裁候補を持ち、お互い切磋琢磨していました。派閥の議員たちは派閥の長を総理・総裁にするため全力を挙げ、派閥の幹部たちは次代の派閥のリーダーを育てようと必死に努力していました。その中から、肚の座った政治家が生み出されていたのです。私が細野豪志議員が二階派の特別会員になったと聴いて、小選挙区制度が行き詰まっていると感じたのは、その点です。政治家を志す若い有能な人材を育てるには、小選挙区より中選挙区の方が適しているのではないかと、私は感じるのです。

現在の四分五裂状況の野党には、中選挙区制度の時代であれば、自民党から出てしかるべきだった人材が、かなりいると思います。日本の国益、日本国民の幸福を、国際社会との交流の中にきちんと位置づけることができる有為の人材が、バラバラになった野党の中に埋もれてしまっているのは、残念と言わざるを得ません。

もし、小選挙区制度を持続させるのであれば、いま一度、自民対抗軸を作り直す必要があります。そして、新たな自民対抗軸の担い手は、すでに手垢のついてしまった古参政治家ではなく、二十年後、三十年後の日本を見通し、密教で言うところの身口意、すなわち身体と言葉と心をフル回転させることのできる、若い政治家です。

（平成三十一年三月号）

アベノミクス・安倍外交の成果問われる長期政権の正念場

昨年九月からスタートした安倍晋三首相の自民党総裁三期目は、この先、厳しい茨の道になりそうです。今、私がいちばん気にしているのは、安倍首相が次から次へと掲げてきた政策の成果、進捗状況が、今後厳しく問われてくるという点です。

内政面で言えば、アベノミクスにより雇用情勢は改善され、個人の給与も上がっており、景気上昇局面は史上最長を記録したと言われていますが、問題はアベノミクスの恩恵が、いまだに中小企業や地方にまで浸透していないという点です。また、アベノミクスの第三の矢「成長戦略」のシンボルと位置づけられていた地方創生も、地方経済の底上げを図るような、大型の地方創生プランが実行されたという話は、いまだ聞かないのが現実です。さらに「一億総活躍社会」に向け、「アベノミクスの第二ステージ」として位置づけられた①希望を生み出す強い経済、②夢を紡ぐ子育て支援、③安心につながる社会保障――の政策三本柱も、確たる成果を上げることなく今日に至っています。

つまり、安倍首相が次々に打ち出した数々の政策は、いまだ注目すべき成果を上げていないのです。現状のままオリンピックの熱狂に雪崩れ込んだとしたら、オリンピック後に反動が来ないとも限りません。安倍首相は憲政史上最長の在任期間を達成したものの、去り際は悲惨だったということになりかねないのです。

安倍首相の母方の祖父に当たる岸信介首相は、六〇年安保改定を成し遂げましたが、その直後、暴漢に襲われて負傷し、首相の椅子から降りました。また、大叔父の佐藤栄作首相は悲願の沖縄返還を成し遂げましたが、「ポスト佐藤」を巡る「角福戦争」を仕切ることができず、意中の人ではなかった田中角栄さんの首相就任を、不承不承容認する苦汁を嘗めています。しかし、岸さんは後年、六〇年日米安保によって戦後日本の国家の基軸を定めた首相として、再評価されました。また、佐藤さんも沖縄返還を評価され、ノーベル平和賞を授与されており、歴史に残る首相に位置づけられています。

安倍首相はどうでしょうか。内政的には、東日本大震災・原発事故という未曽有の国難状況下において、アベノミクスを断行し、円高・デフレに歯止めをかけ、日本経済を救った首相として評価されるかどうかは、現在の三期目在任中にアベノミクスによる日本経済再生の果実を、国民に見せることが不可欠です。

もう一つのポイントは、「地球儀を俯瞰する外交」を標榜した、安倍外交の評価です。安倍首相は外交面でもさまざまなアドバルーンを上げました。日ロ関係では、プーチン大統領との親密な関係を築きつつ、平和条約の締結、北方領土四島での共同経済活動、とりあえず歯舞・色丹の二島返還、シベリア地域での経済協力等々に取り組むプランです。ここへ来てロシア側から否定的な反応が出始めており、任期中に一つでも実現できるのか、疑問視する見方も出ています。また、安倍首相と習近平国家主席との交流により、日中関係は修復されつつありますが、最近、米中間の貿易摩擦により、日中関係にも微妙な空気が漂い始めています。日米関係もいつまで盤石の関係が続けられるか、予断は許されません。

さらに心配なのは、朝鮮半島情勢です。安倍首相は「拉致問題は私の任期中に解決します」と明言されていますが、まだ目立った成果は出ていません。先日の二度目の米朝首脳会談は、物別れに終わりました。安倍首相の在任中に、拉致問題に何ら進展がなかった場合、安倍長期政権に対する評価は厳しいものにならざるを得ないでしょう。韓国との関係も一段と厳しさが増しています。昨年秋以降だけでも、元徴用工訴訟で韓国最高裁が日本企業に賠償を命ずる判決を出した件、韓国の公船が日本の自衛隊機に一触即発のレーダー照射を行った件、韓国の国会議長が天皇陛下に従軍慰安婦への謝罪を求める発言をした件等々、韓国側の常軌を逸した言動に、嫌韓感情が高まっています。

安倍首相はさまざまな外交課題を背負っており、遅くとも二年後の秋までに、その課題に対して何らかの成果を出すか、先行きの展望を示さないと、「外交のアドバルーンをいくつも上げるだけで、一つも達成できなかった首相」という汚名を着せられることにもなりかねません。いずれにしても、安倍首相には、在任期間中は全力で政権運営に邁進し、引き際は穏やかなソフトランディングを祈りたいと思います。

（平成三十一年四月号）

高野山別格本山清浄心院に護摩堂・永代供養堂創建の意味

新しい元号が「令和」と決まり、日本が新しい時代に入ろうとしていますが、私にとってもこの春は特別な春です。私は五年前に、高野山奥之院に隣接する、弘法大師空海、お大師さまが入定直前に創建された、高野山別格本山清浄心院の住職に就いたとき、千二百年前にお大師さまが「高野山」を開創されたのは、霊気に満ちた高野の地に、密教の根本道場を創るためであったことを想起し、日々、護摩行一筋の道を歩むことを改めて誓ったのでした。

ただ、残念ながら清浄心院には池口惠觀流の大きな護摩行ができる護摩堂はありませんでした。そこで私は一念発起し、清浄心院の境内に大きな護摩堂と永代供養堂を創建する決断をしたのでした。その護摩堂「鳳凰奏殿」と永代供養堂「永山帰堂」の落慶法要が、五月十五日に執り行われます。期せずして新天皇のもとで新しい元号が始まる時期と重なったことに、私はお大師さまのお導きを意識せずにはいられません。

私は、高野山で日々、大きな火を焚く護摩行を勤め、衆生救済・国家安泰・世界平和を祈念する祈りに邁進していけば、高野山は今後、千年の後まで永続し、衆生は救われ、国家は安定し、世界平和に貢献できるに違いない、と考えているのです。昨今は、高野山への外国人参拝客が増えています。日々大きな火を焚く護摩行を勤め、外国人参拝客に衆生救済・国家安泰・世界平和を祈念する祈りを目の当たりにしていただけば、日本人が本来持っている、すべての生命を尊重し、平和を希求し、他者を受容する心を、世界中にアピールできるはずです。

また、お大師さまは唐の都・長安で密教のすべてを伝授され、日本に真言密教を持ち帰られたのですが、現在の中国には、密教はほとんど見る影もないのが実情です。中国は急速な経済成長の陰で、多くの人民が貧困に喘いでおり、改めて仏教に救いを求める人が少なくないのです。

私は平成時代に、何回も中国の西安（旧長安）を訪れ、お大師さまゆかりの青龍寺、大興善寺などで護摩行を勤めたり、中国仏教界の重鎮たちとの交流を図ってきました。そして、現代中国の人民を救うために、真言密教を中国に里帰りさせ、中国の寺院で日々、護摩行が行われ、衆生救済・国家安泰・世界平和を招来する祈りができるようにしたいとの「大欲」を抱くに至ったのです。

そのために、中国から密教行者を目指す若い僧侶を、留学生として高野山大学に招き、清浄心院の「鳳凰奏殿」での日々の護摩行に参加し、身口意をフル回転して密教の行を体得してもらい、中国に再び密教の灯（とも）を点してもらいたいと、密教の里帰りに関していろいろ考えています。

もう一つ、清浄心院の活動として考えているのは、戦没者慰霊です。私は昭和の終わり頃から、戦没者の慰霊をきちんと行わないと、真の日本再生は難しく、世界平和も訪れないと考え、世界各地の戦場などを訪問し、そこで「怨親平等」思想に基づき、敵・味方の区別なく戦没者の慰霊を行うと同時に、世界平和を祈願する式典を行ってきました。怨親平等思想に基づく戦没者慰霊と、世界平和祈念の活動を、清浄心院の活動の一つの柱にしたいのです。高野山奥之院の墓所には、多くの戦国武将や大名の墓所があり、薩摩島津家の墓所には「高麗陣敵味方戦死者供養碑」という大きな石碑が建っています。豊臣秀吉の二度の朝鮮出兵では、両軍におびただしい戦死者が出ました。薩摩へ帰還した藩主・島津義弘、忠恒（ただつね）親子は、その戦没者を悼み、怨親平等思想に基づいて日本・高麗両国の戦死者を供養する慰霊碑を造り、高野山の島津家の墓所に建てたのです。

明治維新以後、国家に殉じた戦没者の慰霊は、靖国神社で行うことになっています。しかし、戊辰戦争で亡くなった賊軍側の戦没者や、明治初期の叛乱で非業の死を遂げた人たちも、西郷さんを含めて、靖国神社に祀られていません。先の大戦の無名戦士の方々や、海外の戦地に置き去りにされた御霊も同様です。

「ご先祖さまはその家の根っこ」であり、「戦没者はその国の根っこ」です。ご先祖さまや戦没者を手厚く慰霊できない家や国家は、決して幸せになれません。私は、正式な戦没者慰霊から疎外されている戦没者の霊を、清浄心院で引き受け、手厚く供養させていただくつもりです。いずれにしても、「鳳凰奏殿」と「永山帰堂」の落慶を機に、衆生救済・国家安泰・世界平和の祈りを深め、密教本来のダイナミズムをアピールし、高野山の次なる千年の展望を開きたいと考えています。

（令和元年五月号）

新一万円紙幣に託された真の日本経済再生への〝天の声〟

五年後に紙幣が一新されることが決まりました。新一万円札の肖像は、「日本資本主義の父」と言われる渋沢栄一です。渋沢は近代の日本経済の枠組みを構築した人ですが、三井、三菱、住友のような大財閥をつくったわけではなく、近年、注目されるようになったのは、バブル崩壊後に金融界の腐敗・堕落が明らかになった頃だったと思います。

渋沢栄一は江戸時代末期の天保十一年(一八四〇年)、現在の埼玉県深谷市の農家に生まれています。渋沢の父・市郎右衛門は勤勉家で義侠心に富み、村人の信望が厚く、名主見習いを務めた村の名士でした。母・お栄は近所のハンセン病の女性の面倒を見るような、慈悲深い人だったといいます。

渋沢は青少年時代、徹底した尊皇攘夷派・開国反対論者として、討幕運動に加わっていましたが、京都の情勢を探索してきた弟・長七郎に説得され、その運動から身を退き、知人の紹介で、一橋慶喜(徳川慶喜)の下に仕官します。そして、明治維新の前年、十五代将軍になった慶喜の弟・徳川昭武に随行して、パリ万国博覧会に列席し、ヨーロッパ各地を視察しています。

渋沢は訪欧の旅の途中、工事中のスエズ運河を視察し、「西洋人が事業を起こすのは、ただ一身一個のためではなく、全国全州の大益をはかるものであり、その規模の遠大で目標の宏壮なことは感ずべきことである」と感じ入り、パリで「株式会社」のシステムを学び、日本にもその制度を導入すべきだと考えるのです。

日本に帰った渋沢は、静岡で謹慎していた徳川慶喜に帰朝の挨拶をした後、明治二年に静岡で、「商法会所」という会社を設立します。株式会社という名称こそ付いていませんが、この商法会所が事実上、日本最初の株式会社です。渋沢の先見の明に目を付けたのが、大蔵省事務次官の大隈重信で、渋沢を大蔵省にスカウトします。その後、渋沢は大蔵省の実務を取り仕切り、国立銀行条例を立案し、自ら第一国立銀行の頭取に就任するのです。

渋沢は昭和六年に九十一歳で亡くなるまでに、第一国立銀行をはじめ日本興業銀行、朝日生命保険、東京海上火災保険、東京ガス、清水建設、王子製紙、新日本製鐵など五百あまりの企業を興し、東京商工会議所、東京証券取引所などを開設したほか、東京都養育院、結核予防会、盲人福祉協会、聖路加病院、一橋大学、日本女子大学、東京女学館などを創立し、社会福祉・医療・教育事業でも多大の貢献をしています。

渋沢が偉かったのは、これらの事業に名誉職的な立場で関わるのではなく、すべてに心血を注ぎ、惜しみなく私財を投じたことです。「日本資本主義の父」と言われる渋沢が、仏教で言う「利他の精神」の実践者であった点に深い共感を覚えます。「利他の経営者」渋沢の精神的バックボーンはと言えば、孔子の『論語』でした。渋沢の晩年、昭和三年に、それまでの講演録をまとめた一冊の本が刊行されています。その本の題名が『論語と算盤』です。その冒頭の「論語と算盤は甚だ遠くして甚だ近いもの」という一文では、「国の富を成す根源は仁義道徳であり、正しい道理にかなった富でなければ、その富は完全に永続することはできない。したがって、論語と算盤というかけ離れたものを一致させることが、今日の急務である」と説かれています。

明治・大正時代にもバブル期のような拝金主義が横行した時期がありました。渋沢は「眼中に、国家もなく社会もなく、事業の前途も考慮せず、ただ現在儲かりさえすればよいというような泡沫経営は嘆かわしいかぎりである」と、金儲け主義の経営を批判しています。

『論語』と算盤、すなわち道徳と経営は一致しなければならないというのが、渋沢の基本理念でした。そして渋沢は「余りあるをもって人を救わんとすれば人を救う時なし」という『論語』の教えを実践し、経済活動で得た莫大な富を社会還元したのです。後に渋沢は息子たちに「わしがもし一身一家の富むことばかりを考えたら、三井や岩崎（三菱）にも負けなかったろうよ」と語ったそうです。自らが興した企業を財閥化しなかった点に、渋沢一流の経済人としての見識を見る思いがします。

その渋沢が五年後から一万円札の肖像として登場し、仏教でいう「御本尊」として、日々、日本経済を見つめていくのです。経済・経営と道徳を一致させ、利他の精神を実践することによって、真の日本経済再生を図れ、という〝天の声〟が聞こえてきます。

（令和元年六月号）

米大統領の大相撲観戦で想起された江戸大相撲の〝剛毅〟

令和初の大相撲本場所となった五月夏場所は、まだ三役経験もない朝乃山の初優勝で終わりました。夏場所、最も注目を浴びていたのは、新大関の貴景勝でしたが、序盤でケガをして休場、その後、再出場に踏み切ったものの一日で再休場と、ファンの期待を裏切りました。貴景勝は七月の名古屋場所で、新大関二場所目にして早くもカド番を迎えるわけですから、ケガの回復が気になるところです。

朝乃山の平幕優勝は、横綱・大関陣の自滅によるところが大きく、アレヨアレヨと言う間の優勝でした。高野山大学時代、学生相撲の全国大会に出場し、後に大関・豊山、時津風理事長になる内田勝男選手らに混じり、ベスト三二選手として表彰されたことがある私から見れば、朝乃山は大きく柔軟な体つきが、大鵬、貴乃花、白鵬といった、四つ相撲の名横綱に似ています。今後さらに、全身全霊で稽古を重ね、四つ相撲の型を完成させれば、朝乃山の前途は洋々たるものになるはずです。

ところで、この場所、両国国技館が最も盛り上がったのは、すでに朝乃山の優勝が決定していた千秋楽でした。千葉のゴルフ場で日米首脳ゴルフを楽しんできた、安倍晋三総理とトランプ大統領が、結び五番前の時点で、夫人同伴で枡席に臨時に設けられた観覧席に入場してきたとき、館内は騒然となりました。

多くの観客が一斉に立ち上がり、スマホによるにわかカメラマンに変身したのです。その喧噪は数分間続き、すでに土俵上に呼び出されていた御嶽海と朝乃山の両力士は、困惑の表情を浮かべていました。その勝負に勝った御嶽海は、取り組み後、集中できなかったとの不満を漏らしつつ、「朝乃山関がかわいそうだった」と、優勝者に対する労りの言葉を口にしていました。

大相撲はさまざまな部分で神事とつながっており、横綱双葉山の時津風理事長も、大関豊山の時津風理事長も、「相撲は礼に始まり、礼に終わる」をモットーとされていました。今回のトランプ大統領の大相撲観戦は、日米の蜜月関係を内外にアピールできましたが、もう少し粛々と行われても良かったという感は否めません。

今回、表彰式で、トランプ大統領から朝乃山に、米国大統領杯という真新しい立派なカップが授与されました。米国大統領杯は初めてです。このカップは今後、毎年、五月夏場所の優勝者に授与されるそうです。毎年、夏場所の表彰式では、天皇賜杯、内閣総理大臣杯とともに、米国大統領杯が授与されるわけです。夏場所の千秋楽は、「日米の絆を再確認する日」となりそうです。大相撲と外交は縁遠いような印象を受けますが、現在ではモンゴル勢をはじめとして、海外出身力士が増えていますから、大相撲ファンは世界各地に広がっています。一九六〇年代から、日本相撲協会が主催した海外公演が十三回、勧進元（興行主）が主催した海外巡業が十六回行われてきていますから、大相撲はまさに「世界に通じる日本の国技」です。

今回のトランプ大統領の大相撲観戦にまつわり、いろんなメディアで報じられたのが、江戸末期のペリー提督の二度目の来航の際、江戸の大相撲力士が「おもてなし」に大きな貢献をした逸話です。

半ば無理やりに日米和親条約を締結させられた幕府は、調印後の祝賀会に、大統領への贈答品の二百俵のコメとともに、大相撲の力士たちを同行し、会場で米俵を運ばせたのです。飛騨白川郷出身の白真弓という巨漢力士などは、一度に八俵、約四百八十キロを運び、米国海兵隊員たちを驚かせたといいます。

その後、海兵隊員から選ばれた十五人の屈強な若者が、相次いで白真弓に挑戦しますが、アッと言う間に投げ飛ばされ、張り倒されます。さらにレスリングやボクシングのチャンピオンの経歴を持つ三人が、力士たちのリーダーだった大関・小柳常吉に一斉に飛びかかりましたが、十秒足らずの間に、一人は踏みつけられ、一人は羽交い締めにされ、一人は片手で吊り上げられ、小柳に「みえ」を切られる有り様でした。この話を聴いた江戸町民は大いに溜飲を下げたといわれます。

現在の力士たちが、それだけのパワーを身につけているかどうか、なんとも言えませんが、江戸の力士たちがパワーとともに、堂々たる立ち居振る舞いをしていたことも、その逸話から感じることができます。私は、現在の大相撲の力士たちも、国際交流に貢献する意識を持って、積極的に海外に日本の国技を紹介してほしいと思っています。

（令和元年七月号）

金融庁報告書問題が物語る永田町・霞ヶ関の沈滞ムード

元号が平成から令和に変わって二カ月あまりが経ちました。緊張感に欠けた通常国会が終わり、主要二〇カ国大阪サミットを終えて、日本の政治は参院選に雪崩れ込んだところです。今回の参院選は、十二年前、第一次安倍晋三内閣当時の自民党が惨敗を喫し、安倍首相が一年で辞任に追い込まれた、いわく因縁のある参院選であり、憲政史上最長の在任期間を目前にした安倍首相としても、絶対に負けられない選挙です。

しかし、直近のマスコミの内閣支持率を見ると、軒並み、支持率が急に下がっています。その大きな要因は、「老後の生活費が二千万円不足する」とした、金融庁の報告書にあったとされています。

金融庁が設置した金融審議会「市場ワーキング・グループ」は、平成三十年九月より一年半、十二回にわたり、「高齢社会における金融サービスのあり方」など「国民の安定的な資産形成」を中心に検討・審議を重ね、去る六月上旬に、「人生百年時代を見据えた資産形成を促す報告書」を公表しました。

そして報告書は、長寿化により定年退職した後の人生が延びるため、九十五歳まで生きるには、夫婦で約二千万円の金融資産の取り崩しが必要になるとの試算を示し、公的年金制度に頼った生活設計だけでは、資金不足に陥る可能性に触れ、長期・分散型の資産運用の重要性を強調したのです。

九十五歳まで元気に溌剌と、高齢社会を謳歌して生きようとしている人は、それぐらいは資産運用が必要かもしれないと受け止めたかもしれませんが、現在の格差社会を必死に生きている方たちには、むしろ自分には縁遠い話として受け止めた人が多かったのではないかと思います。

ところが、この金融庁の報告書は、「百年安心」を謳ってきた年金制度の根幹を崩すものだという批判が、マスコミや野党から沸き起こり、金融担当大臣を兼務する麻生太郎財務大臣が、報告書を突き返す事態となり、年金問題が改めて俎上に載せられ、参院選を控える通常国会終盤の与野党対立を激化させたのです。

その「年金不安」を煽る形の国会内外での攻防が、金融庁の報告書を縁遠い話として聞き流していた多くの国民の不安をかき立て、それが参院選を前にして、安倍内閣の支持率下落につながったのです。

六月二十六日付け朝日新聞朝刊は「耕論」欄で、『二千万円不足』の衝撃」というテーマで、三人の識者の声を取り上げていました。その三人とは、元厚生労働大臣の坂口力氏、『週刊東洋経済』編集長の山田俊浩氏、フィナンシャルプランナーの岩城みずほさんですが、三人とも金融庁の報告書の出し方、位置づけが明確ではなかったことが、年金不安を煽る方向に流された、という受け止め方のようでした。

そして、坂口氏は「かつては与野党を問わず社会保障、年金の専門家がいたが、最近はいなくなった。政治家は官僚任せにせず、自らが国民に語りかけるべきだ」と言い、山田氏は「年金は生活保護のような公助ではなく、共助であり、人口や経済情勢に応じて不断に微修正する必要があり、『百年安心』という言葉は有害無益です」と言っています。

さらに、岩城さんは、「社会全体で大事なことは、収入が低く貯金もできないような人を減らすこと、誰もが貯金や資産運用をしながら、ある程度の生活ができ、賃金を得られる環境を整えること。それが政府の仕事ではないでしょうか」と力説しています。

いずれにしても、「老後の生活費が二千万円不足」というセンセーショナルな受け止め方をされたのは、金融庁にとっても報告書を作成した専門家にとっても、不本意だったかと思います。しかし、近い将来の不安情報を警鐘として鳴らすのなら、資産運用の余裕もない、国民の多くが選択できるような不安解消策も提示すべきでした。そのような痒いところに手の届くような「愛語」が、衆生救済には欠かせないのです。

ここへ来て、限界集落が増えてきたとか、檀家が減少して住職のいない「無住の寺」が増えているとか、地方の荒廃が一段と進んでいることを物語るニュースが後を絶ちません。政治家や霞が関の官僚が国家安泰、衆生救済に全身全霊で取り組まないと、人口減少とともに日本は沈没していくばかりです。

現在の国家・国民への奉仕を忘れた、沈滞ムードの永田町・霞ヶ関では、真の日本再生は遠のくばかりです。今回の金融庁の報告書問題は、そのことを物語る一断面でしょう。猛省を促したいと思います。(令和元年八月号)

仏教の「四恩」に感謝できる社会の再構築を祈る！

日本の長い歴史を振り返ると、日本社会の精神的な平安を保つ上で、仏教者が一定の役割を果たしてきたことは確かです。六世紀半ばに仏教が伝来し、聖徳太子が「仏法僧」すなわち「仏陀」「仏教の教え」「僧侶・教団」を「三宝」と位置づけて以来、日本は長い間、仏教を国是として運営されてきました。その流れの中で、奈良の都で栄えた三論宗、法相宗、律宗、華厳宗などの南都六宗、平安から鎌倉時代にかけて、最澄の天台宗、空海の真言宗、法然の浄土宗、親鸞の浄土真宗、一遍の時宗、日蓮の日蓮宗、栄西の臨済宗、道元の曹洞宗といった仏教宗派が相次いで誕生し、その法灯は令和の現在に至るまで受け継がれているのです。

しかし、それらの仏教も、江戸時代には儒教に押され、明治初期には新政府の神仏分離令に基づく廃仏毀釈政策により弱体化を余儀なくされました。さらに戦後は、GHQにより神道指令が出され、国家神道は廃止され、「日本国憲法」では政教分離が実現されるに至りました。戦後、日本の仏教が葬式仏教により傾斜していき、高度成長の徒花と言われたバブル狂乱時代と、その後のバブル崩壊期のモラルハザードに、仏教界が有効な対応をとれなかったのも、私は政教分離に遠因があるような気がしてなりません。

仏教には「私たちが平等に受けている四つの恩」、「四恩」という言葉があります。その四つとは「父母の恩・衆生の恩・国王の恩・三宝の恩」です。仏教では、この四つの恩はすべての人が平等に享受している恩と位置づけられているのです。二十一世紀の現代においても、「父母の恩」はすぐに理解できます。「衆生の恩」というのは、人間はもちろん動物も植物も、山や川も、この世に生きとし生けるすべてのいのちは、お互いに支え合って生きているという仏教の教えを背景にした考え方です。「三宝の恩」も、仏教がこの世にあまねく仏さまの光を及ぼしているという前提に立てば、当然の恩と言えるでしょう。問題は「国王の恩」です。賢帝、聖王であれば、すべてのいのちは恩を受けられますが、暴君、独裁者の場合は、恩を受けられるどころか、塗炭の苦しみを余儀なくされます。「四恩」に国王の恩が挙げられているのは、為政者に対する仏教側からの期待・要望が込められています。いずれにしても、仏教では「四恩」が大事にされてきたのです。

弘法大師空海、お大師さまの著書『性霊集』の冒頭に収められているのが、「四恩の奉為に二部の大曼荼羅を造る願文」という文章で、「四恩」の重要性を説かれています。それは、お大師さまが唐の長安で造られた金剛・胎蔵両部大曼荼羅を、日本に持ち帰られてから十八年後のことでした。その間に、両部曼荼羅の絹紙は傷み、彩色も色褪せようとしていました。そこでお大師さまは、両部曼荼羅の修復を各方面に働きかけられたのでした。

お大師さまの願いは嵯峨天皇をはじめ、皇族方や大臣たちに受け入れられ、両部曼荼羅をはじめ、合計二十六鋪の絵図が修復されたのです。お大師さまはその際、「四恩の奉為に二部の大曼荼羅を造る願文」と題する祈りを捧げられたのです。

「伏してお願いしたてまつる。この功徳の利益をひろめ、み仏の恩にお答えできるように、この国家を守り、悟りの境地を明らかにするように。この国土を仏の国、すなわち崇高なる密厳浄土と等しくし、人々を永遠に不変の如来と等しくせしめたまわらんことを」と。お大師さまが両部曼荼羅の修復に託された願いが、まさに「四恩」が広くあまねく実践される国づくりだったのです。

令和時代の日本は、お大師さまが「四恩」の教えを強調された時代とは異なります。「四恩」の考え方は、いかにも古色蒼然とした色合いに映ります。しかし、心の眼を開いてみると、「四恩」が描く世界は、古くて新しい世界に見えてきます。

この世の中、父母の恩に対する感謝の気持ちは十分、行われているでしょうか。卓越した指導者に恩を感じる場面があるでしょうか。生きとし生けるものがすべてつながっていることに感謝して生きる人や、衆生を救うために必死に修行し、仏教を継承してきた人たちに感謝している人が、どれだけいるのでしょうか。

現代は「四恩」が通用する時代ではないと、端から諦めてしまうのではなく、ここで改めて「四恩」に思いを馳せ、「四恩」に感謝できるような社会の再構築に、百年かけても、千年かけても取り組むべきではないかと、私は思うのです。

（令和元年九月号）

厚労省には任せておけない！外地の戦没者遺骨収集

令和元年の戦没者慰霊の夏が終わりました。日本武道館での全国戦没者追悼式は、ご即位から三カ月半の新しい天皇皇后両陛下のご出席のもとに行われました。天皇陛下は、戦後日本を築き上げてきた「人々のたゆみない努力」と「苦難に満ちた国民の歩み」、さらに先の大戦に対する「深い反省」に触れながら、象徴として不戦を誓い、平和を希求する、上皇上皇后さまの時代の戦没者追悼の姿勢を踏襲されました。天皇皇后両陛下は粛々と立派に務めを果たされました。先の戦争の戦没者は戦後日本の根っこであり、礎であると考える私としても、両陛下の立派に務めを果たされるお姿をテレビで拝見し、これで令和の時代も戦没者慰霊は粛々と続けられていくものと確信し、心より安堵しました。

ただ、この夏、戦没者に関する話題で、私が気になったのは、外地の戦場で非業の死を遂げた戦没者たちの遺骨収集に関する二つの話題です。一つは八月五日にＮＨＫが放映した『戦没者は二度死ぬ～遺骨と戦争』という番組です。この番組で取り上げられたのは、現在米自治領北マリアナ諸島・テニアン島での遺骨収集の話です。同島では戦争末期、「テニアンの戦い」と呼ばれる激しい戦闘が行われ、同島に駐留していた日本軍、暮らしていた民間人はほぼ全滅しました。島の洞窟では民間人の集団自決も行われたと言います。

その洞窟で奇跡的にいのちを長らえた少年が、八十四歳の今も、毎年、肉親の遺骨収集のためテニアン島に渡っているのです。三年前に洞窟で人骨を見つけたときには、同行した厚労省の職員から、「歯が見つからないと精密なＤＮＡ鑑定はできない」と言われ、その場で骨は焼かれてしまったと言います。ご本人にしてみれば、肉親の骨のひとかけらでも見つけたいと、老骨に鞭打ち、毎年、テニアン島に足を運んでいるのに、あまりにもひどい仕打ちです。

私は、国家に殉じる形で外地の戦場で非業の死を遂げた人たちの遺骨収集は、それが兵士であろうと民間人であろうと、国家が先頭に立って行うべき仕事だと思っています。敗戦国という負い目はあったと思いますが、本来は、戦後早い時期から外地での遺骨収集を、国家の事業として取り組むべきでした。厚労省にはそういう覚悟が欠落しているのではないかと、疑わざるを得ません。

実は、その番組が放映される一週間ほど前、シベリアに抑留され、現地で亡くなった人たちの遺骨として、日本に持ち帰られた骨の中の十六人分が、日本人ではない可能性があることが、厚労省から発表されていました。厚労省は自ら杜撰な遺骨収集の実態を認めたのです。その後さらに、シベリアから持ち帰られた別の七十人分の骨も、日本人ではない可能性が高いことが公表されました。要するに、現地の住民たちの曖昧な記憶を頼りに遺骨収集を行い、その骨の正確な鑑定を怠ってきたツケが、令和初の戦没者慰霊の夏に一気に吹き出してきた印象です。これでは極寒の地で非業の死を遂げた兵士たちは浮かばれません。

厚労省の調べによると、先の大戦における海外での戦没者は約二百四十万人で、まだ半数近くの百十二万人分の遺骨が収容されていない状況にあると言います。私は、この百十二万人の慰霊をきちんと行わない限り、日本に真の平和と繁栄は訪れないとさえ感じています。

平成四年（一九九二）、私はハバロフスク郊外の日本人墓地で、仏教の怨親平等思想に基づき、日ロの戦没者の霊を慰めるシベリア戦没者慰霊祭と世界平和祈願祭を執り行いました。そのとき墓地を囲む林を吹き抜けた一陣の風とともに、数多くの日本人兵士の御霊が現れ、墓地の中空で慟哭するのを感じたのでした。

本来なら、私はシベリア抑留戦没者の遺骨を日本に持ち帰り、手厚く供養しなければならないのですが、それは国家によってコツコツと実行してもらうことにし、そのときはシベリア抑留戦没者六万人の御霊を御鏡に移して持ち帰り、その鏡を靖国神社に奉安させていただきました。

今回の報道を見るにつけ、私は戦没者の遺骨収集は、厚労省には任せておけないと思いました。戦没者慰霊という仕事は、中途半端な役人仕事でやり遂げられるものではないのです。戦没者慰霊、戦没者の遺骨収集の仕事は、国家の大業です。西郷さんも言っています。「命もいらず、名もいらず、官位もいらず、カネもいらぬという人は始末に困る。しかし、この始末に困る人でなくては、国家の大業はなし得ない」と。（令和元年十月号）

危機に立つ電力！ 東電、関電の経営陣に猛省を促す

令和元年の夏も、日本列島は台風に悩まされましたが、その中で長く記憶に残ると思われるのが、九月上旬に首都圏を襲った台風十五号でした。南方海上に発生し、小笠原諸島近海を通過した頃には、進路を北西にとっており、東海から関東にかけて上陸することが確実となっていましたが、伊豆半島南方で急に北東方向に向きを変え、深夜、三浦半島をかすめたあと東京湾を縦断し、千葉市に再上陸するという、珍しいコースを辿りました。

台風の目の東側に入ると大きな被害が出ると言われますが、あと四～五十キロ西側を通過していたら、東京、川崎、横浜あたりが暴風雨で大きな被害を被ったかも知れません。その意味では、京浜地域は助かりましたが、代わって大きな被害を受けたのは、台風の目の東側に入った房総半島でした。

房総には高い山がありませんから、暴風雨が我が物顔で荒れ狂い、丘陵地帯では高い鉄塔が、平野部では電柱が、相次いで倒壊しました。また、民家の屋根瓦は飛び、窓ガラスは割れ、布団から畳までが浸水したようにずぶ濡れとなりました。そして、房総の広い地域で深刻な停電・断水状況が起き、住民は塗炭の苦しみを味わうことを余儀なくされたのでした。

しかし、台風一過の翌朝の時点では、東京、横浜などの被害が軽度なものに終わったからか、マスコミが房総半島の被災状況をあまり報じなかったからか、房総半島が激甚災害地に指定されるほどの被害を受けているとは、国民の多くは知らなかったのです。

房総半島の電気を供給している東京電力の対応も、最初の頃は、緊張感に欠けていたと言わざるを得ないものでした。大きな鉄塔が山中で何本も倒壊し、道路際の電柱も枕を並べるように倒れている状況は、素人目にも、「復旧は大変だろう」とわかるものでした。しかし、東京電力の当初の見通しは、「数日で回復できる」と楽観的なものでした。ところが、実際は日増しに状況が最悪なことが判明してきて、当初の「復旧までに数日」が「一

週間」に延び、それがさらに「十日」、「半月」と延期されたのです。その過程では冷房が使えないため、暑さで体調を崩して亡くなった高齢者もいます。

東京電力は東日本大震災の津波で、福島第一原発をメルトダウンさせる事故を起こして以来、その事故収束作業という空前の難問に取り組んでいますが、今回の房総一帯の停電に対する後手後手の対応は、この八年半があまりにも過酷な苦難の道程だったために、企業としての正常な判断ができない組織になってしまったのではないか、と思わざるを得ないようなものでした。

東電が房総の停電復旧にようやくメドをつけた頃、今度は電力業界の西の雄・関西電力で、今どき信じられないような不祥事が明るみに出ました。関電の会長、社長ら幹部二十人が、関電の原発が立地する福井県高浜町の森山栄治元助役（故人）から、合計三億二千万円相当の金品を受け取っていたというのです。森山氏は、関電の百%子会社「関電プラント」の非常勤顧問を三十年以上にわたって務め、地元では「森山さんの尽力により、高浜原発三号機、四号機ができた」などと、「産業がなかった地元の功労者」と言われていたそうです。

森山氏は高浜原発の関連工事を受注していた、地元の土木建築会社から現金を受け取り、それを関電の幹部に渡していたようですが、そのカネはもともと、その土建会社がさらなる下請けとの取引で作った裏金だったといいます。要するに、森山氏は地元と関電の間に入ってフィクサーの役割を果たすことによって、存在感を維持してきた人だったと言えるでしょう。

その不明朗な取引はあろうことか、主に東日本大震災、原発事故が起きた二〇一一年から七年にわたって行われていたようです。関電側の当事者は、「返却を申し出るなどしたが、怒鳴られたりして返却困難な状況があった」とか、「一時的に個人の管理下で保管し、儀礼の範囲内を除いて、すでに返却した」などと釈明していますが、「みんなで渡れば怖くない」的な気持ちもあったのではないでしょうか。

かつて電力業界は良識的な企業のトップに挙げられ、戦後日本をリードした財界人を何人も生んできました。電力業界が大震災後の苦境から脱しなければならないときに、リーダーカンパニーがこれでは、先が思いやられます。東電、関電の経営陣に猛省を促したいと思います。

（令和元年十一月号）

佐藤政権を支えた多士済々と安倍政権大臣の違い！

十月二十二日に国家的な行事である即位の礼で祝辞を読み上げ、「万歳三唱」の音頭を取った安倍晋三首相ですが、戦前に三度にわたって総理の座に就き、長い間、日本憲政史上、最長の首相在任期間を誇ってきた、郷里の先輩、桂太郎元首相を凌駕する十一月二十日を目前にして、心なしか表情が冴えません。

無理もありません。即位の礼の直後に、菅原一秀経済産業大臣が地元有権者に秘書が香典を配った問題などで、また、河井克行法務大臣が妻・河井案里参院議員の公選法違反の疑いなどで、大臣辞任に追い込まれたのです。両大臣ともに初入閣を果たしたばかりですから、安倍首相の任命責任が問われても致し方ないところです。

十二年前、第一次安倍内閣が一年で総辞職に追い込まれたのも、参院選の敗北、安倍首相の体調悪化もありましたが、その前に大臣辞任が相次いだ状況がありました。今回は、ただでさえ内外情勢が厳しいときだっただけに、組閣には万全を期してほしかったと思います。それにしても、安倍長期政権のもとで内閣改造が行われるたびに、新大臣として適性に疑問符が付く政治家が起用されるのは、なぜなのでしょうか。全体的に国会議員のレベルが下がってきているのではないかと思わざるを得ません。大臣未経験の若手政治家の中にも、信じられないような発言をして自らを貶め、有権者の支持を失っている例が少なくありません。

そこで、一概に「昔は良かった」と言うつもりはありませんが、安倍首相の大叔父で、今年八月に安倍首相に抜かれるまで、戦後最長の首相在任期間を維持していた佐藤栄作元首相の終盤の第三次内閣、同改造内閣が、どのような人材によって支えられていたかを調べてみました。

一九七〇年代初頭の話ですから、若い読者には馴染みがないかも知れませんが、その時代をご存じの方には「なるほど」と納得のいく大臣名が綺羅星の如く並んでいます。

まず、第三次佐藤内閣を支えていたのは、大蔵大臣・福田赳夫、官房長官・保利茂、外務大臣・愛知揆一、文部大臣・坂田道太、通産大臣・宮沢喜一、防衛庁長官・中曽根康弘、総務長官兼環境庁長官・山中貞則といった人々です。

また、第三次佐藤改造内閣を支えていたのは、外務大臣・福田赳夫、通産大臣・田中角栄、官房長官・竹下登、法務大臣・前尾繁三郎、大蔵大臣・水田三喜男、農林大臣・赤城宗徳といった人々です。

それに加えて、閣外からは自民党三役として、幹事長に田中角栄、福田赳夫、総務会長に鈴木善幸、中曽根康弘、政調会長に大平正芳といった、後に首相を務める人たちが名前を連ねて、最終コーナーを回った佐藤長期政権を支えていたのです。現在の安倍内閣を支える政府・与党の布陣と比較すると、その重みは天と地ほども違う感じがします。

第三次佐藤内閣がスタートした一九七〇年一月から、総辞職する七十二年七月までの佐藤政権は、七十年安保反対運動を乗り越えて、日米安保を自動延長し、沖縄返還を成し遂げる一方、金・ドル交換停止、米中共同声明という、二度の〝ニクソンショック〟に対応しながら、円の変動相場制移行を決断するとともに、中国の国連加盟に賛成し、次の田中角栄内閣での日中国交正常化への地ならしを行っています。

佐藤首相の退陣記者会見は、記者団がボイコットする中、ひとりテレビカメラに向かって国民に語りかける、異例なものでしたが、その2年後、佐藤元首相は沖縄返還を評価されてノーベル平和賞を授与されています。

安倍首相は今、政権末期の大叔父の立場に似た厳しい局面に立たされています。内外にさまざまな難問を抱えながら、アベノミクスはぎしぎしと軋みを立てているような状況です。「地球儀を俯瞰する外交」も、そろそろ確固たる成果を一つでも上げねばならない時期に来ています。

佐藤首相の時代は、曲がりなりにも高度経済成長のまっただ中で、いかにマスコミに叩かれようとも、「我が道を行く」ことができた時代でした。しかし、令和の時代は、バラ色の未来図を描けない時代です。

その中で、日本の憲政史上最長の在任期間を達成した総理大臣として、いかにして国民に希望を持たせる形で、次代にバトンタッチするのか、安倍首相の思案のしどころです。まずは与野党を含めて、現状でつくり得るベストの内閣を構想してみてはいかがでしょうか。何かいいアイデアが生まれるかも知れません。(令和元年十二月号)

令和二年（二〇二〇）

一月　新型コロナウイルスが世界中へ拡大
三月　東京五輪の延期決定
四月　緊急事態宣言
五月　米国・ブラックライブスマター運動
六月　広島選挙買収事件
七月　九州豪雨
九月　安倍内閣退陣、菅内閣発足
十一月　米大統領選でバイデン氏が勝利

日中関係再構築に欠かせない共有する思想・道徳

平成三十一年として明け、令和元年として閉じようとしているこの年の瀬の世の中は、内外ともに厳しい状況を迎えていると言わざるを得ません。特に、国際社会は激しく動いています。中東情勢は依然として混沌とした状況が続いており、いつ火薬庫に火が点くか予断を許さない情勢です。

ヨーロッパはイギリスの離脱問題で、ＥＵそのものに亀裂が入りかねない状況であり、メルケル後のドイツの行方も不透明です。さらに、フランスではマクロン大統領の政治に反発が強まっており、「黄色いベスト運動」というデモが、パリをはじめ各地に広がりつつあります。

アメリカのトランプ大統領は、「アメリカ・ファースト」の旗幟を一段と鮮明にし、独善的な外交・経済政策を繰り広げています。それが再選に直結すると確信しているのでしょうが、米中経済戦争や地球環境問題の展開如何では、米国民も新たな大統領を求めるようになる可能性もあります。

日本にとっては、近隣諸国との関係改善が焦眉の急です。日朝関係は今のところ、米朝関係の展開次第ですが、拉致問題や国交回復問題は、水面下で常に前進させる努力を続けてほしいものです。日韓関係は最悪状況に陥っています。文在寅大統領の反日的な政策には、日本政府・国民として容認しがたい部分があることは否めません。両国が併合時代の桎梏を乗り越え、未来志向の友好関係を再構築してほしいものです。双方が話し合える環境を整える、腹の据わった人物が政官財に一人もいないのでしょうか。

外交面で忘れてならないのは、日中関係のさらなる進展です。尖閣諸島周辺海域には、毎日のように中国の公船が入っているようですし、中国で警察当局に拘束される日本人も増えていると言われます。また、香港では警察とデモ隊の衝突が頻発しており、天安門事件の二の舞にならなければと、祈るような状況が続いています。

加えて、来春、習近平国家主席が国賓として訪日し、天皇陛下とも会談することになっていますが、それに対して与党内からも、香港情勢や新疆ウイグル地区での人権侵害問題に関して、国賓として迎えることに異論が出てきています。第二次安倍晋三内閣発足時、日中関係は最悪状態でしたが、この八年間でかなり改善されてきたのは確かです。しかし、日中関係の現状に不満を持つ人たちが少なくないのも確かです。

私は、日本の仏教の多くがインドから中国を経由して日本に伝わったこと、特に、わが真言密教は弘法大師空海、お大師さまが、唐の都・長安に渡り、密教第七祖の青龍寺の恵果阿闍梨から密教のすべてを伝授され、膨大な量の経典から、曼荼羅、各種仏具まで、すべてを日本に持ち帰り、高野山を開創したことがルーツであることなどに鑑み、できれば歴史的に長きに渡って日中間で共有されてきた、伝統的な思想・道徳等々を掘り起こす形で、日中間の新たな友好を築けないかと考えています。

中国では唐末期に、仏教を否定する破仏運動が起き、密教修行の一つである護摩行は、千二百年間、行われなかったと言います。私は、今から十二年前、西安（旧長安）を訪れ、密教第六祖の不空三蔵ゆかりの大興善寺で、中国密教の復活を祈りながら、中国では千二百年ぶりの密教の秘法、八千枚護摩行を成満しました。その後、大興善寺では中国人僧侶によって、護摩行が行われているようです。

私は、中国に密教を里帰りさせることによって、衆生救済・国家鎮護・世界平和を祈り、実践することの大切さを中国社会に広め、中国十四億人の二一世紀の新たな国づくりに力になれたらと考えているのです。

日中関係について〝一衣帯水〟という言葉があります。それほど近しい位置関係にある日中両国は、お互いの幸せのために協力し合うのが当たり前なのです。戦前、日本の愛国者たちが孫文の中国革命を必死で支援したのも、日中国交回復後に日本企業が中国の基幹産業の勃興に協力したのも、そういう信念があったればこそです。

歴史的に長い日中関係を概観したとき、両国が敵対していた時代より、日本が中国から学んでいた時代の方が、はるかに長いことを感じざるを得ません。平和な日中関係が極東アジアの平和の基本であることを念頭に、日中両国はお互いに自由にものの言い合える関係を築いていくことが大事です。新年がその新たな日中関係の第一歩となるよう祈ります。

（令和二年一月号）

政治家の劣化を正すには神仏との交流が不可欠だ！

令和二年の新年が明けました。新しい御世として初めての正月であり、今年は東京オリンピック・パラリンピックの年ですから、本来なら、もう少し希望の光が溢れる年明けであってほしかったのですが、年末から年始にかけて流れてきたニュースは、先行き閉塞感が否めないものが多かったような気がします。

中でも国内的に衝撃が大きかったのは、カジノを含む統合型リゾート（ＩＲ）事業をめぐり、中国系企業から賄賂をもらっていたとして、自民党衆議院議員が逮捕されたことです。その後、他の国会議員にも賄賂を渡したとの贈賄側の供述から、大臣経験者を含む複数の政治家の名前が出てきました。名前が出た政治家は、資金提供は認めながらも贈収賄は否定しており、全貌の解明は今後の捜査を待つしかありません。

ＩＲ事業の推進は、安倍長期政権の政策の柱である、アベノミクスの目玉として位置づけられており、国会でも政府・与党が強行採決までして法案を通した政策ですが、カジノに関しては国民の間に根強い反発があり、今回の贈収賄事件の行方次第では、安倍長期政権の存立基盤をも揺るがしかねない深刻な問題です。

それにしても、昨今の中堅・若手の自民党政治家の劣化ぶりには、慨嘆を禁じ得ません。言動があまりにも軽く刹那的で、沈着・冷静・誠実・重厚といった、政治家として欠くべからざる資質を感じさせる政治家が少ないのです。今回、十年ぶりの国会議員の逮捕が報じられた際、その容疑が百万円の贈収賄だと聴いて、その金額の少なさに正直、不思議な感じがしました。ひと昔前までの贈収賄事件は、少なくとも億単位の札束が動いていたような記憶があったからです。その変化の背景を推察してみました。

《政党助成金などなかった時代の贈収賄事件は、中選挙区時代でもあり、派閥のリーダーたちが、必死に資金集めを行っていたため、政治家が財界から集める政治資金の金額が巨額化し、その狭間で大きな疑獄事件が起きていた。小選挙区制になって以来、自民党の大派閥が事実上解消され、政治資金は基本的に議員個人が集めなければならなくなった。中堅・若手議員も自分自身で資金集めをしなければならず、政府・与党の政策を、永田町に群がってくる〝政商〟たちと結びつけることで、多少なりとも政治資金を自前で調達しようとしていたのではないか。それがけじめのない資金集めにつながった》と――。

国会議員といえば、武家社会における武士のような存在です。江戸時代の武士たちの多くは、金銭の虜になることなく、武士道精神の実践に努めながら、自分たちより下位に位置づけられていた「農・工・商」の分野の人たちの手本になる生き方を貫いていたのです。武士道の極致を説いた佐賀・鍋島藩の『葉隠文書』は、「武士道とは死ぬことと見つけたり」という言葉で有名です。それは「生か死かの場面では、死に向かって直進するのが武士であり、その覚悟さえできていれば、自由自在の境地が得られ、武士としての一生を全うできる」と言っているのです。仏教の修行は武士道精神と通底しています。私は日頃から、「政治家は神仏と接し、多くの民の心や気分を感じ取る感性を養ってほしい」と願っています。

昨年十一月末に、百一歳で逝去された中曽根康弘元総理は、生前、『新潮45』という雑誌で、次のように語っていました。

「今の指導者に一番欠落しているものは宗教的感性。昔は吉田茂にしても池田勇人にしても佐藤栄作にしても、安岡正篤とか禅宗の坊さんを呼んで、月に一回は話を聞いていましたよ。私だって総理時代は日曜日の夜に谷中の全生庵へ行って座禅を組んでいた。五年間、全部で百七十三回もやっている。先輩の見よう見真似で、そんな心持ちになった。目に見えざるもの、見えざる神に畏れを抱くというのは、行動にも出てくる。落ち着きや風貌にも現れてくる」

この中曽根元総理の言葉は、日本的なリーダー像の本質を衝いていると思います。古来、日本のリーダーは、自分自身が仏教者ではなくとも、仏教者との交流を通じて、仏教の心を体現できる人物であろうとしてきました。仏教の心を感得し体現することによって、民衆の心をつかみ、リーダーシップを発揮できることを確信していたからです。日本の憲政史上、最長の総理在任期間を更新された安倍晋三総理には、今まで以上に、全身全霊で国家・国民のための政治に取り組んでいただきたいと祈っています。

（令和二年二月号）

コロナウイルス対応で決まる？ 安倍長期政権の評価

令和二年は十干十二支では庚子（かのえね）の年に当たり、この年まわりは、「植物の生長が止まり、新たな形に変化しようとする状態」を指すといわれます。社会的な見方をすれば、「新しい時代への胎動が始まり、新たなことに挑戦する年」ということです。

ただ、アベノミクスは成長戦略の柱である地方創生が、いまだ確たる成果を上げるに至っておらず、安倍晋三総理お得意の「地球儀を俯瞰する外交」も日ロ、日中、日朝、日韓などの近隣外交で、目に見える形で成果を上げねばならない時期に来ており、昨年十一月に憲政史上最長の総理在任期間を更新された安倍総理も、新年の船出は決して順風満帆とはいかなかったようです。

今年の安倍総理最大のテーマは、いかにして余力を残しながら、国民に希望を持たせる形で、バトンタッチのレールを敷くかということです。現時点では令和時代の先行きは不透明で、容易にはバラ色の未来図を描けない状況です。そして、その退き際を思案中の安倍総理を直撃したのが、年末から年始にかけて、中国・武漢市で発生した新型コロナウイルス肺炎のパンデミック（感染爆発）状況でした。

タダでさえ、今春、訪日予定の習近平国家主席を国賓として迎え入れることに、与党内からも反対論が出ていたところに、中国政府は内陸部の主要都市である武漢で発生した、新型コロナウイルス肺炎への対応を誤り、パンデミック状況を招いて、国際的な非難を浴びているのです。

一月末の時点では、習近平主席の訪日が果たして実現できるのか、なんともいえない状況ですが、仮に訪日が延期ということになれば、安倍総理にとっては令和二年の出鼻をくじかれた形となります。また、コロナウイルス感染を水際で食い止めることができなかった場合、安倍内閣の対応が厳しく問われることになるでしょう。

そもそも、武漢で最初の「原因不明の肺炎」患者が出たのは、12月8日のことです。その後、暮れの30日にインターネットに、武漢の保健機関が出した「原因不明の肺炎」に関する公文書が出回り、元旦には、ウイルスの発生源とされる武漢の海鮮市場が閉鎖、7日には原因が新型のコロナウイルスと特定され、世界保健機関（WHO）も病原体ウイルスを「2019年の新型コロナウイルス」と命名しています。9日には最初の死者も出ていたのです。しかし、中国政府の情報公開、感染対策は後手後手に回り、国際的にコロナウイルス肺炎が問題になり始めた一月下旬に入った段階でも、習近平主席は訪中したWHOのテドロス事務局長と歓談する余裕を見せていました。パンデミック状況は刻々と深刻化し、一月末時点では世界全体で感染者は一万人に達する勢いで、中国国内の死者は二百人を超えて、WHOもついに「緊急事態宣言」を発令するに至りました。

その過程で、武漢は封鎖されましたが、旧正月の春節を前に、人口一千万人の武漢から、五百万人の人が国内外に移動したと言われます。多くは国内への移動とみられますが、日本に向かった人も少なくないようです。現実に、武漢からの観光客を運んだバスの運転者やガイドが、「ヒトヒト感染」した例もでています。

また、日本政府が準備した民間旅客機によって、数回にわたって武漢在住の日本人が帰国していますが、その中から感染例が出てくるケースも予想されます。中国側の検査では、今回のコロナウイルス肺炎の感染源は、SARS（重症急性呼吸器症候群）の場合と同じくコウモリだということですが、最新の医療・製剤の技術力によって、事態が早期に終息に向かうことを全身全霊で祈りたいと思います。

ただ、世界の近代史の中には、インフルエンザのパンデミックとして、1918〜1919年の「スペインかぜ」という、桁外れの悪夢があります。全世界での患者数は全人口の25〜30％にも達し、死亡者は4〜5000万人、日本でも患者数2300万人、死亡者38万人だったといいます。第一次世界大戦が終結に向かった一つの要因だったともいわれているようです。

この夏には東京オリンピック・パラリンピックが開催されます。新型コロナウイルスがさらに世界各地に蔓延するようなことになれば、東京五輪の中止という事態にもなりかねません。安倍総理には密教でいうところの身口意をフル回転させ、この事態の沈静化に全力投球していただきたいものです。それが安倍内閣の金字塔となる可能性もあります。

（令和二年三月号）

新型コロナの国難状況後に求められる政治家像⁉

新型コロナウイルスによる肺炎感染問題は、昨年十二月に中国湖北省の武漢市で発生以来、約三カ月が経過しました。世界的に見ると、依然として感染は拡大し、死者も増えつつあり、終息する気配はありません。むしろ二月半ば以降、世界的な感染拡大につれて、その影響が世界経済にも波及し、各国の株式市場はリーマンショックに匹敵するような暴落に見舞われています。

日本では感染がパンデミック（爆発的感染）状況にならぬよう、安倍晋三総理自らが記者会見の席を設け、三月二日から春休みに入るまでの約三週間、小・中・高の休校を要請したり、大勢の観客が集まるスポーツの試合や、演奏会・リサイタルなどのイベントを中止するよう申し入れを行いました。こうした政府の対応に即応する形で、プロ野球、プロゴルフ、大相撲などで、前代未聞の無観客試合が相次いでいます。

横浜港に着岸していた大型クルーズ船ダイヤモンド・プリンセス号では、数百人という陽性反応者を出しながらも、ようやく全員が船から下りることができたようですが、乗客や乗組員たちを長期間、船内に閉じ込める形になったことに関しては、海外から初期対応のミスを指摘する声が上がっています。

武漢で新型コロナウイルス感染が明るみに出て以来、中国政府の初期対応が後手後手に回ったことは、当初から指摘されていましたが、日本政府の対応も決して褒められたものではありませんでした。

安倍総理がこの問題で、国民の目に見える形でリーダーシップを発揮されるようになったのは、二月も下旬に入ってからでした。遅きに失した感は否めません。遅くとも大型クルーズ船が横浜港に入ってきた段階で、安倍総理がイニシアチブをとって機敏に対応されていたら、結果的に同じ対症療法しか取れなかったにしても、内閣支持率が急落することはなかったと思います。

新型コロナウイルス禍によって、桜花爛漫の四月上旬に予定されていた日中首脳会談は、延期が濃厚となりました。また、ウイルス禍が予想外に長引けば、東京オリンピック・パラリンピックも延期か中止になる可能性もあります。もし仮にそうなった場合、日本経済は深刻な景気後退を余儀なくされ、この七年半の安倍政治に対する評価も厳しいものになる可能性があります。それにしても、昨今の永田町の様子を見ていますと、与野党ともに、この日本をどういう国にするのか、その未来図を国民の前に提示する努力が、決定的に欠けています。お互いに揚げ足取りをしている場合ではないのです。

昨年、平成の天皇が生前退位をされ、新天皇陛下のもとに令和の時代が始まりました。私は、令和の時代は、明治維新、敗戦時に匹敵する、日本にとって厳しい時代になるという予感がします。今回の中国発の新型コロナウイルス禍は、日本苦難時代の先駆けのような気がしてなりません。そういう時代に求められる政治家像とは、どういうものでしょうか。

肥後熊本藩出身の勤王の志士の一人で、越前藩の松平慶永に招かれて、同藩の政治顧問となった横井小楠は、「政府と人民はともに苦しみ、ともに豊かになるべきだ」という考え方の人でしたが、越前藩のために『国是三論』という指南書を残しています。「三論」とは経済・外交・教育の三論のことで、「天・富国論」「地・強兵論」「人・士道論」の三つを論じています。

小楠の国是には「富国」「強兵」の他に「士道」が入っていたことは注目に値します。小楠は「富国」「強兵」だけでは国は行き詰まること、日本の伝統的美徳である「士道」の精神を忘れてはならないことを洞察していたのです。そして小楠は「人・士道論」で、「文武の道は武士としての職務上の本分であり、政治上の要点である」としながら、文武はもともと「文」と「武」に分けられるものではないと説いています。

文武の語源は中国の『書経』にある昔の皇帝・舜を称える言葉、「徳がすぐれて何事にも詳しく、神秘的で、文武のどちらも兼ね備えている」という文章からきており、皇帝・舜の「おのずと外に滲み出た徳、その思いやりの気持ちや道理、強さ、やさしさ」を指して「文武」と言ったのであり、文武は一つの徳性のことだと、小楠は主張するのです。文武両道という言葉がありますが、その奥には、自然に滲み出る徳、思いやりの気持ち、人間的やさしさが欠かせないのです。そういう国会議員が、平和な令和の新時代を築くのです。（令和二年四月号）

新型ウイルス関連語「三密」から「三密加持」を想う

桜の開花が三月半ばと、記録的に早かった首都圏では、年度が改まるとともに桜吹雪が舞っていますが、今年の桜を味気ないものにした新型コロナウイルスの感染爆発は、その中心を発生源の中国湖北省武漢から欧米諸国に移して、ますます猛威をふるっている状況です。

日本でも感染拡大はいよいよ深刻化しており、四月に入った時点で、まだ感染者が出ていない都道府県は、岩手、鳥取、島根の三県だけです。すでに、今年七月下旬から開催される予定だった東京オリンピック・パラリンピックは、来年七月下旬からに延期が決まりました。

三月後半から東京都で新たな感染者が激増する状況となり、早晩、政府は「緊急事態宣言」を出さざるを得なくなるのでは、と見られています。その東京の危機的な状況の中から、安倍晋三総理や小池百合子都知事の口から突如出てきて、私たち真言宗関係者を驚かせたのが、「三密」という言葉です。

厚生労働省のクラスター（感染集団）対策班などが、東京都の感染者急増の背景を調べ分析したところ、感染経路不明者の中に、ナイトクラブなどで飲食をした例が多かったことから、「換気の悪い密閉空間」「多くの人が密集する場所」「近距離での密接した会話」が、感染の主要原因として挙げられたのです。そこで「密閉」「密集」「密接」の三つの密、「三密」を避けるよう、首相、都知事などから国民に対して注意が促されたわけです。

新型コロナウイルス禍に巻き込まれないためのキーワードとして、「三密」という言葉を導き出した人は、「三密」という言葉が弘法大師空海、お大師さまが真言密教の修行に欠かせない理念として掲げられた言葉であることを、ご存じだったのでしょうか。ご存じの上で使われたとしたら、相当の知恵者だと思います。

お大師さまは、密教を自分のものとするには、経典を学ぶ教相と、修行を極める事相の両方を修得せねばならぬと、『秘蔵記』というメモ風の文書を残されていますが、その中に次のような一節があります。

《今まさに、密教の修行法である三密の加持の力を以て煩悩の塵垢を除いて明了に心の実相を見るべし》

その意味するところは、「今まさに、密教の修行法である三密の加持の力をもって、煩悩の塵垢を取り除いて、明らかに本来清浄である心の真実を見るべきである」ということです。

「三密の加持」とは、お大師さまが創造された、密教行者が勤めるべき独特の修行法です。もともと密教の修行は「三密行」といわれ、「身密」「口密」「意密」の三つから成り立っています。「身密」とは行者が手にいろいろな印を結ぶこと、「口蜜」とは口に真言を唱えること、「意密」とは心に仏との一体化を念ずることです。

密教行者が日々、心身を清浄に保ちつつ、「三密」の行を全身全霊で勤めていれば、やがて仏さまの智慧や慈悲の力をいただくことができ、その力によって不治の病に苦しむ人や、さまざまな不幸に絶望している人たちを、仏さまに成り代わって癒し、救うことができるようになります。それが密教独自の加持祈祷ということです。

このような密教独自の「三密」という言葉が、新型コロナウイルスに感染しない対処法を象徴する言葉として使われるとは、高野山の奥之院で今も衆生救済を祈っておられるお大師さまも、想定外だったに違いありません。

しかし、お大師さまは今から約千二百年前に、当時の唐の都・長安から最新仏教であった密教のすべてを日本に持ち帰り、衆生救済・国家鎮護の祈りを全身全霊で祈念され、疫病の蔓延や深刻な日照りによる干魃で国難状況になったときには、自ら率先して大規模な疫病退散、雨乞いの大きな行を修されています。

したがって、令和時代になったばかりの日本が、新型コロナウイルスの爆発的感染を克服するために、「三密」という合い言葉を掲げたことに関して、高野山奥之院のお大師さまも、国民を苦悩から救うことこそ、国家リーダーたちに課せられた役割であり、国家安泰・国家鎮護の要諦だと、静かに見守ってくださっているに違いないと思います。

今回の新型コロナウイルスの大感染は、人類を死の恐怖に陥れただけでなく、世界経済の収縮、最先端科学の脆弱性、国際交流の限界等々、多くの問題点を人類に示してくれました。これを機に、新たな世界平和への青写真が描かれることを願ってやみません。

（令和二年五月号）

新型コロナ終息後の新たな国際平和を願って

今年のゴールデンウィークは、新型コロナウイルスの感染拡大という国難状況のもとで、政府から国民に対して、パソコン画面で無事を確認し合う「オンライン帰省」で我慢し、新幹線や空の便を利用した帰省は避けてほしいとの要望が出されるに至りました。昨年のゴールデンウィークは、上皇上皇后両陛下のご退位、新天皇皇后両陛下のご即位、新元号令和のスタートなどが重なって、祝賀ムードの十連休でした。連休中の国民の総旅行消費額は一兆円を上回り、そこに海外からのインバウンドが加わって、日本列島は空前の旅行ブームに沸き立ちました。今年のゴールデンウィークは一転して、旅行は限りなくゼロに近い状況にまで縮小し、交通・旅行・観光・小売業・飲食業関連の業界は、深刻な影響を受けています。すでに日本企業の国内外での経済活動は、縮小の一途を辿っており、株価も二万円の大台を割り込んだ水準で低迷しています。

現状の新型コロナ禍が惹起した景気後退は、十二年前のリーマンショックどころか、昭和初めの世界大恐慌に匹敵するのではないかという声もありますが、現時点では、新型コロナの感染拡大をいかにして終息させるか最優先課題となっており、終息後の経済立て直しを議論する余裕はないような状況です。いずれにしても、日本列島は年初には想像だにしなかった、鬱々たる風薫る五月を迎えています。

新型コロナ禍の克服については、世界各国の感染病の専門家たちが、昼夜を分かたず懸命な努力を続けていますが、世界的なＶＩＰからも、さまざまな声が発せられています。

ローマ教皇フランシスコは三月三十日に、雨のしたしる無人のサン・ピエトロ広場で犠牲者を追悼し、感染者を慰め、コロナにおののく多くの人たちの無事を祈られました。また、四月八日には雑誌の取材に対して、「新型コロナの世界的な感染拡大は、環境危機を無視し続ける人類に対する〝大自然の反応〟の一つだ」と、警鐘を鳴らされています。

また、四月五日、BBC放送で演説された、今年九十四歳のイギリスのエリザベス女王は、自宅に留まっている人たちや、他人を助けている人たちに感謝し、特に「キー・ワーカー」と呼ばれる、市民生活維持に貢献している人たちには、「皆さんが一時間、そしてまた一時間と働いてくださることに、私たちの暮らしは今より普通のものへと近づきます」と励まされました。そして女王は、「私たちはこれまでにも多くの困難に直面してきましたが、今回はこれまでと違います。私たちは今回、世界中の全ての国と同じ取り組みに参加しています。科学の素晴らしい躍進と、直感的な思いやりをもって、病を治すために。私たちは成功します。その成功は私たち全員一人一人の成功になります」と結ばれました。

ローマ教皇、エリザベス女王の言葉を読むだけで、人類は新型コロナウイルスを克服し、新たな平和な世界を目指さねばならないという気持ちが湧いてきます。

新型コロナに席巻される前までの世界は、二十世紀末にサミュエル・ハンチントン教授が警鐘を鳴らされた文明・民族・宗教などの違いを背景とする、『文明の衝突』状況が、この地球を色濃く覆っていました。しかし、新型コロナに蹂躙された地球社会の現状は、『文明の衝突』に現を抜かしている場合ではないことは明らかです。

人類に叡智があるならば、「ポスト・新型コロナ」の時代は、『文明の衝突』状況を乗り越えて、新たな地球社会の共存共栄体制の構築に取り組む時代にしなければなりません。そのために欠かせないのは「祈り」だと思います。生きとし生けるすべてのいのちが、共存共栄できる地球社会を目指し、すべての宗教が祈りを深めることが不可欠です。

私事になりますが、わが高野山別格本山清浄心院は、昨年、改元から半月後の五月十五日に、護摩堂「鳳凰奏殿」と供養堂「永山帰堂」の落慶法要を執り行いました。その二つの御堂は、弘法大師空海、お大師さまが今もなお衆生救済を祈られている、高野山奥之院と隣接する、霊気に満ち満ちた場所にあります。

私はそこで日々、真言密教の本格的な護摩行を勤め、衆生救済・国家安泰・世界平和への祈りを捧げ、その場を千年後に連なるご先祖供養の場としていきます。私が「鳳凰奏殿」で焚く大きな護摩行の光が、新型コロナ後の新たな世界の平和づくりを照らすよう祈りながら——。

（令和二年六月号）

コロナ後の「新たな日常」のカギとは！

五月最終週、四月七日から全国に出されていた、新型コロナウイルスの感染拡大を食い止め、クリアーするための緊急事態宣言が、約二カ月ぶりに完全解除となり、日本列島の津々浦々にホッとした空気が漂いました。この二カ月間、感染拡大を断固阻止し、第一波を乗り越えるために、企業は「テレワーク」という新たなを勤務方法を導入し、休校を余儀なくされた幼・小・中・高・大の教育現場では、オンライン授業の活用が始まっています。

コロナ危機を機に社会が変わる兆候が出る一方、数カ月間の経済縮小により、大企業から中小・零細企業まで、業績が急激に悪化し、倒産や失業が増加の一途を辿っています。緊急事態宣言が解除され、街の飲食店や映画館などが相次いで再開されていますが、座席の間隔をあけて使うなど、しばらくは新型コロナ以前の集客は望めないのが実情です。緊急事態解除を境にして、「新たな日常」という言葉が人口に膾炙（かいしゃ）されています。政府や各自治体が新型コロナの国難状況を食い止め、経済再生に向け国民を鼓舞する意味合いが込められている言葉です。耳障りは良いのですが、いまひとつ具体性に欠けているような気がします。

新型コロナ危機を奇禍として「新たな日常を取り戻す」ということは、コロナ以前の日常を取り戻せばいいということではなく、先行き不透明感が色濃く漂っていた、コロナ危機以前の日常を凌駕する、この国の新しい姿を求めることであってほしいと、私は考えるのです。

そういう意味では、新型コロナ禍に突如浮上してきた、「九月新学期制度」には、新たな日常を開く「国家百年の計」的な意味合いがあると思います。ただ、私は「九月入学制」への移行は、四月新年度の慣習、入試制度、教職員・自治体の対応等々から見て、拙速に進められるべきものではないと考えます。

今回の新型コロナウイルスの第一波の感染状況を俯瞰すると、人口が密集する大都市が弱く、人口が少ない過疎地域が安全だった、ということができます。林立する高層マンションに暮らし、高層ビル街のオフィスに勤務している人をはじめ、日々、過密な生活を強いられている都市住民が、コロナウイルスに感染する恐怖と闘いながら、鬱々たる日々を送ったのです。

そういう観点に立てば、コロナ危機後に開く「新たな日常」のテーマは、戦後日本の宿痾とも言うべき、「過密・過疎」問題の解消に取り組むことではないか、と私は考えるのです。側聞するところ、コロナ危機で「三密」回避生活が叫ばれて以来、地方に新たな職場を求める現役世代が増えているそうです。

私は平成の三十年間、日本の未来を開くには過密・過疎問題の解消が不可欠だと訴え続けてきました。記憶に強く残っているのは、二十世紀も終わりに近づいた平成十一年（一九九九年）の年末、「今年の漢字」に「末」という字が選ばれたときのことです。バブル崩壊後の長期不況が続き、日本社会の「モラル・ハザード」が深刻化した時代でした。漢和辞典などで「末」を調べていると、紀元一世紀、後漢時代の班固という歴史家の、「末を棄てて本にかえる」という言葉がありました。「末業である商業をやめて、本業の農業にかえる」という意味だといいます。私にはその言葉が、バブル後の「第二の敗戦状況」に打ちひしがれている日本にとって、「天の啓示」のように思われました。

そのとき私は、従来の経済成長路線の背後にあった、カネとモノを優先する金儲け至上主義を見直し、経済を「世を治め民を救う」、本来の経世済民の経済に戻すと同時に、減反、減反で田園を荒廃させ、かつ日本人の心を荒廃させた農業政策をも見直すべきだと確信したのでした。当時、東京大学名誉教授・木村尚三郎さんは、『美しい「農」の時代』（ダイヤモンド社）という著書で、二十一世紀は農業の時代だと力説されていました。木村さんは、自然を愛し、人間を愛し、歴史を愛し、そこからいい知恵と体験をいただきながら、互いに生き合うことが、これからの私たちの幸せを形づくるのだと言いつつ、出口を見失った産業社会と技術文明は「農」を基盤として再構築されなければならない、と主張されていました。

当時から二十年余りが経過しています。安倍晋三総理が推進されたアベノミクスの柱の一つである「地方創生」は、一頓挫を迫られるでしょう。しかし、コロナウイルス危機後の「新たな日常」づくりのカギは、地方・農業の再生をともなう「過密・過疎」の解消にあると確信しています。

（令和二年七月号）

「米中新冷戦」を超えて日中新時代を！

新型コロナウイルス感染を食い止めるための緊急事態宣言が解除された後、国民の間には、目に見える形で第1波の終息状況が現れるのかという期待がありましたが、東京都をはじめ大都市周辺では、緊急事態解除後も、新たな感染者が発生し続けています。このまま第一波が五月雨式に続き、やがて第2波の襲来につながるのではないかという不安が拭いきれません。

そんな社会状況の中で、私が心配しているのは、日中関係が一段と悪化するのではないかということです。新型コロナ禍の発生源が中国の武漢市だったことは周知の事実で、中国が万全の初期対応をとらなかったために、世界的なパンデミックに拡大したと、国際的な批判が強まっています。

そんな空気を背景に、トランプ米大統領が、中国のIT産業が急速な成長を遂げた裏には、長年にわたるハッカー的行為による最先端技術の取得があった、という意味の発言を行うなど、「米中新冷戦時代」という状況が生まれつつあります。

その新たな動きが日中関係にも影響を及ぼしつつあります。新型コロナ問題がなかったら、今年の桜花爛漫の頃、習近平国家主席が国賓として日本を訪れ、ご即位から間もない天皇皇后両陛下とも会談されたはずでしたが、習主席の訪日は中止されました。その後、中国の公船が尖閣諸島の海域を毎日のように侵犯したり、中国の潜水艦が奄美大島付近の接続水域を通過したりして、中国は東シナ海へのプレゼンスを強めています。日中関係は再び、第二次安倍内閣発足前の緊張状態に戻ってしまうのでしょうか。

私は、平成十二年暮れに、西安（唐時代の都・長安）の青龍寺を訪れて以来、日本の仏教者の一人として、中国の仏教関係者との人脈づくりに励んできました。青龍寺は唐時代、中国密教の中心的な寺で、密教第七祖の恵果阿闍梨が住職を務められておられた寺です。密教を求めて遣唐使船で中国に渡り、長安に辿り着いた弘法大師空海は、恵果阿闍梨から密教のすべてを伝授され、密教第八祖に指名されて、日本に大量の経典や曼荼羅、法具など、密教のすべてを持ち帰りました。

千二百年の時を辛うじて生き延びた青龍寺を目の当たりにしたとき、私は空海に連なる真言密教の行者として、日中間に仏教者の新たな人脈を築き、仏教を再び日中友好の架け橋にしたいと、心に誓ったのでした。

日本と中国の交流が本格的に始まったのは、西暦六〇七年、聖徳太子が遣隋使として小野妹子を派遣されたときです。その後、二六〇年余り続いた遣唐使の時代があります。空海や天台宗の最澄が乗船したのは、九世紀初めの遣唐使船ですが、その後、唐の国情が乱れたため、遣唐使船は十世紀末に、菅原道真の進言で廃止されるに至っています。しかし、奈良時代以降、江戸時代に至るまで、日中の交流は仏教を中心として活発に行われてきたことは、紛れもない事実です。

中国で学んだ日本人僧侶としては、お大師さまの後に九年間唐で学び、帰国後に第三代天台座主となった円仁、お大師さまの甥で、唐から帰国後、第五代天台座主を務めた円珍、六十二歳で宋に渡り、現地で善慧大師の賜号を授与され、現地で没した成尋（じょうじん）、宋で五年間修行し、帰国後に臨済宗を開いた栄西、ひたすら座禅を組む「只管（しかん）打坐（たざ）」の境地を説いて曹洞宗を開き、永平寺の開山となった道元らがいます。

また、中国から日本に渡り、日本で活躍した僧侶としては、視力を失いながら、六回目の挑戦で東シナ海を渡って来日し、東大寺戒壇院を開き、唐招提寺を創建した鑑真、鎌倉時代に来日し、鎌倉建長寺の住職として、第五代執権・北条時頼の補佐役を務めた蘭渓道隆、第八代執権・北条時宗の師として、円覚寺開山を務め、二度の元寇の危機乗り切りに尽力した無学祖元、江戸時代に明（みん）から日本に渡り、黄檗（おうばく）宗を広めるとともに、インゲン豆を移植した隠元などがいます。しかし、江戸時代末期以降、欧米列強が極東に版図を拡大してくるにつれて、日中両国は国際社会の荒波にもまれにもまれて、現在の日中関係に辿り着いているわけです。

私は、超長期的視野で日中関係をみた場合、「一衣帯水」という言葉に象徴される二国間関係を築くことが肝要だと思います。仏教者を含めて、日中両国の各界のリーダーがその思いを共有することを、私は日々の護摩行の中で祈り続けています。

（令和二年八月号）

安倍首相はコロナ禍の衆生救済に全力を！

新型コロナウイルスが日本に上陸し、猛威をふるい始めてから半年が過ぎましたが、感染拡大は第2波に入った感もあり、先行きがまったく読めない状況になってきました。七月末には「Ｇｏ Ｔｏ トラベル」が、東京都を除外する形で始まりましたが、どこまで旅行関連業界の支援に結びつくか、国民の多くはおそらく半信半疑ではないでしょうか。

五月末に政府の緊急事態宣言が解除され、六月初旬に東京アラートも解除となり、国民が「第1波はとりあえず乗り切ったか」と胸をなでおろした直後から、新型コロナウイルスの感染拡大は新たな段階に入り、七月末の時点では東京・大阪・名古屋などの大都市やその周辺地域で、感染者は急増しています。これまで感染者が出なかった岩手県でも、2名の感染者を出すに至りました。こうしたコロナ感染の拡大とともに、安倍晋三内閣の支持率は急降下しており、朝日新聞の世論調査では5月に「支持する」が29％、「支持しない」が52％と、第二次安倍内閣が発足後、最悪の数字を記録して以降、六〜七月も支持率は30％そこそこの水準で推移しています。

こうした状況を見るにつけ、新型コロナは日本の憲政史上、最長の総理在任記録を更新した安倍総理にとって、最大の試練として立ちはだかった感があります。安倍政権は必死に対応策を打ち出してきましたが、後手後手の感は否めず、安倍総理の立ち居振る舞いにも疲労の色が否めません。記者会見の回数も減ってきたようです。

安倍総理が自民党総裁に3選されたのは、二〇一八年九月ですから、総裁任期は来年秋までです。世界的なパンデミックとして知られる、百年前のスペイン風邪は、三年にわたり三度の波が世界を襲ったと伝えられています。新型コロナ禍もそうした最悪のケースにならないとも限りません。つまり、安倍総理が任期一杯務められるとしても、残された日々は新型コロナとの闘いになる可能性が大きいのです。

新型コロナ禍がなく、東京五輪が予定通りこの夏に開催されていたら、この秋は安倍総理の任期再延長を含めて、「ポスト安倍」論議が展開されていたはずです。しかし、想定外だったコロナ対応を背景とする内閣支持率の急落は、安倍総理に任期再延長への思惑を断念させたのではないかと思います。

安倍長期政権がコロナ対応に四苦八苦する中で、「ポスト安倍」をめぐる動きが顕在化してきた感はありますが、問題は、巷間、名前が挙がっている自民党政治家の中で、国民の衆望をになえる人物として太鼓判をおせる人がいないのです。

戦後、佐藤栄作、中曽根康弘、小泉純一郎といった長期政権を築いた総理時代には、佐藤政権下の福田赳夫、田中角栄、中曽根政権下の竹下登、宮沢喜一、小泉政権下の安倍晋三といった、少なくとも自民党政治を支持する国民の衆望をにない得る後継者がいました。現在の安倍長期政権では、そういう人材が見当たらないのです。

これは安倍総理が比較的若くして総理の座に上り詰められたために、後継者を育てるという配慮が疎かになったという、年齢的な背景もあるかと思いますが、安倍総理が日本経済の再生や、外交上の諸懸案解決に全力投球され、後継者づくりの余裕がなかったという面もあっただろうと思います。

また、平成八年（一九九六）に衆議院選挙が中選挙区制から小選挙区比例代表制に移行して以来、自民党内の派閥政治のタガが弛み、自民党内が派閥ごとに総理・総裁候補を持って切磋琢磨する風習もなくなり、自民党政治家の質の低下が著しくなっています。その反面、高度経済成長時代に機能していた、永田町の政治家と霞ヶ関の官僚の連携も、次第に齟齬をきたすようになって現在の状況に至っています。

私は、新型コロナの感染拡大は、日本の政治・経済・社会を根底から揺るがすのではないかと憂慮しています。すでに、この半年間の「三密回避」生活で、安倍総理が再生を目指された日本経済は、その根元からぎしぎしと音を立てて崩れつつあります。それに相次ぐ自然災害が拍車をかけています。日本は今まさに国難の真っ只中にあるのです。

安倍総理は一時代を画す総理であります。安倍時代の幕切れが新型コロナとの闘いの惨状であるとしても、私は安倍総理に、コロナ禍に生きる衆生救済に全力を傾けた総理として、全力を傾けてほしいと思います。それこそが「美しい国へ」を掲げた総理本来の姿です。

（令和二年九月号）

安倍首相を支え続けた真言行者の思い！

新型コロナ禍の真っ只中で、日本憲政史上、通算在任期間でも連続在任期間でも、最長記録を更新してきた安倍晋三首相が、遂に辞任されました。「持病の潰瘍性大腸炎の再発により、国民の負託に応えられなくなった」というのが理由です。安倍首相は第一次安倍内閣を率いた際も、潰瘍性大腸炎の悪化で、わずか一年で退陣を余儀なくされています。その意味では、自ら「前車の轍」を踏んだことになります。

第一次安倍内閣時代、私は、一日一万枚ずつ、百日間続けて護摩木を焚く、前人未到の百萬枚護摩行を成満した真言行者として、持病と苦闘されていた安倍首相に、折に触れて密教のお加持をして差し上げていました。夜間お忍びで首相官邸にお邪魔したこともありました。

当時、安倍首相はまだ五十代前半でしたが、相次ぐ大臣辞任騒動への対応、マスコミや野党からの執拗な追及に加えて、参院選の敗北が重なり、在任わずか一年で、刀折れ矢尽きる形で辞任されたのでした。

私と安倍首相のご縁は、ちょうど時代が昭和から平成に移る頃までさかのぼります。昭和の終わり頃、鹿児島の私の寺を、山口大学医学部の大学院生が訪ねてきました。彼は重い白血病を患い、当時の医療からも見放され、私のお加持に最後の望みをかけて来たのです。彼は一週間ほど私の寺に泊まり込み、私のお加持を受けながら、毎日護摩行に参加し、ひたすら不動真言や般若心経を唱えました。すると、最初の数日間は彼の鼻から白い鼻汁が出続けましたが、日ごとにそれが少なくなり、彼の顔に血色が戻ってきて、一週間後にはまるで人が違うように元気になって笑顔で大学に戻っていきました。そして間もなく、彼は担当教授を連れて私の寺を再訪したのです。

そのとき私が、真言密教の加持祈祷の話をはじめ、医療と仏教は同根であること、医療には仏教の心が欠かせないことなどを語りますと、「こんどその話を医学生にしてください」ということになり、昭和最後の年に非常勤講師として、講義をさせていただきました。

山口大学医学部で年に一度、講義をさせていただくようになって、関係者からある地元の名士を紹介され、親しくお付き合いをさせていただくようになりました。その方が、当時まだ一年生議員だった安倍晋三議員の後援者で、ある時、「安倍さんは総理になれるでしょうか」と私に尋ねられたのです。私は、安倍さんは岸信介、佐藤栄作という戦後日本を代表する政治家を祖父、大叔父に持ち、父君は総理目前で病に倒れられた安倍晋太郎さんであることぐらいしか知らなかったのですが、咄嗟に「大丈夫でしょう」と答えました。

室町時代から五百年以上続く行者の家系に生まれ、厳しい親の指導のもとで真言行者を受け継いだ自分自身に照らして、二世議員、三世議員に対する批判がある中で、安倍議員には頑張ってほしいという気持ちが、そう言わせたのでした。

それ以来、私は安倍首相のサポーターとして、常に安倍首相の言動に着目してきました。第一次安倍内閣が瓦解したあと、安倍さんは長らく臥薪嘗胆・沈思黙考の時を過ごされました。私は、民主党政権時代に東日本大震災・原発事故という国難状況に遭遇し、ますますデフレ状況に沈んでいく日本の状況に危機感をおぼえ、安倍さんに「今こそ再チャレンジを」と促しました。

安倍首相の再登場は、アベノミクスにより深刻なデフレ状況を克服し、「地球儀を俯瞰する外交」は、国際社会に日本復活を印象づけ、日本社会に新たな光をもたらしました。その意味では、この七年八か月の安倍政権は、それなりの役目を果たしました。その間の国政選挙でことごとく圧勝したことは、その証拠といえるでしょう。

ただ、この七年八か月の安倍政権の動静を振り返るとき、私にはどうしても、後半の二〜三年は、地に足が着いていなかった感が否めないのです。王道を歩かねばならない国家的な大事な仕事が、半ば放置状態に置かれたほか、政権周辺のタガが外れていたためか、長期政権にしては政権運営に安定感が欠けていたといわざるを得ません。コロナ対応もリーダーシップに欠けています。

まだ六十五歳と若い安倍さんには、ここで高野山にでも登って、心身ともに静養し、鋭気を養っていただき、今後はポスト・コロナ時代の国づくりや世界平和実現のため、尽力いただきたいと思います。（令和二年十月号）

国民生活目線の菅首相と安倍前首相の役目

安倍晋三首相の突然の辞任を受けて、9月半ばに総理の椅子に就いた菅義偉首相は、手堅い内閣人事、党人事を行い、各種世論調査でも内閣支持率は60パーセントを超えています。退陣表明直前の安倍内閣の支持率が、30パーセント前後まで墜ちていたことを思えば、菅内閣はまずは順風満帆の船出といえるでしょう。

菅首相はこれまで、第2次安倍内閣発足以来7年8カ月間、総理側近の官房長官という重責を担ってこられましたが、表舞台に立つことは努めて避けてこられたような印象を受けます。菅官房長官が「ポスト安倍」の有力候補の1人として脚光を浴びるようになったのは、新型コロナ禍が日本列島に上陸し、猛威をふるい始めた、この半年のことではないかと思います。

永田町は安倍政権が来年に延期された東京オリンピック・パラリンピックまでは続くという前提で動いており、国民もそれが既定路線と受け止めていました。したがって、安倍首相が持病の悪化のために退任するのであれば、安倍首相の下で長年、政権を支えてきた菅官房長官がリリーフ役を務めても不思議ではないというムードが、自然発生的に生まれたような気がします。

菅首相は秋田県出身で、県下の高校を卒業後、就職のため上京し、働きながら大学を卒業した後、地方議員から政治の道を目指されたという苦労人です。その人生行路が日頃の政治家活動における朴訥な言動にも色濃く表れています。

かつて岩手県出身の歌人・石川啄木が、「ふるさとの　訛なつかし　停車場の　人ごみの中に　そを聴きにゆく」と詠み、戦後の集団就職時代に流行った歌謡曲「ああ上野駅」が歌ったような、上野に対する深い思いの一端を、菅首相も胸に秘めておられるとしたら、新型コロナ終息への努力、ポストコロナ時代の新たな社会づくりを、菅首相に託する人は少なくないと思います。「上野には東北のルサンチマン（怨念）がこもっている」という人もいます。これは江戸末期から明治初頭にかけて、薩長を中心とする新政府側と、旧幕府方についた奥羽列藩同盟諸藩との戦いの結末と、その後の近代日本における東北地方の苦労を背景にした見方です。

菅首相にはポストコロナの新時代における国家安泰、衆生救済に、秋田県出身者ならではの粘りと根性を見せていただきたいと祈っています。

菅首相は自民党総裁選で、これまで自身が取り組んできた政策として、ふるさと納税の創設、インバウンド（海外からの旅行者受け入れ）推進策、ダムの一括運用による洪水対策等々を掲げ、総理就任直後の会見では、行政改革・規制改革に関して国民の意見を聞く「縦割り１１０番」の創設、携帯電話料金の引き下げ、不妊治療の保険適用等々を打ち出されました。

安倍首相が第一次安倍内閣発足時に、「美しい国へ」を掲げて、教育改革、憲法改正、日米同盟の強化等々を列挙され、再登板されたときには、アベノミクスによる日本経済の再生、地方創生など、日本列島を俯瞰するかのような視野に立つ政策をアピールされたのと比較すると、菅首相の視線は国民の実生活に直結する問題に注がれているような感じがします。

安倍政治の大きな柱の一つに、「地球儀を俯瞰する外交」がありました。日米関係は一層強化された感はありますが、北方領土・平和条約・シベリア開発問題が絡む日ロ関係は、度重なる首脳会談にもかかわらず、確たる進展は実現できませんでした。北朝鮮との拉致問題解決も、日中、日韓関係の改善も道半ばです。

菅首相が、当面、国民の実生活に目線を合わせて政権運営を図られるとすれば、外交関係は安倍政権時代ほど光が当たらなくなる可能性があります。安倍さんの体調次第ではありますが、私は外交面では安倍さんが陰になり日向になって、菅首相の外交面をフォローしてほしいと願っています。

安倍さんの辞任ニュースが世界を駆け巡った際、世界の首脳から安倍外交に対する高い賛辞が寄せられました。かつて福田赳夫首相は退陣後、ＯＢサミットの呼び掛け人となり、国際外交に貢献されました。安倍さんには今後も、世界の首脳たちと交流を続け、ポストコロナ時代の国際平和に貢献しつつ、やり残した日本再生、外交的懸案の解決に取り組んでいただきたいものです。

（令和二年十一月号）

平安京を守護してきた「鎮護国家」の道場・東寺

去る10月下旬、高野山金剛峯寺とともに真言密教を代表する、京都の東寺（教王護国寺）に関する興味深いニュースがありました。平安京に遷都された直後に、朱雀大路をはさんで東寺と相対する位置に建造された西寺の跡地で、仏像を安置していた須弥壇の跡が見つかり、調査の結果、西寺の須弥壇が置かれていた講堂は、「立体曼荼羅」が置かれている現在の東寺の講堂と比較して、3分の2ほどの大きさだったことが明らかになったというのです。

東寺・西寺の二つの寺は、桓武天皇が平安京に遷都された直後に、新たな都を守護する寺として創建されています。桓武天皇が朱雀大路の東西に、二つの寺を創建されたのには、それなりの理由がありました。

実は平安遷都の七年前に、政情不安、凶作、疫病の流行などが重なったことから、人心一新を図ろうとされた桓武天皇は、一旦、長岡京遷都を決定され、新しい長岡京の造営も始まっていたのです。しかし、桓武天皇の信頼が厚く、長岡京造営使として長岡遷都を積極的に推進した中納言・藤原種継が反対派に暗殺されたり、その暗殺事件に関わったとして早良親王が廃太子となり、追放され都落ちの途中、断食して逝去されるなど、宮中を揺るがす事件が相次いだため、結局、長岡京の造営は途中で断念され、改めて平安京が造営されたのでした。

早良親王は、桓武天皇の前の光仁天皇の第二子で、桓武天皇の弟ですから、皇位継承順位は最上位の方でした。その早良親王が長岡京推進派の藤原氏暗殺に関わったとして親王の座を追われ、絶望の果てに断食死されたという事件は、宮中を揺るがしたに違いありません。長岡京の造営断念と平安京への急な遷都は、早良親王の怨霊を避けるためだったとも言われています。

平安京遷都にはそうした背景もあり、桓武天皇は東寺・西寺という都を守護する大きな寺を創建されたのです。

弘法大師空海、お大師さまが入唐し、唐の都・長安の青龍寺で、恵果阿闍梨から密教のすべてを伝授され、日本に真言密教を持ち帰られたのは、桓武天皇の延暦時代末期のことです。
桓武天皇の第二皇子で、桓武天皇の2代後の嵯峨天皇は、お大師さまの真言密教を国家安泰に寄与する仏教だと認め、お大師さまに全幅の信頼をおかれました。そして、嵯峨天皇は皇室が所有していた高野山の土地を、真言密教修行の根本道場としてお大師さまに下賜され、さらに生前退位の直前には、平安京を守護する官寺の東寺を、お大師さまに勅賜されました。

東寺がお大師さまに勅賜されたのは、高野山金剛峯寺の創設から7年後、お大師さまの入定の12年前のことです。お大師さまは40歳を超えられたばかりで、仏教者として最盛期の頃といってもいいでしょう。

お大師さまは東寺を勅賜されると、同寺を鎮護国家の道場とすべく、正式寺名を「教王護国寺」（東寺という通称は現在も使われている）と改め、現在に伝わる立体曼荼羅を講堂に請来され、弟子たちにも教王護国寺の目指すべき方向性を、事あるごとに説いておられたようです。

弟子たちがお大師さまから説かれたさまざまな指示は、『御遺告』に事細かに遺されていますが、その中にも教王護国寺に関する指示が数多くあります。例えば、「東寺灌頂院は真言宗徒の長者である大阿闍梨が寺務を監督して取り締まるべきこと」「二十四人の定額僧を、宮中の正月の後七日（ごしちにち）の勅願の修法の修行僧に召し用いるべきこと」「宮中の御願である正月の後七日の修法の修行僧たちが、それぞれの所得の一部分を分け合って、高野寺の修理や雑用にあてるべきこと」「僧房の内で酒を飲んではならないこと」等々です。

東寺・西寺が創建された当初は、西寺の方が格が上だったという説もありますが、東寺はお大師さまに勅賜されたあと、国家鎮護の寺として軌道に乗ったということです。西寺はその後、律令制度の崩壊とともに衰退し、正暦元年（九九〇年）の火災以後、衰退したといわれます。

いずれにしても、平安京を守護する官寺としてスタートした東寺が、１２００年の歳月を超えて存在感を発揮できている背景には、嵯峨天皇とお大師さまの全幅の信頼関係があったのです。私は新型コロナ後の新たな日本を創るためには、日本列島の精神的なバックボーンとなっている皇室と仏教の力を再認識することが不可欠だと感じています。

（令和二年十二月号）

令和三年（二〇二一）

二月　コロナワクチンの国内接種開始
七月　熱海土砂災害、東京五輪開催
八月　米軍がアフガンから撤退
九月　菅内閣退陣、岸田内閣発足
十月　衆院選で自民党が勝利

コロナ後の社会に欠かせない「教育勅語」の心

去る十一月二十九日、帝国議会が開設されて以来百三十年という節目の日を迎え、参議院本会議場では、天皇・皇后両陛下と秋篠宮ご夫妻の長女・眞子さまの御臨席のもと、記念式典が行われました。「国会が国権の最高機関として、国の繁栄と世界の平和のために果たすべき責務は、ますます重要になってきていると思います」という天皇陛下のお言葉は、コロナ対応に四苦八苦している、発足間もない菅義偉総理にどのように響いたのでしょうか。

改めて日本に国会が開設された明治二十三年という年に思いを馳せるとき、明治維新から国会開設までの四半世紀は、国内を二分した戊辰戦争、西郷隆盛が倒れた西南戦争、草莽の農民たちが立ち上がった自由民権運動等々、果てしない国内の対立、騒動の末に、やっとの思いで国会開設に辿り着いたことがわかります。

仏教との絡みでいえば、明治維新直後、新たな天皇親政国家を立ち上げるために、「廃仏毀釈」政策が強行され、改めて国家神道に光が当てられると同時に、全国各地で仏教が排斥され、寺院や仏像の破壊が相次ぎました。私の郷里の鹿児島県は、全国でも最も厳しい廃仏政策が行われたことで知られています。

国会開設後に目を移すと、「欧米に追いつき、追い越せ」という国家意識が一段と高揚し、帝国主義的な方向に向かったことも否定できないところです。国会開設から四年後に日清戦争を、十四年後には日露戦争を戦い、前後して台湾の植民地化、朝鮮併合を断行しています。

その後、第一次世界大戦に参戦したのを機に、列強の一翼を担う国として、満州はじめ中国本土への侵略に傾いていき、結局、太平洋戦争で奈落の底に落とされたのです。帝国議会開設から五十五年で、建国以来初めて敗戦・占領に追い込まれ、帝国議会も崩壊に至ったのです。

『坂の上の雲』で、明治国家が欧米に追いつき追い越せと四苦八苦した時代を描いた故司馬遼太郎さんは、「明治国家を築いた江戸時代生まれの明治人は偉かったが、明治生まれはダメだった」という意味の発言をされていたそうです。私には、欧米の帝国主義的な風潮が色濃く残っていた当時の国際社会で、ひたすら欧米諸国をお手本にして近代化を推進してきた日本は、あたかもブラックホールに吸い込まれるようにして、戦争への道をひた走ったようにも見えます。

今回、帝国議会が開設された明治二十三年の年表を見ていて、私が改めて気づいたのは、国会開設の一カ月前に「教育勅語」が発令されていることです。「教育勅語」は、西洋風に偏り東洋的な道徳教育が忘れられているという、明治天皇の明治初期の教育に対する心配から創られたと言われています。「教育勅語」作りに深く関わったのが、天皇に『論語』などの講義をした侍講で、天皇の信任が厚かった元田永孚という儒学者です。元田はまず道徳教育の入門書「幼学綱要」を作成し、孝行・忠節・友愛・信義・勤学・立志・誠実・仁慈など、二十の徳目を掲げています。明治天皇は大変気に入られ、「教育勅語」の発布を、命じられたのです。

「教育勅語」の冒頭部分は、「日本は遠い昔に国を開いて以来、徳を重んじてきた。国民は心を一つにして忠孝に励んできた。その美風は世界に誇ることができる国の精華であり、わが国の教育の基本もここにある」という意味の文章が、格調高く綴られています。「教育勅語」はそのあと、「幼学綱要」に掲げられた徳目の必要性を謳い、最後に「このような国の歩むべき道は、祖先の教訓として、昔も今も変わらぬ正しい道である。また、これは外国においても同じように間違いのない道である」という意味の言葉で終わっています。

「教育勅語」に謳われた日本古来の徳目は古今東西に通用する正しい道である、と断言しているところに、明治天皇をはじめ「教育勅語」の制定に関わった明治人の、大いなる志を感じます。明治の人たちは日本精神、すなわち「和魂」に絶対の自信を持っていたのです。

明治天皇が遺された「教育勅語」に纏わる歌があります。《世の中の　まことの道の　ひとすぢに　わが国民を　をしへてしがな》。「教育勅語」には、国民に「世の中のまことの道」を歩ませたいという、明治天皇の思いが込められているのです。私は新型コロナ後の新たな日本社会の構築には、「教育勅語」の心が欠かせないと考えています。

（令和三年一月号）

新型コロナ禍で迎えた「辛丑（かのとうし）」の日本の進路

令和が三年目に入りましたが、令和時代は発足当初には予想だにしなかった、厳しい船出を余儀なくされています。昨年の元旦時点で、一年後に新型コロナの爆発的感染により、日本のみならず、世界中が震撼する状況になるとは、誰が想像し得たでしょうか。まさにこの世の中は「一寸先は闇」であり、お釈迦さまが言われたように、人間は四苦八苦の苦界を生きる定めを背負っていることを、改めて実感させられた思いです。

日本では昨年秋後半から、新型コロナ感染拡大の第三波に襲われ、東京、大阪など大都市、地方の都市部でも、日々の感染者数が過去最高を更新する深刻な状況になっており、政府や各自治体も急きょ、ＧｏＴｏトラベルなどの経済維持政策を一時停止する事態に追い込まれています。それに加えて、イギリスや南アフリカなどで、新型コロナウイルスの変異種による感染拡大が始まっているとの報道も伝えられ、新年もまた新型コロナの感染拡大にさいなまれるのかと思うと、正直のところ気持ちが重くなってきます。

その一方で、こういう国難の時だからこそ、真言密教の行者として、密教の「三密」である「身口意」、すなわち「身体と言葉と心」をフル回転させて、衆生救済・国家安泰・世界平和の祈りに邁進しなければならぬと、日々、気を引き締めているところです。

身体と言葉と心の三密を常に働かせて生活することは、世のため人のために生きるということであり、密教行者のみならず、政治家も官僚も企業家も、一般国民にとっても、人間として大切なことです。その実践は新型コロナを克服することにもつながると私は確信しています。

さて、例年ですと、年初にはその年のおおよその展望が見えてきて、それに対する対応策もほぼ出そろってくるのですが、今年は新型コロナの感染拡大が続いており、いまだに確たる展望が開けない状況となっています。そこで古来、中国・朝鮮・日本など北東アジアの人々が頼ってきた、陰陽五行思想の十干十二支（じっかんじゅうにし）により、令和三年がどのような年になるか、展望してみたいと思います。

今年は十干十二支で「辛丑」の年に当たります。十干の「辛」という文字は、「辛い」「辛い」という字ですが、「草木が枯れ死して、新しくなろうとする状態」という意味があります。また、今年の干支は「丑」で、「紐」という漢字の「つくり」が充てられています。その意味は「植物の萌芽が種子の中に生じたものの、まだ十分に伸びていない状態」ということで、その裏には、やがて大事な物事を結びつける紐の役割を果たす年になるという意味が込められているとも言えるのです。

要するに「辛丑」の年は、「一旦枯れた植物が、新生への足がかりをつかむ年」ということになります。この「辛丑」の年回りから推測すれば、今年は「新型コロナ禍で相当な痛手を負った社会が、コロナの退散に伴い、ポスト・コロナ時代の新たな国づくりを展望しつつ、新たな成長への足がかりをつかむ年」ということになります。

参考までに過去の「辛丑」の年を振り返ってみますと、直近の「辛丑」の年は昭和三十六年（一九六一年）です。いわゆ六十年安保の翌年です。日米安保改定を成し遂げて退陣した岸信介首相に代わり、総理の椅子に座った池田勇人首相は、その年の暮れに所得倍増計画を発表し、日本は「辛丑」の年から高度経済成長へとひた走り始めたのでした。

この年の国内の出来事を見ると、スキー客が百万人を突破するなど、レジャーブームが起き、ドドンパブーム、歌声喫茶が話題を呼び、大鵬・柏戸の横綱同時昇進に湧き、坂本九の「上を向いて歩こう」や、松本清張の推理小説『砂の器』が大ヒットするなど、前年の安保騒動がウソのように、日本社会は明るさを取り戻していました。

もうひとまわり前の「辛丑」の年は明治三十四年（一九〇一年）で、日露戦争の三年前に当たります。衆議院議長を務めた政治家・星亨が暗殺されたり、社会民主党が結社されるも、即日禁止を余儀なくされるなど、暗い面もありましたが、愛国婦人会が創立されたり、八幡製鉄所が操業を開始するなど、意義深い話題もあった年でした。

新型コロナ禍の深刻化のもとで迎えた令和三年。ワクチンも相次いで開発され、接種も始まっています。前途に漂う新型コロナの暗雲を吹き払い、新たな光を臨むことができる年であることを祈ります。（令和三年二月号）

五輪中止論の台頭と1940年の返上

昨年末から今年初めにかけて、日本列島は猛烈な新型コロナ感染拡大第3波に見舞われ、東京・神奈川・千葉・埼玉の1都3県をはじめ、感染者数の多い府県が、新年早々、相次いで緊急非常事態宣言を発出する事態に見舞われました。そんな中で急浮上してきたのが、1年延期された東京オリンピック・パラリンピック（以下、東京五輪）が、果たして開催できるのかという問題です。

その口火を切ったのは英国の有力紙「ザ・タイムズ」で、「今年夏の東京五輪は中止せざるを得ず、東京はすでに決まっているパリ五輪、ロサンゼルス五輪後の2032年の招致を目指すことになるだろう」との記事を発信し、それをきっかけに、東京五輪開催に関する悲観的な情報が相次いで報じられました。

曰く、「国民に対するワクチン接種が進行中に五輪を強行するのは、無観客でやるとしても、選手団、大会役員、メディア関係者等々への医療体制が必要で、国民の理解は得られない」「人類が新型コロナウイルスに打ち勝った証となる、というような根拠が薄い楽観論では、東京五輪を実施することはできない」等々、多くのマスコミから東京五輪悲観論が投げかけられました。加えて、マスコミが直近に行った東京五輪開催に関する世論調査では、80％を超える人たちが、東京五輪の開催について悲観論に傾いているという結果が出ているのです。こういう状況では、半年後に迫った東京五輪の開催は、土俵際に追い込まれたというのが、私の偽らざる印象です。

そこで改めて想起するのが、「東京五輪１９４０」の開催返上という苦悩と失意の歴史です。東京が１９４０年のオリンピック開催地に決まったのは、１９３５年（昭和10年）のことでした。

当時の日本は昭和4年末に起きた世界大恐慌の修羅場を乗り越えるために、満州へ版図を広げようとしていた時期で、昭和6年に満州事変を起こし、翌7年に満州国を建国、同8年には満州問題で国際的に孤立し、国際連盟脱退に追い込まれ、国際的に孤立を深めた時代でした。

そんな時代に5年後の東京五輪が決まったのは、日露戦争、第一次世界大戦を経て、当時の日本が国際社会の中で枢要な国として位置づけられていた証左といえるでしょう。ちなみに1936年（昭和11年）のオリンピックは、ヒトラー政権下のドイツの首都・ベルリンで開催され、その年の暮れには日独防共協定が結ばれています。

いずれにしても、東京五輪1940は日本初というだけでなく、アジア初の五輪として、大きな期待が寄せられました。特に日本は、1940年が日本の「紀元2600年」にあたることから、東京五輪と同時に、「紀元2600年記念日本万国博覧会」を予定し、同年の札幌冬季五輪の招致まで成し遂げたのでした。

つまり、東京五輪1940招致が決定した昭和10年頃は、ある意味、「欧米に追いつき追い越せ」と無理に無理を重ねてきた、明治維新後の日本が辿り着いた、一つのピークだったのかも知れません。その翌年、二・二六事件が起きています。

さらに昭和12年7月には日中戦争が始まり、日本は一気に戦時色に覆われていきます。すでにその年の3月20日、衆議院予算委員会で、現在の河野太郎行革担当大臣の祖父にあたる、新進気鋭の河野一郎議員が、「今日のような一触即発の国際情勢において、オリンピックを開催するのはいかがか」という趣旨の発言をしていますが、真剣に受け止める向きはまだ少なかったようです。

その後、昭和13年に入ると、日中戦争は泥沼化し、国際世論が日本批判に傾いていく中で、陸軍内部からも建設資材調達面を背景に五輪中止論が出たり、河野議員が再び国会で開催中止を求めるなど、次第に五輪返上論が強まり、時の近衛文麿首相が開催を2年4カ月後に控えた時点で、開催返上を決断したのでした。

こうして振り返りますと、東京五輪1940の返上の最大の要因は、日本が中国に新たな版図を広げようと画策し、日中戦争の泥沼に落ち込んでいった点にあると考えられます。現代の新型コロナウイルスが中国由来と言われている点が、似ていなくもありません。

東京五輪2020が無事開催できればそれに越したことはありません。万が一、中止になったとしても、日本はその結末を粛々と受け止め、コロナ退散に全力を挙げ、国際的に賞賛される幕引きを図ってほしいと、私は祈っています。

（令和三年三月号）

この非常時に霞ヶ関を襲った接待疑惑！

新年早々、各地に出されていた、二度目の非常事態宣言が、二月末から三月初旬にかけて解消される見通しです。この二カ月間で、新型コロナの感染拡大にブレーキが掛かったことや、ワクチン接種が始まったこと、都市部の飲食業や旅行業界などから宣言解除への強い要請があったこと等々が、その背景にあります。

さらに、東京オリンピック・パラリンピックを、どのような形で実施するにしても、非常事態宣言下では正式にゴーサインを出せないという事情や、聖火リレーの日程が迫っていたことも、背景の一つだったと思われます。

そんな中で、どうしてこんな大事な時に、霞ヶ関からそんな不祥事が相次いで出てくるのかと、国民の多くを唖然とさせたのが、総務省や農水省の局長クラスの官僚と業者との癒着問題です。監督官庁の幹部業者が業者の接待を受けることは禁じられているわけですが、それが守られていなかったことが、相次いで明るみに出てきたのです。

特にマスコミのターゲットになっているのが、総務省の一件で、業者側に菅義偉総理の長男が登場していることです。菅総理は国会の質疑で、「長男は別人格だ」と、かわそうとされましたが、野党がそれで納得するはずはなく、菅総理の表情は憂いを増すばかりです。菅内閣発足当初の自信に満ちた笑顔は、何処へ行ってしまったのでしょうか。二月末時点では、今回の霞ヶ関の幹部官僚と業者の癒着は、高級な食事をご馳走になり、タクシーチケットを融通してもらった程度に止まっていますが、今後、官僚側が業者のために便宜を図ったことが明らかになり、そこに政治家の関与が疑われるようになれば、東京五輪どころではなくなる可能性もあります。

最近、非常事態宣言下において、銀座の倶楽部で遅くまで飲んでいたことがばれて、国会議員を辞任したり、所属政党を離党する議員が相次ぐ事件がありました。法務大臣を務めた国会議員夫婦が選挙違反で逮捕されるなど、政治家自らが進んで危ない橋を渡っているかのような事件が相次いでいます。私には、政治家のタガが弛んでいるような気がしてなりません。さらに言えば、政治家がゆるいから霞ヶ関官僚のタガも弛んでくるのです。

霞ヶ関官僚の腐敗と言えば、バブル崩壊後の大蔵省のエリート官僚の堕落を想起します。バブル崩壊によって積み上がった不良債権の処理に四苦八苦していた金融機関の弱みにつけ込んで、当時の大蔵官僚が大手金融機関を食い物にしたのです。週刊誌などは、「ノーパンしゃぶしゃぶ」で豪遊する官僚を面白おかしく取り上げていました。

本来、霞ヶ関の官僚は国民の公僕であり、国民の僕（しもべ）として、内閣を頂点とする行政面で国民に奉仕する立場です。その霞ヶ関の官僚が、政治家への忖度があるのかどうか、禁じられている業者の接待を甘んじて受けていたのでは、国家・国民のために働いていることにならないのです。

ここで私は改めて弘法大師空海、お大師さまの生きざまを想起するのです。お大師さまは今の香川県の豪族の家に生まれ、子供の頃からその英才を認められ、いずれ奈良の都の大学へ入り、将来は国家官僚として国家のために生きるよう、教育されました。

しかし、都の大学に入り、四書五経などを学ばれるうちに、国家官僚となって立身出世、富貴栄達を図るエリートの道に、あきたらなさを感じられるようになり、ある日、一人の沙門に出会ったのをきっかけに、仏門に入られたのです。

その後、お大師さまは紀伊半島、四国などの深山幽谷で厳しい修行をしているうちに、新しい密教の存在を知り、唐の都・長安にまで渡り、密教第七祖の恵果阿闍梨から密教のすべてを伝授され、密教第八祖として日本に密教を持ち込み、衆生救済・国家鎮護の教えを広めながら、国家・国民のために祈り続け、今もなお高野山奥之院で衆生救済・国家鎮護を祈っておられるのです。

現代において、霞ヶ関の官僚になるためには大変な努力が必要です。また、国家・国民の幸せが双肩にかかってくる仕事ですから、入省してからも心身が休まる時はないでしょう。しかし、その厳しさに耐え、乗り越えていくことこそ、国家官僚としての醍醐味であり、国家・国民への貢献につながるのです。霞ヶ関の官僚には、国家・国民の幸せのために鉄の意志を持ってコトに当たってほしいものです。

（令和三年四月号）

「大震災10年」から学ぶべきこと！

今年の3月11日は東日本大震災から10年という区切りの日で、テレビ・新聞でもさまざまな特集が組まれていました。テレビでは津波の映像が繰り返し流され、改めて犠牲者に対する追悼の気持ちを持つと同時に、大自然がもたらす大規模災害の恐怖を、改めて再確認された方も多かったと思います。

その追悼一色の報道が一段落してみると、東北の被災地が抱えている問題が、おのずからクローズアップされてきたような気がします。

その一つは、やはり福島の原発処理の問題です。原発が原初から抱えていた危惧が現実になってみると、なぜこのような厄介な電力に依存したのか、また、なぜ依然として原発に依存しようとする力が働くのか、これは常識的に考えて不思議なことと言わざるを得ません。現実に、爆発した原発周辺では、少しずつ汚染度は下がり、帰宅が認められる地域も徐々に広がっていますが、まだ広大な帰宅困難地域が残っています。

東日本大震災10年の番組で、帰宅困難地域の酪農農家の現在を取り上げていました。震災直後に、飼育していた牛を全て、汚染された牛舎に残したまま避難され、その後、牛たちがどうなったのか、フォローされていなかったのです。久しぶりに帰宅が許され、帰ってみると、牛舎はもぬけの殻です。

ところが、近くの山林に野良牛の群れがいると聞き、夫人が行ってみると、自分たちが育てた牛がいたのです。牛の方も飼い主だとわかったそうで、涙の対面となったのです。しかし、牛は被爆していますし、飼い主の方は帰宅困難地域ですから、そのまま別れるしかなかったようです。このような帰宅困難者がまだ相当数おられるのです。

もう一つの疑問符は、被災地の復興に関わる問題です。被災した多くの自治体が、それぞれ以前の賑わいを取り戻し、被災者が将来に希望の持てる日常を取り戻したい、と考えるのは当然のことです。

ただ、報道を見ていますと、津波に蹂躙され、人が住めなくなった市街地に、津波被害に遭わない高さにかさ上げした土地を造成したにもかかわらず、そこに戻って新たに生業を起こそうとする人が少ないのです。この10年間に、被災地を離れた人たちは、その土地土地に新たな生活の場を築いているため、改めて震災以前の土地に戻り、新しい生活を始めるだけの気持ちになれないとか、国・地元自治体サイドに、復興に懸ける熱意がいまいちで、復興の進展がスピード感に欠け、将来展望が開けないといった事情があります。

それにしても、新型コロナ禍の最中に、東日本大震災10周年が巡ってきたことに、私たちは何らかの教訓・警鐘を学ばねばならないと、私は思うのです。

3月27日付朝日新聞朝刊の「異論のススメ・スペシャル」欄に、佐伯啓思京都大学名誉教授の『「魂」はそこにある』という論考が掲載されていました。まさに「わが意を得たり」という感じの一文でしたので、少し紹介させていただきます。朝日の記事の紹介には、佐伯氏は「保守の立場から様々な事象を論じる」人と紹介されていますが、私が時々、佐伯氏の主張を読ませていただいて感じるのは、日本の伝統的な精神・道徳・心をバックボーンにして、現代の日本社会に起きている事象や物事を論じる人だということです。記事で佐伯氏は、こんなこと（要旨）を書いておられます。

《東日本大震災で身内を亡くした人たちが、「犠牲者の気持ちに寄り添いたい」と思うのは、自らの気持ちを死者に同化させ、寄り添うことを可能とする「何か」があると考えるからで、それを人は「魂」と呼んだ。「魂」という言葉や観念をうみだすことで、日本人は死者と生者の交感装置を編み出した。戦後の日本には死者の「魂」も「祖霊」もない。死者への畏れと惜別と無念さを見失ったとき、自己を省みるという道徳の内面的契機も喪失する。大震災の教訓は、改めてわれわれの「霊性」を想い起こす契機にすることだ》

新型コロナ禍で予期せざる死を余儀なくされた人たちに対する寄り添う気持ち、果たしてありや、なしや。私は、コロナは封じ込めたい、オリンピックは開催したい、旅行もしたい、美味しいものも食べたいなどといった気持ちでは、コロナを退散させるどころか、高を括っていた大規模自然災害に、早晩直撃されるのではないかと、心配しています。

（令和三年五月号）

コロナ後に「怨親平等」と「天の思想」を！

5月の連休を前に、日本における新型コロナの感染状況は、遂に第4波の段階に入りました。大阪府、京都府、兵庫県、東京都などでは、3度目の緊急事態宣言が発令され、7月末から開催予定の東京オリンピック・パラリンピックの雲行きも、風雲急を告げている感があります。そんな状況下で私が今から憂慮しているのは、新型コロナ禍が過ぎ去った後、新たな社会づくりが始まると言われていますが、「経済立て直し」が優先されるあまり、日本という国の根っこが、これまで以上に忘れ去られてしまうのではないかということです。

日本国の根っこと言えば、仏教・儒教・道教・神道など東洋思想を背景とした、大和心や武士道精神、天皇制という仕組みといったことが想起されますが、私はここで、「怨親平等」と「天の思想」の2点を、改めて取り上げておきます。「怨親平等」とは戦争にまつわる仏教的な思想の一つです。日本の歴史上、「怨親平等」が発露した場面として、よく知られているのは、鎌倉時代の北条時宗の時代に、二度にわたり「蒙古襲来」という国難に遭遇したときのことです。

幸い、二度とも蒙古軍は大嵐に見舞われ、撤退を余儀なくされ、時宗は国難を乗り越えたのですが、戦いが終わった後、時宗は非業の死を遂げた日本・蒙古両軍の戦没者を弔うために、鎌倉に新たな寺・円覚寺を創建し、宋から招いていた禅僧・無学祖元を住持として処遇し、日々、両軍の戦没者の霊を慰めたのです。

それは、仏教の「怨親平等」思想の実践でした。たとえ不幸にも、二つの国が戦争を行ったとしても、終戦後は両国ともに敵・味方の区別なく戦没者を慰霊すれば、やがて両国の間に平和がもたらされる、と仏教では説かれているのです。

源氏が平家を滅ぼした後、後白河院は敗者の平家の戦没者の霊をはじめ、源平両軍の戦没者を慰霊するために、高野山に根本大塔を建立されています。高野山には豊臣秀吉の朝鮮出兵に参加した、薩摩藩の島津義弘・忠恒親子が建立した「高麗陣敵味方供養塔」もあります。

この怨親平等の考え方は、先の敗戦前後の日本にも生きていました。戦犯として処刑された、太平洋戦争開戦時の東条英機首相は、家族に「敵、味方、中立国の国民罹災者の一大追悼慰霊祭を行ってほしい」という遺言を家族に残しています。また、南京事件の責任を問われて死刑となった松井石根元陸軍大将は、退役後、伊豆山大洞台に興亜観音を建立し、毎朝2キロの山道を登って、本堂に収められた「支那事変中華戦没者霊位」「支那事変日本戦没者霊位」の大きな位牌の前で、『観音経』をお唱えしていました。

私は、戦後に両軍の戦没者の慰霊を行うことが、戦後の平和の礎になるという、この仏教の怨親平等の考え方は、各地で紛争が相次ぎ、「新冷戦」が始まったと言われる現代においても、通じる考え方だと思い、コロナ後の世界平和の実現に活かしてほしいと祈っています。

もう一つの「天の思想」は、主として古代中国から日本に伝えられた、あるべき指導者像を想い起こしてほしいという願いです。孔子は『論語』の「為政篇」の章で、「子曰く、政を為すに徳を以てすれば、譬えば北辰の其の所に居て衆星のこれをめぐるがごとし」という、有名な言葉を残しています。北辰とは北極星のことで、「道徳を基本とする政治を行えば、北極星が不動の位置にあって、全星座がその周りを回るように、政治もスムーズに行くだろう」という意味です。

道徳を基本に据えた政治は「徳治主義」の政治と言われ、長い間、日本の政治の指導理念でした。昨今の日本は「法治国家」とは言われても、「徳治国家」と言われることはありません。昨今の日本で政官財のトライアングルが機能しなくなったのは、一つには徳治主義の政治が行われていないからだと思います。そう言えば、「仁者」「仁政」という言葉に接することもなくなりました。

昔の日本人は、武士も農民も職人も商売人も、「お天道さまが見ておられるから、下手な仕事はできない」という倫理観を持って生きていました。佐久間象山、横井小楠、西郷隆盛、勝海舟らが師と仰いだ、幕末期の儒学者、佐藤一斎は、「およそ事をなすには、すべからく天につかうるの心あるを要すべし」と説いています。「天の思想」の復活こそ、コロナ後の日本社会変革のスローガンとすべきです。

（令和三年六月号）

コロナ後の経済再生に欠かせぬ〝石田心学〟！

新型コロナに対応するワクチン接種が始まり、コロナ禍は新たな段階を迎えた感があります。楽観は禁物ですが、そろそろポスト・コロナ時代に向けた、日本のあるべき姿を描く局面に来ているような気がします。

前号では、新しい日本が国家理念として忘れてはならないのは、神仏を忘れない「天の思想」と、戦争を戦った国同士は、敵・味方の区別なく戦没者、戦争犠牲者を慰霊する「怨親平等」の気持ちで平和を志向することの大切さを紹介しましたが、今号では経済面での一つの考え方を取り上げておきたいと思います。

コロナ禍で多くの日本企業がオンラインを活用したリモート経営を導入し、コロナ禍乗り切りに尽力しています。さらに、リモート経営、テレワークが新たな企業社会を拓くとして、企業や従業員が地方に移転する動きも始まっています。明治以降、日本社会に桎梏のようにまとわりついてきた東京一極集中、過密・過疎の問題が、コロナ退散後に新たな社会変革のうねりの中で、本格的なメスが入れられる可能性もあるのです。

新型コロナを乗り越えた後に、日本の企業社会に「東京から地方へ」という流れが出てきたとき、経済活動の視点で欠かせないのは、経営の立て直しと商道徳を、どうバランスさせるかという観点です。

徳川吉宗の「享保の改革」が行われていた江戸時代中期に、石田梅岩という経済学者がいます。今の京都府亀山市の農家に生まれ、京都の商家に奉公しながら書物を読みふけり、独学で仏教・神道・儒教を融合した心を修養する学問、石田心学を拓いた人です。

石田梅岩は京都の自宅で、出入り自由、聴講料無料の講義を始め、石田心学を広めました。江戸末期には、石田心学の継承者たちが、全国65カ国、１５０カ所近い講舎で講義を行っていたそうです。

石田心学の最大の特徴は、仏教・神道・儒教を取り入れながら、当時、士農工商という身分制度で最下位に卑しめられていた商人を、市井の臣と位置づけ、社会的な役割では武士に劣らないと主張するとともに、商道徳の確立を説いた点にあります。

江戸中期以降は、商品経済が急速に拡大し、商人が力を持つようになっていった時代です。だからこそ商人の役割を評価し、かつ商人に道徳を求めた石田心学が全国に広まっていったのです。江戸時代の商人は商売を行うに当たって、自ら厳しい商道徳を課していたのです。

石田梅岩の著書に『都鄙問答』という書物があります。石田梅岩の心学講義を一冊に編纂したもので、石田梅岩の思想が集約された本です。この『都鄙問答』の冒頭、「商人の道を問うの段」で、ある商人が「どういう売買が商人の道にかなうのか、よくわからない。いかなる理念をもって商売をしていったらいいのか」と問うと、石田梅岩は次のように答えています。

「商人は細かく勘定をし、一銭を積み重ねて富を成すのが、商人の道である。商人が欲心をなくして一銭を大事にすれば、天下の倹約にもかなない、天命にも合うことだから、福を得るのは当然のことだ。商人が福を得ることが万民の心を安んずることにつながるなら、商人が仕事に励むことは、常に天下太平を祈ることと同じである。その上に、法を守り、身を慎むことが大切だ。商人といえども、聖人の道を知らなくては、不義のお金を儲けて、子孫に災いをもたらす。子孫を愛するなら、聖人の道を学んで富を成すべきである」と。

商人が正しい商売を行うことが天命に合うことであり、天下太平につながるのだと、石田梅岩は説いたのです。そう説かれた商人たちは、仏教や儒教の背後にある大聖人の説いた道を一生懸命学び、いよいよ正直を旨とした堅実経営を実践していったのです。

石田梅岩の商人擁護論は、あくまでも天下国家の安泰を第一義に考えたものであり、だからこそ商人たちにも武士と同じように厳しい商道徳を求めたのです。

ひるがえって、新型コロナに蹂躙された令和日本の経済界を眺めますと、政府はコロナ克服と経済回復の狭間で、右往左往しているような状態で、民間もポスト・コロナの経済社会の再生には、商道徳が欠かせないという姿勢は皆無です。バブル経済崩壊後、モラルハザード状況に陥り、深刻な「亡国現象」に四苦八苦した二の舞を演じないことを祈るばかりです。

（令和三年七月号）

ポストコロナの変革に向け政治家は原点回帰を！

新型コロナの感染拡大が始まってから、一年半が経過しました。全国の感染状況を見ていますと、感染はピークを越え、前途を覆っていた暗雲が、多少取れてきた印象があります。しかし、インド変異株のような、新たな変異株の爆発的感染の可能性も囁かれており、七月上旬時点では、まだ前途は楽観できない状況です。

そんな中で、一年延期された東京オリンピック・パラリンピックが、中止論が根強い中で決行されます。この間、ヨーロッパでは、ロシアのサンクトペテルブルクで開催されたサッカー欧州選手権大会をきっかけに、コロナの感染拡大が起きています。東京五輪がそういう事態を招くことなく、無事終了することを祈るしかありません。

東京五輪が終わると、衆議院の任期満了を目前にして、新型コロナ禍の総選挙が一気にクローズアップされます。東京五輪がどのような評価のもとに終了するかは、総選挙に大きな影響を及ぼし、菅義偉政権の命運を左右する可能性もあります。

私は、総選挙後に如何なる政権ができようと、ポストコロナ時代の日本の政治は、新たな日本社会の創造に向け、政治家のレベルを上げる必要があると考えています。

２０１２年末に再チャレンジに成功した安倍晋三政権は、日本憲政史上最長の7年8カ月という在任期間を記録しました。その間、民主党政権下の政権交代選挙を含めて、安倍政権は5度の国政選挙をすべて圧勝しています。

その安倍政権の強さは、「アベノミクス」をはじめ、「地球儀を俯瞰する外交」など、安倍首相のリーダーシップによる政治が、有権者から一定の支持を受けていたということです。野党は「安倍一強政治だ」などと批判のための批判を展開するしかなかったのです。

ただ、安定した安倍長期政権のもとで、与野党の議員から緊張感が失われ、永田町のタガが弛んだことも否定できないところです。夫婦で国会議員を務めていた大臣経験者が、賄賂の容疑で夫婦ともども逮捕されたり、大臣経験者が贈収賄事件に絡み、早々に議員辞職するなど、信じられない出来事が続いています。

こうした長期政権のもとでタガが弛んだ永田町を正すには、やはり政治家自身も有権者も、政治家はいかなる志を持って職務を遂行するべきかという点について、いま一度、考え直す必要があると思います。そこで、日本の伝統的精神の中に現れている、政治家のあるべき姿について、二つの代表例を挙げておきます。

まず聖徳太子の考え方です。太子は「十七条の憲法」の第1条で、「和を以て貴しとなす」、第2条で「篤く三宝を敬え」と説かれました。第1条は文字どおり、主義主張によって複数の党派に分かれていても、選挙の結果や国会での決定事項は、国家・国民の安泰と幸せのために、和を重んじるということです。

第2条の「三宝」とは、「仏・法・僧」すなわち仏像、仏教の教え、僧侶を敬うということです。太子は中国からもたらされた仏教に基づく国づくりを目指されたのです。

また、第4条では「すべての官僚は礼節を基本としなければならない」と書かれています。国民の上に立つ政治家や官僚が礼節を重んじれば、人民もそれに見習い、国家も自ずから治まるものだということです。「十七条憲法」には基本的な政治の要諦が示されており、日本の政治が混迷したときには、立ち帰って読み返すべき教えです。

もう一つ、江戸時代中期に、財政危機に陥った米沢藩を立て直した、藩主・上杉鷹山の考え方です。藩が財政危機の最中に藩主に就任した鷹山は、大検約令を発すると同時に、自ら率先して一汁一菜の食事、木綿着の着用など、耐乏生活を実践する一方、殖産興業、新田開発にも乗り出しました。鷹山は米沢藩の立て直しのメドをつけ、後継にバトンタッチする際、『伝国の詞』という次の訓戒を残しています。

一、国家は、先祖から子孫に伝える国家であって、自分のものにするものではない。
一、民衆は、国家に所属している民衆であって、自分のものにするものではない。
一、国家や民衆のための君主なのであって、君主のための国家や民衆ではない。

その他、わが国の歴史を紐解けば、政治家や官僚、企業家などの見習うべき生き方が、有り余るほどあります。ポストコロナの政治家の生き方を学んでもらいたいものです。

（令和三年八月号）

横浜市長は「三溪園」を造った原三溪に学べ！

新型コロナウイルスの新たな感染拡大が進む中で、大半の競技が無観客で行われた異例の東京オリンピック２０２０が閉幕すると同時に、この秋のコロナ禍の最中に行われる総選挙が注目の的となってきました。その露払い役を務めるのが、8月22日に投票が行われる横浜市長選挙です。7月末の時点で現市長、自民党衆院議員を辞職した県連会長の有力議員、前神奈川県知事の参議院議員、元長野県知事・元参議院議員の作家等々、10人が立候補を表明する劇場型選挙となりました。

選挙の争点は、カジノを含む大型リゾート施設（ＩＲ）誘致の是非です。自民党が推進する政策として鳴り物入りで始まったＩＲ誘致は、当初、全国各地で手が上がったのですが、その後、贈収賄絡みの事件などもあり、誘致合戦は潮が引くように沈静化した経緯があります。そんな中で、林文子市長はＩＲ誘致を横浜発展の柱として、積極的に推進してきたのです。ところが林市長がＩＲ誘致を決めると、横浜港を主な職域とする港湾業者が、カジノ誘致に反対を唱え、市民からもそれに同調する声が高まったのです。

この稿を書いている段階では、自民党議員を辞職した有力議員を含めて、ＩＲ反対側の候補者が多いようですが、横浜市民がどのような審判を下すか、興味深いところです。

私は、私が開山となっている鹿児島市の烏帽子山最福寺の別院・江の島大師を江の島に置き、毎月、江の島で護摩行を勤めている関係で、横浜市にも真言密教のお坊さんとか、私の信者さんとか、多くの知人がいますので、今回の市長選の結果に大いに注目しています。

ところで、私が横浜市のことを考えるとき、いつも思い出すのが、明治後半から昭和初期まで、横浜を舞台に大々的に生糸商を営み、大富豪として横浜市に貢献した原三溪という人物です。原三溪は本名を原富太郎と言い、現在も梅・桜・蓮・紅葉等々、四季折々、横浜市民に安らぎを与え、「東の桂離宮」と言われる、三溪園を造営した人です。

原三渓が絶頂だったのは、明治三十年代の半ばから大正時代末までの約二十五年間です。その間、約十五年かけて三渓園を造営しています。そもそも原三渓が庭園を着想したのは、当時は新開地で文化的薫りに乏しかった横浜に、日本の伝統的な文化の薫りを持ち込みたいと考えたからです。

当時、原三渓は新聞でこんなことを語っています。「たしかに三渓園の土地の所有者は私だが、その風光明媚な景色は造物主の手によるもので、私のものではない。その慈愛に満ちた造物主が用意した風景を独り占めすることは、清らかなる月の光を遮る浮き雲の邪(よこし)まな心と同じであり、公開するのは当然の義務である」と。

横浜市は戦時中、激しい空襲を受けていますが、米軍は事前に三渓園の意義を調査し、奈良や京都への空襲を避けたように、三渓園を避けたと見られています。

原三渓は生涯を通じて地元・横浜にとことん奉仕しました。第一次大戦後の不況の際には、経営破綻した横浜市の七十四銀行の整理と再建に尽力し、知事から「これは義挙です」と感謝されています。

また関東大震災のときには、三渓園で大規模な炊き出しを行ったほか、横浜貿易復興会会長、横浜市復興会会長を引き受け、モンペに草履姿で奔走しています。原三渓が関東大震災後に構想した横浜市の未来図には、現在の横浜市に近い姿が描かれていたと言われています。原三渓は横浜市の明確な未来図を頭の中に描いていたからこそ、震災復興に全力投球できたのです。

原三渓はまた、岡倉天心の要請を受けて、日本画家のパトロンにもなっています。下村観山、横山大観、前田青邨、安田靫彦、小林古径、速水御舟といった日本画壇の大家たちは皆、原三渓の支援を受けていますが、原三渓は決してパトロン風を吹かせることはなかったようです。

今、NHK大河ドラマ『青天を衝け』の主人公は、「論語と算盤」のバランスをとった渋沢栄一です。渋沢は世のため人のために惜しげもなく私財を投じた人で、アメリカでも「日本のカーネギー」と呼ばれたようですが、渋沢とほぼ同時代を生きた原三渓も、渋沢に劣らぬ「布施の心」の持ち主でした。ポスト・コロナ時代の横浜市をリードし、新たな横浜市を創る横浜市長は、「令和の原三渓」であってほしいものです。

（令和三年九月号）

出でよ！東洋的指導者像を身に付けた政治家

東京オリンピック・パラリンピック２０２０も、その期間中に変異株のデルタウイルスにより、感染拡大が深刻化したという重圧はあったものの、何とか大過なく終えることができ、ホッとしました。当初、自公政権側には、オリンピックを成功させれば、内閣支持率は好転するとの淡い期待があったようですが、オリンピック・パラリンピックは何とか完走できたものの、内閣支持率を好転させるまでのカンフル剤にはなり得なかったようです。そして世の中の関心は、コロナ禍の下での自民党総裁選と、その直後に予定される総選挙に移りました。オリンピック閉幕直後の内閣支持率は20パーセント台と、菅内閣は低空飛行を余儀なくされています。

今回の総選挙を目前にして、政界を引退する議員が多いような印象を受けます。特に自民党古参議員が、静かに去って行くという傾向が見られます。新旧交代は避けられないことではありますが、自民党の苦戦が伝えられる中での退陣には、一抹の寂しさを覚えます。安倍政権時代の最近7～8年の国政選挙は、常に自民党が圧勝してきました。しかし、今回の総選挙は新型コロナへの対応の乱れなど、自民党は逆境に立たされており、左うちわで選挙を戦える状況ではありません。古参議員の引退が相次いでも不思議ではないのです。

それにしても、昨今の政治家の言動を見ていますと、一挙手一投足に威厳が感じられる、頼り甲斐のある政治家が少なくなりました。特に当選回数の少ない若い政治家には、口舌は達者でも徳に欠ける人が増えているような気がします。私はその要因は、小選挙区制度と候補者選びのシステムに問題があるような気がしています。

日本の歴史の中で、政治リーダーのあるべき姿、帝王学は、いつの世にも論じられてきました。その中心になってきたのは、中国の四書五経、中でも孔子の『論語』でした。

同書の「為政篇」は理想の政治を説いていますが、その冒頭に、「子曰く、政を為すに徳を以てすれば、たとえば北辰のその所に居て、衆星のこれをめぐるがごとし」とあります。「北辰」とは北極星のことで、「衆星」はその他のすべての星という意味です。つまり孔子は、「道徳を基本とする政治を行えば、北極星が不動の位置にあり、他の全星座がその周りを整然と回っているように、政治もスムーズに行えるものだ」と言っているのです。

孔子はまた、「君子は周して比せず、小人は比して周せず」とも言っています。「立派な人物は心から仲の良い友とはなるが、徒党・派閥は組まないものだ。つまらぬ人間は徒党を組むが、心からの本当の友にはならないものだ」とも言っています。孔子の「立派な人物はむやみに派閥は組まない」という教えに、耳の痛い政治家は少なくないでしょう。

儒者として孔子と並ぶ孟子の言葉に、「仁者に敵なし」という言葉があります。戦いに連敗し、領土を次々に奪われた為政者が、「この恥をすすぐ方法はないか」と問いかけると、孟子はこう答えました。

「狭い国土しかない君主でも、立派に天下の王者になれる。そのためには民に仁政を施すことだ。刑罰と租税を軽くし、人民が安心して働けるようにする。若者には孝悌忠臣の道義心を養わせ、父兄に仕え、目上を敬うように指導すれば、たとえ敵国の軍事力がいかに強大でも、いざとなれば人民は竹槍を作ってでも向かっていくものだ」と。

孟子は、仁政により国内政治を充実させ、民生の安定と道義心の養成に努めることが、何よりも強い武器だと言っているのです。

江戸時代末期に幕府直属の儒者として活躍し、佐久間象山、横井小楠、渡辺崋山を門下に持ち、勝海舟、西郷隆盛、坂本龍馬、吉田松陰らに影響を及ぼした佐藤一斎という儒者がいます。一斎は東洋思想の根幹をなす「天の思想」を重視した儒者で、「最高の人物は天地自然の真理を師とし、その次は人を師とし、その次は経を師とす」と言い、指導者の要件をこう説いています。

「志を立てて成功するには、恥を知ることが欠かせない。また、君子とは有徳の士のことであり、徳のある人はそれ相応の地位に就くものである」と。

混戦が予想されるこの秋の総選挙で、有徳の士が数多く当選され、コロナ後の新たな国づくりに尽力されるよう、祈りたいと思います。

（令和三年十月号）

岸田首相はオーラを出し国民をリードせよ！

10月4日に岸田文雄内閣がスタートしました。それと前後する形で、新型コロナの新規感染者減少に伴い、各都道府県に発令されていた緊急事態宣言、蔓延防止等重点措置が全面的に解除となり、まさに年度が改まったかのような新たな風が、日本列島に流れているような感じです。

しかし、この〝ハレ〟の時間も長くは続きません。岸田総理は就任早々、衆議院を解散し総選挙を戦わねばなりません。また、コロナも完全に終息したわけではなく、秋から年末にかけて、第六波がやってくるとの予測もあります。その意味では、岸田丸はまさに荒海に乗り出したばかりと言えるでしょう。

ただ、総裁選最中の岸田総理の一挙手一投足をテレビ桟敷で見ていて感じたのは、外務大臣、政調会長を歴任されたからだと思いますが、自分が国家・国民をリードするのだという、内に秘めた自信・気概が漲っていたことです。それが党人事、閣僚人事にも現れています。

わが真言密教では「身口意」すなわち「身体と言葉と心」の「三密」を大事にしており、自信・気概が身口意から滲み出てこないような政治家は、国家・国民のリーダーたり得ないと考えています。ここで、真言密教の行者である私なりの理想のリーダー像を紹介します。

中国の戦国時代の儒者で、孔子と並び称される孟子に、「賢者はその昭昭たるをもって人をして昭昭たらしむ。今はその昏昏たるをもって人をして昭昭たらしめんとす」という言葉があります。昭昭は「明るい」、昏昏は「暗い」という意味です。つまり、孟子は「賢者はまず自分の人格を磨くことによって人民を指導するものだ。しかし、今の為政者は自分の人格を磨かずに、人民を指導しようとしている。自分に光がないのに、人民を輝かせることは無理だ」と言っているのです。

これは私が日頃から、「行者に限らず、何事においても一生懸命努力している人は、御仏の光をいただくことができ、周囲の人を和やかにさせると同時に、その人の周囲に光り輝く人が集まってくるものだ」と言っていることと同じことです。東洋的なリーダーシップの極意は、まず自分が光を発することです。

私たち真言密教では「南無大師遍照金剛」とお唱えします。「南無大師遍照金剛」とは、わかりやすく言えば、「光り輝くお大師さま（弘法大師空海）と大宇宙大生命体の大日如来に帰依します」という意味です。私たちが「南無大師遍照金剛」とお唱えしているとき、私たちはお大師さま、大日如来と、目に見えない一筋の光で結ばれているのです。何事においても一つの道を極める人には、体から光が発しているものです。西洋の言葉で言えば「オーラ」です。多くの人を魅了し、尊敬されるのは、そういう光を発する人なのです。オーラを発する指導者がリーダーシップを取れば、世の中に徳に満ちた光が射し込むのです。

ポスト・コロナ社会で日本経済を立て直すには、何よりも政治の信頼回復が大切です。光に包まれた有徳の政治家がリーダーシップを取り、政治が信頼を取り戻せば、沈滞した日本経済も再び活気を取り戻せるはずです。光を発するリーダーになるには、政治家なら国家・国民の幸せを願って日々汗をかくことです。経営者なら企業経営を通して黙々と社会貢献を果たすことです。それ以外に光り輝くリーダーになる道はないのです。いかにお金持ちになろうとも、いかに弁舌巧みになろうとも、いかに物知りになろうとも、「世のため人のため」という日々の努力を怠れば、仏さまの光は発しないのです。「日々是道場」という言葉の本質はそこにあります。

戦後日本の汚職事件や不祥事に連座した政治家、官僚、経営者たちには、日本人が伝統的に培ってきた恥を知る心、廉恥心が見事に欠落していました。リーダーたちが恥を知る心を失い、光り輝くリーダーがいなくなれば、世の中は麻のように乱れるのです。それがバブル崩壊後の国難の時代であり、日本はまだそのトンネルから抜け出していないのです。

江戸時代の儒者で歴史家の頼山陽は、『日本政記』という著書の中で、「民を保んぜんと欲する者は、必ず自ら倹す。特に自ら倹するのみならざるなり。これを以て人を率ゐるは、上下倶に給する所以なり」と書いています。「政治・経済を行う者は倹約を実践しなければならない。そして、それを民にまで広げれば、上も下も、国全体が平和で安定する」と言っているのです。

（令和三年十一月号）

自公政権を選択した総選挙と政治の新潮流！

解散から総選挙まで史上最短の日程で、10月末に行われた第49回総選挙は、選挙民の絶妙なバランス感覚が発揮された結果に終わりました。今回の総選挙は、本来、日本憲政史上、最長の在任期間を更新された安倍晋三総理の大団円となるはずのものでした。しかし、一昨年春に中国の武漢から発生した新型コロナウイルスが日本に上陸し、日本も国を挙げてコロナ対応に取り組まねばならなくなり、それに忙殺された安倍総理が持病を悪化させ、昨年九月に退陣されたことから、微妙に日本の政治が揺らぎ始めたのでした。

ポスト安倍を託されたのは、第二次安倍政権下で歴代最長の官房長官を務められた菅義偉氏でした。安倍長期政権の女房役・スポークスマンとして能力を発揮されてきた菅総理にとって、突如として総理総裁のポストが巡ってきたことは、青天の霹靂だったに違いないと思います。

私は薩摩の人間ですが、明治維新時に奥羽越列藩同盟を組み、薩長を中心とする討幕派・新政府側に抵抗した歴史を持つ東北の人たちには、中央に対するいわく言いがたいルサンチマン（怨念）があると、よく言われます。長州をバックボーンとする安倍総理の下で、官房長官を長年務められた菅さんは、秋田県出身ですが、根が真面目な人ですから、誠心誠意、職務に全力投球されたはずです。

また、急きょ総理になられてからも、菅総理は新型コロナの感染拡大による新たな国難状況に真正面から取り組まれました。ただ国民の目には、菅総理がコロナ退散に真摯に取り組もうとされればされるほど、どこか自信なさげで、「一歩前進・二歩後退」のコロナ対策を打っているように見えたのです。これはもう、その人の持って生まれたモノですから、どうしようもないのです。ただ、菅総理が「東京オリンピック・パラリンピック」を無観客という異常事態の中で、何とか開催に漕ぎ着け、曲がりなりにも成功に導かれたのは、東北出身総理ならではの粘り強さが発揮されたモノだったと言えるでしょう。

そして、前途が見えなかった新型コロナ禍は、ワクチン接種が順調に進んだこともあってか、この夏の第五波をピークに、急速に感染者数が減少し、非常事態宣言は十月末に日本列島全域で解除されるに至りました。今回の総選挙で、自公が国会運営を安定的にできる「絶対安定多数」を確保できた背景には、感染者数の急減という状況が作用しているのではないかと、私は思います。

そういう意味では、菅政権は突如として永田町に発生し混乱を巻き起こした、一種のつむじ風ではありましたが、結果的には、菅総理の早期退陣の決断と、保守本流を自認する岸田文雄内閣の発足により、立憲民主党と共産党の選挙協力というハードルも難なくクリアーして、自公政権は「絶対安定多数」の維持に成功したのです。

安倍総理の退陣から岸田政権による「総選挙勝利」までの一年有余の期間を、自らはヨレヨレになりながらも、自公政権堅持のために、真言密教で言うところの身口意、すなわち身体と言葉と心をフル回転させてきた、菅前総理の奮闘を忘れてはならないと思います。

今回の総選挙の直前、日頃から自民党に対して厳しい論調を展開している新聞が、当落情勢の記事で「自公の安定多数確保」の予想を打ち出していました。また、日頃、自民党寄りの報道が多い夕刊紙が、自民党に厳しい分析をしていました。非自民の新聞が自公に甘い予想記事を載せ、自公寄りの新聞が自公に厳しい記事を書く。油断も隙もないと苦笑するしかありませんでした。

今回の総選挙の結果で注目すべきは、自公政権が信任されたこともさることながら、共産党との選挙協力で躍進を図った立憲民主党が、当選者を増やすどころか、予想外に減らしたことです。有権者が野党第一党に何を求めているか。立憲民主党はそのことを熟慮すべきです。

その点ヒントになるのが、日本維新の会が関西だけでなく、全国的に支持を伸ばし、当選者を約四倍に増やしたことです。本来なら、自民党から出馬すべき若い人材が、世襲議員の壁に阻まれて、維新の会からの出馬を模索する。そういうルートができつつあるような気がします。

そこで求められているのは、政権政党が変わっても、お国柄は大きくは変わらないという政治体制です。政治にも新たな変革が求められています。

（令和三年十二月号）

令和四年（二〇二二）

二月　ロシアがウクライナへ侵攻
七月　安倍元首相銃撃事件、参院選で自民党が勝利
八月　米国下院議長が25年ぶりに台湾訪問
九月　エリザベス英国女王が逝去
十月　中国・習近平総書記が三期目に就任
十一月　世界人口が80億人突破

仏教と国民・政治・社会との交流を取り戻せ

新型コロナの第5波が終息気配となり、年末・年始に向けて多くの国民が肩の荷を降ろし始めた11月下旬、南アフリカから新型コロナ、オミクロン株の感染が広がったとのニュースが飛び込んできて、寒気が流れ込んだ日本列島に衝撃が走りました。スペイン風邪が、終息するまでに3年間かかり、スペインでは3年目が最悪だったという話もありますから、オミクロン株の感染動向にも最大の注意を払う必要があります。当面はこの年末・年始をどう乗り切るのか、政府、各自治体は万全の警戒態勢を敷いてほしいものであります。

さて、真言密教の開祖である弘法大師空海、お大師さまは数多くの著作を遺されていますが、その中で真言密教の教えの根幹というべき書物は、人間の心を最低から最高まで十段階に分けて説かれた『秘密曼荼羅十住心論』で、『十住心論』のエッセンスをわかりやすく説いたのが、『秘蔵宝鑰（ほうやく）』という作品です。この『秘蔵宝鑰』で興味深いのは、第四住心「唯蘊無我心（ゆいうん）」の部分です。ここでお大師さまは、国家と仏教の関係について、国を案じる憂国公子と、仏教者の玄関法師の二人の人物を登場させて、国家と仏教の関係について問答させています。玄関法師はお大師さまです。問答は国を憂う憂国公子が質問し、玄関法師が答える形で展開していきます。

憂国公子は玄関法師に対して、「昔から聖帝や賢臣が寺院を建立し、僧侶をそこに住まわせてきた。それは国家を平和にし、人々を救済するためだった。今の僧侶は営々として権力者に取り入っており、これでは仏道もすたれる。日照りや洪水が起こり、疫病が流行って天下は乱れ、官民が塗炭の苦しみに喘いでいるのも、僧侶たちの非法が原因だ。真の聖者がこの世に現れたら、人々は心から敬うに違いない」と追及します。

それに対して玄関法師は、「人の中ですぐれて抜きん出ている者は賢者聖人であり、聖天子が世に出ると、世界はよく治まります」と言いつつ、こう説くのです。

「しかし、聖天子が生まれるのは千年に一度です。国を治める君主、臣下は常に存在し、臣下も存在します。

それは孔子や老子がいなくとも、儒教や道教を求める人がたくさんいるのと同じです。医術、武術、音楽、書道などの世界も同じです。仏教の世界も、賢者聖人がいないからといって、どうしてその道を絶つことができましょう」

お大師さまは、現状の仏教が低迷していたとしても、仏教を広め教える努力を続けるべきで、その積み重ねにより千年に一度の聖天子や賢者聖人が生まれ、国家は平和になり、民は救われると言われたのです。

しかし、今の日本において、仏教が隆盛を誇っているかと言えば、答えは「否」です。日本列島の過密・過疎問題が深刻化し、今や地方では過疎化に伴い、無住の寺が年を追うごとに増えている状況です。郷里の墓仕舞いに踏み切る檀家も増加して、寺院存続の危機に立たされているのです。千年に一度の聖天子や賢者聖人を待つ余裕はありません。憂国公子との問答の中で、玄関法師が『賢愚因縁経』を引用して、「仏法と王法について」次のように語っています。

「もし国王、父母があって、人民の男女たちを解放して出家入道させて得るところの功徳は無量無辺である。仏者がいるから仏法が絶えないのです。仏法があるから、人は皆、心の眼を開きます。眼が明らかであれば正道を行います。正路を行くから、さとりの世界に到達します。経典に説く法があるところでは、仏たちは人々をお守りになって念じられ、諸天は人々を守護いたします」

つまり、玄関法師すなわちお大師さまは、仏教が国民の間に浸透している国家では、正しい道が広く実践され、正しい政治が行われるから、国民は安楽を得られ、国家も安泰だと力説されているのです。

現在の日本を見てみますと、国民は決して安楽を得ている状況ではなく、国家も内憂外患に四苦八苦している状況です。その原因はどこにあるのか。現在の日本の仏教は「葬式仏教」に傾いており、衆生救済、国家鎮護の祈りに欠けているのではないかという点が、一つあります。

また昭和・平成・令和日本の礎となった、戦没者慰霊が不十分という面もあります。さらに、「政教分離」が大原則となっており、仏教と国民・政治・社会との関わりが希薄になっていることも無視できないと思います。仏教が賢者聖人を育てる社会を取り戻したいものです。

（令和四年一月号）

日中対立の危機に空海の偉業を忘れるな！

昨年暮れ、安倍晋三元総理がある講演会で、中国が自国領土の台湾を取り戻すために、台湾侵攻もあり得ると示唆している件について、「台湾有事は日米同盟の有事になる」と警鐘を鳴らされました。このニュースを知ったとき私は、真言密教の開祖である弘法大師空海（以下、お大師さま）が密教を学ぶために、遣唐使船で入唐され、密教第七祖の青龍寺の恵果阿闍梨から密教の全てを伝授されたのは、大唐帝国が滅亡への瀬戸際に立たされていた頃だったことを、何の脈絡もなく思い出しました。

当時、唐の仏教界をリードしていた、恵果阿闍梨の青龍寺には、唐国内のみならず、朝鮮半島、中国東北部、インドシナ半島等々、唐の周辺地域から多くの仏教界の俊英たちが、最新の仏教である密教を学ぶために集まっていました。しかし、恵果阿闍梨は悶々とした日々を過ごしておられました。その原因の一つは、ご自身が高齢で健康面の不安があったこと、二つは、大唐帝国の政治が乱れ、政情不安が絶えなかったこと、そして三つは、密教の将来を託せる人材がいまだ見つからなかったことです。

そういう状況の中で、お大師さまが青龍寺の門を叩かれたのです。日本から若く優秀な僧侶が密教を求めて入唐し、長安に到着したことは、話題になり、恵果阿闍梨もお大師さまの来訪を心待ちにされていました。

お大師さまは長安到着から半年ほど、市内を隈なく歩き、梵語の勉強など準備を調えられ、満を持して青龍寺を訪問されました。恵果阿闍梨は両手を広げて、「よう来られた、よう来られた」と大歓迎され、短期間のうちにバトンタッチの灌頂の儀式を済まされたのです。

その後間もなく、恵果阿闍梨はお大師さまを密教第八祖に指名し、遷化されました。お大師さまは後継者として葬儀委員長の大役を見事に務め、多くの要人が見守る中、見事な追悼文も披露されました。恵果阿闍梨は大唐帝国の衰退が近いこと、中国密教の衰退も避けられないことを自覚され、若いお大師さまに密教の将来を託されたのです。

恵果阿闍梨自ら、お大師さまのために膨大な密教関係の経典や曼荼羅などの仏具を揃えて、「一日も早く日本に帰り、日本の衆生救済、国家鎮護のために、密教の布教に努めてほしい」と、懇願されたのです。

お大師さまは本来、末席の留学生として国費で長安に派遣された身であり、何十年という歳月をかけて長安で仏教を学ばねばならない立場でした。遣唐留学生として入唐し、半世紀あまり唐の官吏として活躍した阿倍仲麻呂が、現地で客死していますが、お大師さまにもそういう可能性が皆無ではなかったのです。

しかし、恵果阿闍梨の絶大なサポートもあり、お大師さまは長安滞在一年半足らずで、密教の全てを学び、大量の密教経典、曼荼羅、仏具などを日本に持ち帰られたのです。

7世紀にインドで生まれた新しい仏教の密教は、その後チベットから中国、モンゴルなどに伝わり、9世紀初頭にお大師さまによって日本にも伝えられ、現在もなお高野山を中心に、日本に広く根づいています。お大師さまは密教を21世紀の今日まで延命させた、仏教史に特筆大書されるべき功労者なのです。

私は21世紀の初頭、かつての長安である西安を何度も訪れ、西安の仏教関係者と友好を深めると同時に、お大師さまゆかりの青龍寺や唐密教の中心だった大興善寺などで、私が受け継いでいる大きな火を焚く真言密教の護摩行を修し、現地の人たちに披露しました。

そのとき私が驚いたのは、青龍寺や大興善寺という唐密教の古刹が、共産主義の中国に現存していたこともさることながら、その寺々に多くの僧侶、信者さんが存在し、私の護摩行に感動し、涙を流しておられたことです。

私は中国に仏教・密教が厳然として残っていたことを目の当たりにして、いずれ遠くない将来に、日中関係が一衣帯水の国として改めて友好関係を結ぶ日が来て、両国の仏教関係者がお互いに認め合う形で、新しい日中関係の創設に関わることができるのではないかと、前途に一筋の光明を感じたのでした。

私は今、インドに生まれた密教がお大師さまによって中国経由で日本に伝えられ、一二〇〇年の時を刻んできたことを、日本が世界に誇るべき文化遺産だと確信し、日々の護摩行で身口意の三密をフル回転させて、日中衝突の最悪事態が避けられるよう祈り続けています。

（令和四年二月号）

『鎌倉殿の13人』から学ぶべきこととは？

今年のNHK大河ドラマは『鎌倉殿の13人』です。平安時代の末期から鎌倉時代の草創期にかけての動乱の時代、源平の戦いが源氏の勝利で終わり、源頼朝を中心とする武家政治が始まり、それを北条氏が完成させてゆく時代が描かれます。ただ、『鎌倉殿の13人』では、実質的に執権政治で鎌倉時代を治め、武家政治を確立したのは北条氏であり、草創期に大きな役割を果たした、小栗旬さん演じる北条義時が主人公として描かれます。

北条義時は鎌倉幕府の初代執権、北条時政の嫡子で、源頼朝と結婚した北条政子は姉に当たります。義時は日本を治めるために、頼朝が描いていた武士が統治する世の中を創ることが欠かせないと考え、第二代執権の座に就き、姉・政子の協力を得ながら、源頼朝の悲願だった真の武家政治の確立に尽力したのです。

そのとき義時が最も気を配ったのは、京都で大きな権力を握っていた後鳥羽上皇でした。後鳥羽上皇はもともと、源平の戦いの最中に、平家とともに都落ちされた安徳天皇が、壇ノ浦の戦いで平家とともに海の藻くずとなられた際、後白河上皇の院宣により天皇に即位された方です。

しかし、後鳥羽天皇は在位三年で退位され、その後、五代の天皇の在位中、後鳥羽上皇として強力な院政を敷いて、鎌倉幕府に真っ向から対抗されたのです。最終的に上皇側が「義時追討」の院宣を出されて承久の乱が勃発し、鎌倉幕府側が圧勝して、上皇は隠岐に配流されました。

北条義時が亡くなったのは、承久の乱の三年後です。義時の没後、第三代執権に就任したのが、義時の子・泰時です。泰時は執権就任後、武家政治の指導理念として『御成敗式目』を編纂しています。

同書は、鎌倉幕府のみならず、足利氏の室町幕府、徳川氏の江戸幕府の時代においても、武家が守るべき指針とされ、その精神は六百年以上にわたって武家社会を貫いています。そこに通底する「道理の遵守」という精神は、今日の日本にも十分通じるものです。

『御成敗式目』には、守護・地頭の職務の違いや所領に関する規定、さらに裁判制度の仕組みや刑罰の内容などが、五十一ケ条にわたって事細かに定められています。そこに通底する精神は「道理の順守」ということでした。

そして、『御成敗式目』の第一条には「神社を修理し、祭祀を専らにすべき事」、第二条には「寺塔を修造し仏事等を勤行すべき事」が掲げられています。武家の憲法とも言うべき御成敗式目の第一条、第二条に神仏の尊重が謳われていることは、北条泰時が武家政治の根底には神仏に対する崇敬の念が不可欠だと考えていたことを示しています。そしてそれは、聖徳太子の「憲法十七条」の第二条に「篤く三宝を敬え」、つまり「仏像・仏の教え・僧侶」の三つの宝を敬えと説かれていたことを想起させます。古来、日本の政治の指導理念には、最重要テーマとして神仏への敬愛の念が強く説かれてきたのです。

北条泰時の弟に重時がいます。京都の守護・六波羅探題を十八年間も務めたほか、執権の補佐役である連署や、信濃、若狭、和泉、讃岐などの守護を務めるなど、北条政権の確立に大きく貢献した人です。

この北条重時は晩年出家し、観覚と名乗ったことからもわかるように、熱心な仏教信者でした。重時が当時社会事業を実践していた名僧・忍性を開山として招き、鎌倉に創建したのが極楽寺で、重時は通称「極楽寺殿」と呼ばれていました。

重時が家訓として遺した『極楽寺殿御消息』という格調高い文章があります。そこには武家のあるべき姿が諄々と説かれていますが、「まず心にかけ、実践すべきこと」として「朝夕必ず神仏を拝礼し、信心の心を持つこと」を挙げています。御成敗式目と共通する理念です。

神仏の心すなわち正直の心が一族を繁栄させ、ひいては社会を平和にする――重時はそう考えていたのです。泰時も重時も、武家政治という新しいパラダイムを定着させる指導理念として、神仏の心をベースにおいたのです。武家政治が六百年以上も続いた根底には、その草創期に神仏の心をベースにした指導理念を構築した北条泰時や重時といった人物の苦闘があったと言ってもいいと思います。

現在の日本は、新型コロナ感染の波に翻弄されていますが、その突破口は案外、武家社会の指導理念にあるような感じがします。

（令和四年三月号）

ウクライナ侵攻で危機に立つか？プーチン政権

十干十二支では今年は「壬寅（みずのえとら）」の年に当たり、「内部に陽気をはらみ、春の胎動を招く」といった年回りだと言われていますが、北京冬季五輪が閉会して一週間足らずの二月末に、ロシアが隣国ウクライナに武力侵攻する緊急事態が発生しました。北京冬季五輪の開催中、ロシアの女子フィギュアスケートのカミラ・ワリエワ選手のドーピング問題が表面化し、ロシアが一位になった女子団体のメダル授与式が延期されたり、個人戦で、金メダル確実とみられていた同選手が、転倒に次ぐ転倒で四位に終わるなど、何か波乱含みの五輪でしたが、波乱の本番は五輪閉幕後に待っていました。

そもそも、ロシアは今回のオリンピックに「ロシア連邦」という正式な国名ではなく、「ロシア・オリンピック委員会」（ＲＯＣ）という名称で参加していました。世界アンチ・ドーピング機関（ＷＡＤＡ）から、組織的なドーピングの制裁措置を受け、国旗や国歌の使用を禁止されていたからです。

そういう状況にありながら、金メダルの最有力候補だった十五歳の少女がドーピングを指摘され、金メダルを棒に振るとはどういうことなのでしょうか。これはコーチによる選手の体調管理の拙さ以前の問題で、国家ぐるみの組織的なドーピングを疑わざるを得ないのです。

私はワリエワ選手のドーピング問題は、プーチン大統領の評価にまで及ぶのではと心配していましたが、今回、ウクライナに大規模な武力侵攻に踏み切ったことで、心配がより現実的になってきた感じがします。

私は、昭和の終わり頃から三十有余年、世界のかつて激しい戦争が行われた地域を訪れ、敵・味方双方の戦没者を慰霊しながら、世界平和を祈願する、「戦没者慰霊・世界平和祈願」式典を行う、「世界巡礼の旅」を実践してきました。その背後には仏教で言うところの「怨親平等」の考え方があります。不幸にも一旦、敵・味方に分かれて激しい戦争を戦ったとしても、戦争が終わったら、お互いに敵・味方の区別なく両軍の戦没者を慰霊する。

それが将来の平和の礎になるという考え方です。

その巡礼の旅で、毎年訪問してきた、フィリピンのゼロ戦の特攻基地があった、マバラカット市の神風神社を除いて、最も回数を重ねたのが、ロシアです。一九九二年にはシベリア抑留者などの墓がある、ハバロフスクの日本人墓地で戦没者慰霊・世界平和祈願祭を執り行いました。このときは、日本人墓地の中空に彷徨し、集まってきた霊たちを小さな鏡に映し込み、帰国後、靖国神社に納めさせてもらいました。

その後も折を見てはロシアを訪問しています。二〇〇二年に訪ロしたときは、サンクトペテルブルグでの原子力潜水艦クルクス号沈没の犠牲者墓参と追悼法要を行ったほか、バルチック艦隊戦艦オーロラ号を表敬訪問しました。

また、ヨーロッパで唯一の仏教国である、ロシア連邦カルムイク共和国の首都エリスタを訪問し、エリスタ市長とも歓談しました。同共和国の仏教の総本山シャクススメ寺院では、真言密教の修法で仏教興隆の祈りを捧げました。カルムイク共和国の仏教は、モンゴルの欧州侵攻の名残でしょうか、密教の影響が見られ、町の店には曼荼羅が飾られていました。特筆大書しておきたいのは、カルムイクの人々の顔が日本人そっくりだったことです。これもモンゴルの影響だと感じました。

この他、ロシアに変わって間もない頃に、硬直化した北方領土問題の前進を願って、右翼の人たちを伴って、モスクワを訪問したこともありました。『週刊ＡＥＲＡ』誌に、私たちがモスクワの中心街を闊歩する写真が掲載されたときには、読者をびっくり仰天させたと思います。

今回のウクライナ侵攻はプーチン大統領にとって、大きな試練となるような気がします。首都キエフの制圧も、ロシア寄り政権の樹立も、実現できるかも知れません。先進七カ国を筆頭に世界からの反発は強まりますが、多少の経済制裁などは乗り越えられるかも知れません。国際的に似たような立場の中国の精神的支援もあるでしょう。しかし、プーチン大統領にとって、問題は足元です。ロシアでは小規模ながら「戦争反対」のデモが散発しています。ウクライナ侵攻はロシアの国民、特に若者たちが、世界を敵に回す祖国の政治に異議申し立てを行う転機になりそうな気がします。

（令和四年四月号）

亡くして思う石原慎太郎不在の穴の大きさ！

石原慎太郎さんの死から1カ月後に、ロシアのウクライナ侵攻が始まったために、石原さんの政治家としての評価が中途半端に終わった感があり、私は非常に残念に思っています。

私は石原さんと個人的にお付き合いはなかったのですが、バブル崩壊以後の、亡国の淵に立たされた日本を、根っこから立て直すには、石原さんのリーダーシップは欠かせないと思っていました。

日本のリーダーになろうという大欲を持っている政治家には、二つのタイプがあります。一つは、派閥の中で揉まれながら実績を積み重ね、やがて派閥のリーダーとなって総理・総裁の座に収まるタイプです。このタイプのリーダーは、永田町内の支持は高く、手堅い政治力を発揮しますが、マスコミにはあまり好感を持たれず、国民的な輿望を担うタイプではありません。もう一つは、若いときから言動に能力を発揮して人気があり、あたかも飛び級のように政治家の階段を上り詰め、国民的な人気をバックにリーダーの椅子に上り詰めるタイプです。この手の政治家は、若いときから人気があり、マスコミに毛嫌いされることもありません。

石原さんの場合、本質的には後者のタイプで、上手く立ち回れば、マスコミを掌の上で踊らせることもできたのでしょうが、石原さんに反自民のマスコミと上手に付き合おうという感覚はまるでなく、国会議員、東京都知事時代を通して、事あるごとにマスコミと衝突を繰り返していたようです。

私は以前から、今の日本に決定的に欠けているのはリーダーシップだと言ってきました。政治家にリーダーシップがないから、政治が混迷し、官僚が腐敗します。財界人にリーダーシップがないから、企業が商道徳を逸脱して金儲けに走り、企業経営者が堕落します。バブル崩壊後の亡国現象の原因の一つは、明らかにリーダーシップの欠如にありました。

その中で卓越したリーダーシップを備えているように見えたのが、東京都知事の石原さんでした。石原さんはかつて、「今太閤」と言われ日の出の勢いだった田中角栄さんに異議を唱えたり、ソニーの盛田昭夫さんと共著で『「ＮＯ」と言える日本』という本を出し、アメリカに対して「ＮＯ」と言う必要性を主張するなど、どんな権威に対しても言うべきことは言うという政治スタイルを貫いていました。バブル崩壊後、アメリカが日本経済に対して要求してきたグローバル・スタンダードに関して、「アメリカに都合のいい世界標準であり、いちいちそれを受け入れていたら、日本経済はアメリカに占領されてしまう」と、警鐘を鳴らしました。

当時の石原さんが書かれた『国家なる幻影』の中でも、「アメリカの世界金融戦略下の日本は、世界第二の経済大国ながら、巧妙に一方的に搾取されつづけ、アメリカの金融奴隷でしかない」と書かれています。

言うべきことを自分の言葉できちんと言うということは、リーダーの欠かせない資質の一つです。石原さんが都知事選で、自民党支持者のみならず、無党派層からも広い支持を得て圧勝できたのは、その点への期待が大きかったからです。

石原さんは「国家」あるいは「国家のアイデンティティ」というものを大事に考える人でした。その発言は時として「右寄りだ」「国家主義的だ」と批判されてきましたが、私は自分の祖国、故郷、家族、祖先に思いが至らない人には、国家の安定・安全、世界の平和は成し得ないと考えています。

私が石原さんに関心を抱いていたのは、リーダーシップの観点からだけではありません。石原さんは仏教に対する敬虔な気持ちをお持ちでした。「日本では当たり前の、年に何度かのお墓まいりや、お盆、お彼岸の供養は、そうした儀式、行事の中で初めて保たれ広がっていくものが必ずあるのです」と言いながら、こうも書かれています。

「あのお盆の迎え火や送り火、死者の乗り物としての茄子やキュウリの馬を供えるしきたりの優雅さと懐かしさは、死者もなお我々とともに生きているという、我々の存在にとって死者は死んでしまいはしてもなお、欠かすことの出来ぬ存在なのだということを明かしている」と。

先祖を大事にし、家族を大事にし、故郷を大事にし、国を大事にする政治家でなければ、世界の平和に貢献できないのです。その石原さん不在の穴は、大きく深いと思います。

（令和四年五月号）

ロシア・ウクライナ紛争後に求められる人材!

新型コロナ禍が3年目に入っていますが、過去2年は、ゴールデンウィーク中の移動は極力控えるよう、規制されていたのに対し、今年は規制が外され、新幹線や空の便が3年ぶりに満席状況となりました。

しかし、まだまだ楽観は許されません。特に今年は、ロシアのウクライナ侵攻がいよいよ混迷を深めており、プーチン大統領は核兵器の使用も辞さない構えだという見方が根強くあることから、国際情勢の行方は混沌としています。連休で新幹線、空の旅が回復したと、喜んでいられる状況ではないのです。

ウクライナ侵攻に踏み込んだ際、プーチン大統領は1~2カ月で決着をつけるつもりだったと言われます。ところが、ゼレンスキー大統領に率いられたウクライナ軍は、想像以上に手強かったようで、ロシア兵側に相当なダメージを与え、ロシア側に厭戦気分が生まれているとの見方もあるようです。

五月連休時点では、ロシアのウクライナ侵攻に対して、欧米・NATO(北大西洋条約機構)加盟国と、その周縁の多くの国々が、ロシアへの反発を強め、ウクライナ支援の立場を鮮明にしていますが、プーチン大統領は強硬姿勢を崩しておらず、今後、事態がどう展開していくのか、世界中が固唾を呑んで見守っているところです。

しかし、この2カ月間の動きを見る限り、今後、新たな犠牲を払わずに平和を回復できるとは、とても思えないのです。すでに、紛争後に「ロシア発の世界恐慌が始まる」という予測も出ていますし、国際的な大きなショックなしには、ロシア・ウクライナ紛争後の新しい国際秩序は生まれないような印象を受けます。

当然、新しい国際社会を招来するためには、多くの血や汗が流される事態を乗り越えねばならぬ局面も出てくるでしょう。

日本は近世・近代において、明治維新、太平洋戦争敗戦という、二度の大波を乗り越えてきています。特に、明治維新は日本を二分して、この国の行方を巡った戦いが展開された時でした。

黒船の来航で太平の眠りを覚まされ、開国を余儀なくされた幕末の日本において、変革をリードした若きリーダーたちは、どのような理念を持って、新しい世の中を模索したのか。幕末当時、肥後熊本藩に横井小楠という思想家がいました。二十代で藩校時習館の塾長に抜擢され、その後、江戸に遊学し、熱烈な尊皇攘夷論者の水戸藩の思想家・藤田東湖と親交を結びます。

熊本へ戻った小楠は、人民を苦しめている肥後藩の経済政策を批判し、実際に役立つ学問を志向する「実学党」を旗揚げし、私塾「小楠堂」を開設しました。その門下生の第一号が、明治・大正・昭和の三代にわたりジャーナリスト界に君臨した徳富蘇峰、小説『不如帰』『自然と人生』で知られる蘇峰の弟・徳富蘆花でした。

この頃の小楠は、その後「松下村塾」を開き、勤王の志士たちに大きな影響を与えた吉田松陰や、尊王攘夷派の理論的指導者だった真木和泉らと親しく交際し、勤王の志士の一人として、常に国の在り方を考えていたようです。

明治維新の十年前、晩年の小楠は越前藩主・松平慶永（よしなが）に招かれて、越前藩の政治顧問に就任し、越前藩の政治方針を確定するために『国是三論』を著しました。「三論」とは経済・外交・教育にわたる三論のことです。小楠はこれを「天・富国論」「地・強兵論」「人・士道論」の三つに分けて論じています。小楠の国是には「富国・強兵」の他に「士道」が入っていたのです。賢明な小楠のことですから、「富国・強兵」だけでは国は行き詰まること、日本の伝統的美徳である「士道」の精神を忘れてはならないことを洞察していたのです。

越前藩で小楠の薫陶を受けた藩士に、由利公正という人がいます。由利は『国是三論』の富国論に基づき、積極的な交易政策を実践し、越前藩の財政を改善しました。また、由利は小楠とともに、明治新政府で大久保利通、木戸孝允らと並んで参与に任命され、「広く会議を興し万機公論に決すべし」で始まる『五箇条の御誓文』を最初に唱えたのは由利だと言われています。

要するに、「富国・強兵」の理念も含めて、横井小楠の思想は明治維新のバックボーンになっていたのです。近い将来、世界平和に貢献する日本に必要なのは、横井小楠のような人材です。

（令和四年六月号）

ロシア・ウクライナ紛争後に来る世界とは⁉

ロシアがウクライナに侵攻してから三カ月が経過しました。戦況は長期戦に入った感があり、ロシア、ウクライナともに多大な犠牲を払いながらも、一歩も退かない状況が続いています。日本はウクライナを支援する欧米先進国側と共同歩調をとっており、その影響は円安傾向もあって、電気料金、ガソリン価格、食料品等々の値上げという形で、国民生活にもじわじわと出始めています。

三年目に入った新型コロナ禍が、ようやく感染拡大から抜け出そうとしているときだけに、ロシアのウクライナ侵攻問題の長期化が、コロナ禍克服にブレーキをかけなければ良いがと、いささか不安が募ります。

ここは何としても、コロナ禍を克服し、ロシアのウクライナ侵攻問題を大過なく終息させることに、日本は世界とともに最大限の努力を払うべきです。少なくとも紛争終結後、国際社会がさらなる混乱状況に陥らぬよう、日本は新たな国際協調の架け橋となってほしいものです。

しかし、現実のロシア・ウクライナ戦争の行き着く先が、どのような世界となるのか、六月初めの時点では明確な青写真を描くのは困難です。この戦争がいかなる終わり方をし、国際社会にどのような戦後状況をもたらすのか。もしかすると、これまで予想もしなかったような、新しい枠組みによる新世界の建設が始まるかも知れません。そうなったとき、私は従来にも増してキリスト教、イスラム教、仏教などの世界的な宗教が、世界再構築を進める一つの柱として、改めてその真価が問われるときが来るのではないかという感じがしています。

そして、そうした見通しに立ったとき、常に私の頭に去来するのは、やはりインド、中国で生まれ育った密教を、極東の小さな島国・日本に移植し、真言密教として根づかせ、二一世紀の今日まで密教を息づかせてきた始祖、弘法大師空海、お大師さまの広大無辺な輝きです。

日本初のノーベル賞受賞者となられた故・湯川秀樹博士が、「長い日本の歴史の中で、空海は最も万能的な天才であった。世界的スケールで見ても、アリストテレスとかレオナルド・ダ・ヴィンチとかいうような人よりも、むしろ幅が広い。超人的というほかはない」と、お大師さまを絶賛されていたのは、よく知られた話です。

お大師さまは唐の都・長安で、密教の第七祖であった青龍寺の恵果阿闍梨から密教の全てを伝授され、密教第八祖に指名されて、膨大な量の密教経典、曼荼羅、仏像、絵図、法具等々を短期間のうちに日本に持ち帰りました。そのことだけでも一人の仏教者の人間業とは思えないほどの快挙です。

お大師さまがタダの「超人」ではなかったのは、その当時の仏教界では「新しい仏教」だった密教を嵯峨天皇の絶大なる信頼・協力を得る形で、瞬く間に日本社会に広めていったことからも明らかです。

そして、密教修行の道場として皇室の所有地だった高野山の土地を下賜され、世界に稀なる山頂の宗教都市を創建されたのも、また、現在は教王護国寺（東寺）で毎年新年に行われている、国家鎮護と衆生救済の祈り「後七日御修法」を、最初、宮中で行う儀式として始められたのも、お大師さまの超長期的な発想によるものでした。

つまり、お大師さまの教えには、この極東の小さな島国・日本に密教が広められることによって、国家鎮護と衆生救済への祈りと願いが国中に広く遍く唱えられるようになり、やがて理想的な国家を実現する、永遠の祈りが込められていたのです。

そのために、お大師さまは唐から持ち帰られた密教のさまざまな経典を、懇切丁寧に説かれるとともに、密教の教えを衆生救済に結びつけるには、加持祈祷で衆生を救う、真言行者の日々の修行が不可欠だと説かれたのです。

ただ、もし仮にお大師さまが密教の経典に精通され、修行面でも他の追随を許さない実践者だったとしても、上は天皇陛下から、下は社会の最下層で呻吟する衆生たちまで、広く認められ、親しまれる仏教者でなければ、「お大師さま」と呼ばれるような評価は得られなかったのではないでしょうか。

私は現在の世界が求めている地球社会は、如何なる国も地域も、その国々がいずれも鎮護国家であることを志向し、人間をはじめそこに生きる衆生すべての平和を希求する大きな船である、という視点が欠かせないと思います。

（令和四年七月号）

新たな世界平和構築に活かせ日本の国づくり理念!

ロシアのウクライナ侵攻から四カ月が過ぎ、両国の戦闘はますます泥沼化しつつあるように見えます。六月末には、ロシア側がウクライナの首都キーウ(キエフ)にミサイル攻撃を始め、事態は一段と深刻化してきた印象を受けます。この間、ロシア、ウクライナと世界の国々との貿易が半ばストップ状態となり、特にウクライナからの、小麦粉など食糧の供給が滞っているアフリカなどでは、深刻な飢餓が起きていると言われています。

ここは世界の叡智を結集して、両国のメンツの立つような紛争後の青写真を示し、紛争終結に向け説得するしかないような気がします。その際、私は人類の叡智をふりしぼって、人類と大自然が共生できる平和な地球を築いていこうと、世界が再確認することが不可欠だと思います。その話し合いには、世界の政治家・経済人・学者に加えて、世界の宗教界のリーダーの参加も受け入れるべきだと思います。

そして、その議論には、「仮に敵・味方に分かれて戦争を戦ったとしても、戦後は怨みも親しみも平等であり、勝者・敗者が一体となって来たるべき国際平和に取り組むことが肝要だ」という、仏教的な『怨親平等』精神を世界中が共有して、新たな世界平和に邁進することが不可欠だと思います。

今から百年余り前、第一次世界大戦を戦っていた国際社会は、ロシア革命、アメリカの参戦、三年目に入ったスペイン風邪の猛威による厭戦気分の蔓延もあり、停戦合意が行われ、パリのヴェルサイユ宮殿で講和会議が行われました。

第一次大戦では日本も戦勝国側の一員であり、ベルサイユ会議には東洋の新興国として参加し、大きな役割を果たしました。席上、日本は人種差別の撤廃を提唱しましたが、アメリカの執拗な反対に遭い、結局、人種差別撤廃は否決されています。人種差別撤廃が認められていたら、その後の国際関係は様変わりの航跡を描いていたかも知れません。いずれにしても、ロシアのウクライナ侵攻を一日も早く終息させ、新たな国際平和への道に針路を取ることは、国際政治の観点からだけでなく、地球的な観点からも避けて通れない道だと思います。

私はその際、極東の小さな島国である日本が、古代から現代に至るまで、営々として築き実践してきた、国家としての精神・心が役立つのではないかと考えています。

仏教は六世紀半ばに百済経由で日本に伝来し、六世紀末から七世紀初め、女帝・推古天皇のもとで、仏教を国教として位置づけ、仏教による国づくりを断行されたのが聖徳太子であり、太子の理想が示されたのが「憲法十七条」です。

第一条の「和を以て貴しと為す」は、聖徳太子が日本を中央集権国家とするために「和」の原理を重んじられたものですが、仏教的思想も反映されています。聖徳太子は「和を以て貴しと為す」の後に続く文章の中で、「上和らぎ下睦びて事を論ふに諧ふときは、則ち事理自づから通ふ。何事か成らざらむ」と書かれています。

つまり、「上に立つ者が柔和な心を持ち、下の者が調和して議論すれば、物事の道理は自然と通じるもので、成し遂げられないことはない」と説かれているのです。

また、「十七条憲法」の第四条では、「群卿百寮、礼を以て本と為よ」と説かれています。そして太子は、「上の者に礼がなければ、下の者もまとまらない。すべての官僚に礼があれば、階級の序列も乱れることはないし、人民に礼があれば、国家も自然と治まるものだ」と説かれたのです。

仏教の始祖、お釈迦さまは聖徳太子より千年ほど前の人ですが、人間が生きていく上で布施の心ほど大事なものはないと説かれました。布施の本質とは苦しんでいる人や困っている人を手助けすることです。人間は布施の心を忘れると、我欲に固まったエゴイストになり、人間として間違った行いをしたり、社会の調和を乱すことになります。

国の経済活動にしても、企業の活動にしても、布施の心が求められているのです。国や企業がその心を忘れると、国や企業は乱れ、世界の平和、社会の安寧を危うくすることになりかねないのです。令和日本の政財官界のリーダーたちには、新たな平和な世界の構築に向け、日本的な理念が活かされるよう奔走していただきたいと、高野山奥之院のお大師さまとともに祈っています。

（令和四年八月号）

不透明時代乗り切りに欠かせない安倍元総理の初心

安倍晋三元総理が凶弾に倒れて1カ月が経過しようとしています。事件の背景には、母親が世界平和統一家庭連合（旧統一教会）に入信したことを機に多額の寄進を行い、家庭が崩壊したことがあり、自衛隊員だった経歴を持つ犯人は、旧統一教会と近しい関係にあると言われていた安倍元総理を狙撃し、死に至らしめたということです。犯人自身、「安倍元総理の思想・信条は狙撃の要因ではない」と洩らしているようですから、事件は政治的な背景を持つ暗殺事件ではなく、新興宗教の巨額な資金集めが問題視される流れになっています。ただ、それは新興宗教と政治家の密接な関係にスポットライトを当てることでもあり、安倍元総理を死に至らしめた事件が、改めて政治とカネの問題にメスを入れることになるのは免れないと思います。

いずれにしても、日本の憲政史上最長の総理在任期間を更新し、国内の政治・経済・社会の変革に必死に取り組む一方、「地球儀を俯瞰する外交」で国際的にも広く存在感をアピールされた安倍元総理の死は、令和の日本の行方にも大きな影響を与えるに違いありません。

そこで安倍総理が取り組まれたさまざまな改革の中で、今後の日本がもっとも力を入れなければならないテーマを、一つだけ挙げておきたいと思います。それは、安倍総理が戦後最年少の51歳の若さで、第一次安倍内閣をスタートさせたときに掲げられた、「美しい日本」を取り戻すということです。

現在の日本は、2年半に及ぶ新型コロナ禍をいまだ克服するに至っていません。克服するどころか、第7波の感染拡大に四苦八苦している有様です。7月末の時点で全国の感染者数は20万人台に達しており、感染拡大が収まる気配はありません。この新型コロナ禍のプレッシャーだけでも、気分が滅入ってくるところに、ロシアのウクライナ侵攻の長期化、その影響としての世界経済の停滞、エネルギー関連をはじめとする物価高等々、国際社会も日本社会も悲鳴を上げているのが現状です。

その危機的状況が深まる中で、日本はどういう国を目指すのか。新しい産業をおこす、国際的連携を強化する、人口減少社会にブレーキをかける、さまざまな手法が考えられますが、私はその基本的なスタンスとしては、「日本という国家・社会に綿々と受け継がれてきた根っこ、清冽な流れを大事にし、活かしていく」ということだと考えます。いくつかの有名な例を挙げておきます。

例えば、江戸時代に財政危機に陥った米沢藩を立て直した名君、上杉鷹山は、藩政改革を成し遂げ、家督を譲るとき、「一、国家は先祖から子孫に伝えるもので、自分のものにするものではない。一、民衆は国家に所属している民衆であって、自分のものにするものではない。一、国家や民衆のための君主であって、君主のための国家や民衆ではない」という、『伝国の詞』を残しています。

また、上杉鷹山と同じ江戸中期に、30歳の若さで老中に就任し、寛政の改革を成し遂げた松平定信は、老中に就任した翌年、江戸は霊巌島・吉祥院の歓喜天に、「物価が安定し、庶民の暮らしが豊かになり、幕府の財政が潤うよう、自分の一命はもとより、妻子の命にかけてお願い致します」という願文を奉納しています。松平定信は妻子の命までかけて、寛政の改革に取り組んだのです。

江戸時代を代表する儒者の一人、頼山陽は『日本政記』という著書で、「民を保んぜんと欲する者は、必ず自ら倹す」と言っています。つまり、「民衆を安らかにしたいと思う者は、自ら倹約する者である」ということです。そして、「自ら倹する者が上に立てば、民も倹約し、国全体が平和で安定する」と説いています。

鎌倉時代の僧侶で、『徒然草』で知られる吉田兼好は、「名声や利益にとらわれて、一生あくせくするのは愚かだ。大きな馬車、立派な馬、金色に輝く宝石、みな心ある人には必要ないものである。黄金は山に棄て、宝石は川に投げよ。利益に惑わされるのは愚かな人がやることだ」と、警鐘を鳴らしています。

日本社会の根っこには、このような教えが幾重にも連なって流れており、21世紀の日本人に、特に政・財・官をリードする指導者たちに、そのような生き方を実践してほしいと願っているのです。私は、令和日本のリーダーが日本社会の根っこに流れる清冽な地下水を実践するとき、日本は21世紀の新たな地平を開けると確信しています。

（令和四年九月号）

元総理暗殺事件で暴露された旧統一教会詣で！

昨今の日本社会の沈滞ムードの要因は、新型コロナ、ロシアのウクライナ侵攻が二大要因ですが、この二大要因を背景に、円安の進行、輸出の低迷、電気、ガス、ガソリンなどのエネルギー価格高騰、物価高等々、日本経済の低迷に拍車がかかっています。この状況を見回せば、日本も安閑としてはいられませんが、安倍晋三元総理が凶弾に倒れた後の永田町の状況を見ていますと、暗澹たる気持ちにならざるを得ません。

元総理暗殺後の永田町は、旧統一教会に家族崩壊させられた犯人が、その怨念から旧統一教会とのパイプを構築していた元総理を銃撃したということで、野党やマスコミは旧統一教会と自民党の関係を暴き立てることに躍起になっています。しかし、野党議員もマスコミも、事件直後に犯人が殺意の理由を語るまでは、旧統一教会の存在はノーマークだったと思います。

もともと国民の多くが旧統一教会の存在を知ったのは、若手人気女性歌手や新体操の有名女子選手らが、同教会の合同結婚式に参加した一九九二年頃が最初ではなかったかと、私は記憶しています。今からちょうど三十年前のことです。もちろん、当時から同教会の信者に高額商品を買わせる霊感商法に対する批判はあり、一部の弁護士やライターがその商法を追及する活動はしておりましたが、その商法批判は合同結婚式の喧噪が一段落するとともに、表面には出なくなったという印象を私は受けていました。

この三十年の間に、旧統一教会が「世界平和統一家庭連合」と名称を替え、以前と同じく信者さんに高額商品を買わせていたことは、多くの国民は知らなかったのではないかと思います。なぜ知らなかったのでしょうか。私たちは新聞・雑誌・テレビなど、マスコミの力を借りないと、世の中の動きを知ることは難しいのです。また、その間、一九八〇年代末期から九〇年代半ばにかけて、オウム真理教問題が新宗教の世界を席巻していたことも影響していたのかも知れません。

そんな社会状況を背景に、旧統一教会は安倍元総理の祖父にあたる岸信介元総理以来の自民党とのパイプを活かしつつ、安倍元総理をキーマンとする自民党政治家との交流を深めていたのです。時には講演会に招かれ自己PRができ、時には選挙応援の人員も手配してくれ、投票も期待できるという集団は、多くの自民党政治家にとってありがたい存在であったに違いありません。その延長線上で、今回のような想定外の大事件が起きたのです。旧統一教会と自民党の密接な関係が事件に絡んでいることが明らかになったとき、多くの自民党政治家は「統一教会のことはよく知らなかった」と言い訳をしました。日頃はいくら立派なことを語っていても、旧統一教会との関係を問われた途端に口が重くなったのは、醜態としか言いようがありません。私は、若くして大臣に抜擢されるような政治家でも、自分に都合の悪い局面に立たされて、うつむきながらあれこれ言い訳をするようでは、日本を背負って立つ政治家にはなれないと思います。

真言密教の祖師、弘法大師空海、お大師さまは、『賢愚因縁経（けんぐいんねん）』という経典を引用して、仏教と政治の関係を次のように説いています。

「仏者がいるから仏法が絶えない。仏法があるから、人は皆、心の眼を開く。眼が明らかであれば正しい道を歩き、正しい道を歩くから悟りの世界に到達できる。それだけではない。法があるところは、仏たちによって守られ、諸天の神々によって守護される」と。

お大師さまは「仏教が国民の間に浸透している国家では、正しい道が広く実践され、正しい政治が行われるから、国民は安楽を得られ、国家も安泰だ」と力説されているのです。

現在の日本の状況を見てみますと、国民は決して安楽を得ている状況ではなく、国家も内憂外患に四苦八苦している状況です。日本は多くの仏教宗派が共存している仏教国であり、仏教に帰依する人も多いのですが、仏教が国家の安定、国民の幸せにどこまで寄与しているかとなると、お大師さまのように自信を持って「ご利益がある」とは言えない状況です。安倍元総理の暗殺事件は令和日本の「政治と宗教」の周縁で起きました。現在の日本は「政教分離」を国是としていますが、本当にそれでいいのでしょうか。私の心の底には全国各地で増えている無住の寺の叫びが響いています。

（令和四年十月号）

武家政治600年を貫いた「道理の遵守」！

ＮＨＫ大河ドラマ『鎌倉殿の13人』も最終回が近づいています。同ドラマがスタートした時点でも触れましたが、武家時代のスタートとなった鎌倉時代の初期に、源氏三代の後を引き継ぎ、執権として長期政権の土台を築いた北条氏の二人のトップの生き方について改めて取り上げておきたいと思います。

源頼朝によって創設された鎌倉幕府は、源氏による政権は三代将軍・源実朝が鶴岡八幡宮で暗殺された時点で終わり、その後は執権の座にあった北条氏が実権を握りました。つまり、武家政治がスタートした鎌倉時代初期には、将軍暗殺という形で源氏から北条氏への政権交代が行われ、まだ社会秩序が混沌とした状態だったのです。

大河ドラマでは、小栗旬さんが演じる北条政子の弟、第二代執権の北条義時が主人公ですが、北条氏による鎌倉幕府が本格的に動き始めたのは、義時の子、三代執権・泰時の頃からです。鎌倉時代初期の執権の中で泰時が注目されるのは、武家政治の指導理念として『御成敗式目』を編纂したからです。『御成敗式目』は鎌倉幕府以後の室町幕府においても、江戸幕府においても、武家が守るべき重要な指針として尊重され、その精神は六百年以上にわたって武家社会を貫いています。

『御成敗式目』には、守護・地頭の職務の違いや、所領に関する規定、さらに裁判制度の仕組みや、刑罰の内容などが、五十一ケ条にわたって事細かに定められています。そこに通底する精神は「道理の順守」ということでした。北条泰時は「道理」によって新しい時代の秩序を構築しようとしたのです。

『御成敗式目』の第一条には「神社を修理し、祭祀を専らにすべき事」が、第二条には「寺塔を修造し仏事等を勤行すべき事」が謳われています。武家の憲法とも言うべき『御成敗式目』の第一条、第二条に神仏の尊重が謳われていることは、北条泰時が「武家政治の根底には神仏に対する崇敬の念が不可欠だ」と考えていたことを示しています。聖徳太子が「憲法十七条」の第二条に「篤く三宝を敬え」、つまり仏像・仏の教え・僧侶の三つの宝を敬えと説かれたことを想起させます。

要するに、古来、日本の政治の指導理念には、最重要テーマとして神仏への敬愛の念が強く説かれていたわけです。北条泰時は政治を執り行う武士たちに、神仏への敬愛の気持ちを大前提にした「道理の順守」を訴え、それによって新しい社会秩序を形成することに成功したのです。

北条泰時の弟・重時は執権にこそ就いてはいませんが、京都の守護・六波羅探題を永く務めたほか、執権の補佐役・連署や、信濃、若狭、和泉、讃岐などの守護を務めるなど、重責を担っています。

重時は晩年出家し観覚と名乗った熱心な仏教信者でした。重時が当時社会事業を行っていた名僧・忍性を開山として招き、鎌倉に創建したのが極楽寺で、重時は通称「極楽寺殿」と呼ばれていました。重時が家訓として遺した『極楽寺殿御消息』には武家のあるべき姿が諄々と説かれています。「まず心にかけ、実践すべきこと」として「朝夕必ず神仏を拝礼し、信心の心を持つこと」を挙げています。兄・泰時が編纂した『御成敗式目』と共通する理念です。

重時はまた、「仏法を尊び、心を正直に持つ人は、今生も平和に暮らし、死後も極楽へ行くことができる。それは自分だけの力ではなく、神仏のご加護を受けているからである。弓矢を取る武士がすべてに優り、名を挙げ徳をあらわすには、正直の心を基本とするほかにない。正直な親の子どもは、その親のおかげで人にも良く言われ、多くの人から親切にされるのだ」とも説いています。

神仏の心すなわち正直の心が一族を繁栄させ、ひいては社会を平和にする――北条重時はそう考えていたのです。泰時にしても、重時にしても、武家政治という新しい統治法を定着させる指導理念として、神仏の心をベースにおいたわけです。武家政治が明治維新まで六百年以上も続いた根底には、その草創期に神仏の心をベースにした指導理念を構築した北条泰時、重時といった人物の苦闘があったわけです。

現在の日本は新型コロナ禍を乗り越え、ロシアのウクライナ侵攻で崩れつつある国際情勢の危機を乗り切るために、必死に新しい国づくりを模索している段階です。私はそれは古来、日本の政治・経済・文化の心柱となってきた仏教の心、御仏の心の中にあると確信しています。

（令和四年十一月号）

日本・中国の新時代は四書五経の再確認から

明治維新になるまで、日本の指導者教育は主に四書五経に依っていました。四書とは『大学』『中庸』『論語』『孟子』、五経とは『易経』『詩経』『書経』『春秋』『礼記』の、中国古代の書物です。まさに四書五経は江戸時代までの日本の指導者たちのバイブルであり、四書五経が廉恥心を持った「深沈厚重」のリーダーたちを育んでいたのです。

その中でも最もポピュラーな書といえば、孔子の言葉を編纂した『論語』です。『論語』の中に「為政篇」という、理想の政治を説いた章があります。冒頭に、「子曰く、政を為すに徳を以てすれば、譬えば北辰の其の所に居て衆星のこれを共る(めぐる)がごとし」という一節があります。

「北辰」というのは北極星のことで、「衆星」はすべての星という意味です。つまり、孔子は「道徳を基本とする政治を行えば、北極星が不動の位置にあって、全星座がその周りを整然と回っているように、政治もスムーズに行えるだろう」と教えたのです。

政治における道徳の重要性について『論語』にはこんな一節もあります。「子曰く、これを道びくに政を以てし、これを斉うるに刑を以てすれば、民免れて恥ずる無し。これを道びくに徳を以てし、これを斉うるに禮を以てすれば、恥ずる有りてかつ格し(ただし)」。つまり、孔子は「法律・政令によって指導し、刑罰に頼って取り締まれば、人民は刑罰さえ免れれば、何をしようと恥と思わないようになる。道徳によって指導し、礼によって取り締まるならば、人民は恥をかいてはいけないと、自然に正しい道に立ち帰るものだ」と力説しているのです。

孔子が唱えた道徳を基本に据えた政治は、法治主義の政治に対して、徳治主義の政治と言われます。その徳治主義の政治哲学が後世の中国、日本において、長い間、政治の指導理念となったのです。

昨今の日本において、「日本は法治国家だから」と言われることはあっても、「徳治国家だから」と言われることはありません。日本の政治に根づいていた徳治主義は、明治以降の近代化の過程で消滅してしまった感があります。

孔子はまた、「君子は周して比せず、小人は比して周せず」とも言っています。「立派な人物は心から仲の良い友とはなるが、徒党・派閥は組まないものだ。それに対して、つまらぬ人間は徒党を組むが、心からの本当の友にはならないものだ」というのです。これはリーダー論としても含蓄のある言葉です。真のリーダーは心の友は作るが、むやみに徒党は組まないものなのです。この孔子の教えは、昨今の政治家にどう響くのでしょうか。

このように『論語』一つを採ってみても、宰相学、帝王学に資する話が次から次へと出てきます。そういう意味では、中国の古典は宰相学、帝王学の宝庫です。それだけではなく、中国の古典には、人間が生きる上での本当の智慧が盛り込まれています。

幼少時から寺子屋に学び、四書五経に親しんだ江戸時代の政治リーダーが、現代の政治家より、人格・識見ともにはるかに深みがあるように見えるのは、当然のことなのかも知れません。

中国戦国時代の儒者である荀子は、「君は舟なり、庶人は水なり。水はすなわち舟を載せ、水はすなわち舟を覆す」と言っています。「君」は君主、為政者のことです。つまり、「為政者は舟であり、人民は水である。水は舟を浮かべもするが、沈めもする」という意味です。人民の信頼がなければ為政者はその地位を保てないということを、荀子は説いているのです。

そして、荀子は為政者の要件として、「地位を維持するためには、公正な政治を行い、人民を愛すること」「国を繁栄させるためには、礼儀の大切さを認識し、部下に敬意を払うこと」「業績を上げるためには、有能な人材を登用すること」の三つを挙げています。「ポスト安倍」の日本の政治状況は、いよいよ混迷の度合いを深めています。また、儒教の教えが地下深く伏流水として流れる中国も、習近平国家主席が3期目に突入しましたが、経済の立て直しという課題を抱え、内政・外交とも前途多難と言われています。

日本も中国も、新型コロナ禍、ロシア・ウクライナ戦争等々、歴史的な危機の時代を乗り切り、新たな平和な世界を切り拓くために、政治の要諦が説かれる四書五経の世界を再確認する必要があります。（令和四年十二月号）

令和五年（二〇二三）

二月　トルコ・シリア地震

『貞観政要』に学ぶ大唐帝国二代目の治世術

NHK大河ドラマは、鎌倉時代から江戸時代まで、670年ほど続いた武家社会の骨格を築いた北条氏の物語から、江戸三百年の扉を開いた徳川家康の物語へとバトンタッチされます。徳川家康が主人公の大河ドラマは、過去に何本も放映されていますが、今回は人気アイドルグループ嵐のメンバーの一人、松本潤さんの家康ですから、若い世代、特に若い女性の視聴率が上がるのではと、NHKも期待しているようです。

670年ほど続いた日本の武家社会で、帝王学に不可欠な原典として読まれていた書物が、唐王朝二代目の名君、太宗李世民（りせいみん）の治世を解説した、『貞観政要』という書物です。中国文学者の守屋洋さんの解説書『「貞観政要」のリーダー学』（プレジデント社）を読んでみました。その「はじめに」の部分に、日本の武家時代のリーダーたちも『貞観政要』を読んでいたことが指摘されていました。

徳川家康は儒者の藤原惺窩に進講させたり、足利学校に命じて同書を出版させていたといいます。徳川家康のお墨付きですから、各藩の歴代藩主も『貞観政要』を愛読したに違いありません。さらに10人以上の歴代天皇が同書の進講を受け、明治天皇も皇室典範や教育勅語の編纂に関わった儒者の元田永孚から同書の進講を受けておられたようです。

『貞観政要』にリーダーのお手本として取り上げられた太宗李世民は七世紀前半から半ばにかけて23年間、唐王朝の二代目として活躍した人物で、中国の歴史上、屈指の名君と言われています。『貞観政要』の中でよく知られている問答は、新たに国を興す「創業」と、起こした国を守り抜く「守成」とでは、いずれが難しいかという問答です。李世民の問いかけに対して、宰相の房玄齢が答えます。「創業の初期は、天下は麻の如く乱れ、各地に群雄が割拠しています。天下統一の大業を成し遂げるには、それら群雄との闘いに勝ち抜かねばなりません。それを考えると、創業の方が困難だと思います」

すると重臣の魏徴が反論します。「いや、新しい帝王が現れるときには、必ず前代の衰乱の後を受けて、ならず者どもを討ち平らげますので、人民は喜んで推戴し、こぞって命令に服します。要するに、帝位の地位は天から授かり、人民から与えられるもので、それを手に入れるのは困難ではありません。しかし、一旦、天下を手中に収めてしまえば、気持ちがゆるんで、自分勝手な欲望を抑えることができなくなります。人民が平穏な生活を望んでも、労役の止むときがありません。人民が食うや食わずの生活を送っていても、帝王の贅沢三昧のための労働が次から次へと課されます。つねにこれが原因となって国家の衰退を招くのです。それゆえ、私は守成こそ困難であると申し上げたい」

「創業」が困難か、「守成」が困難か、双方の言い分はいずれももっともに聞こえますが、現実に大唐帝国の二代目として治世の重責を担っている李世民は、こう答えたのです。「房玄齢は昔、私に従って天下を平定し、つぶさに艱難をなめ、九死に一生を得て今日あるを得た。そなたにしてみれば、創業こそ困難であると考えるのも、もっともなことである。一方、魏徴は私と共に天下の安定をはかりながら、今ここで少しでも気持ちをゆるめれば、必ずや滅亡の道を歩むに違いないと心配している。だから、守成こそ困難であると申したのであろう。さて、翻って考えれば、創業の困難はもはや過去のものとなった。今後はそちたちと共に心して守成の困難を乗り越えていきたい」

二人の重鎮がそれぞれの経歴を背景に、国家の進むべき道を説き、そのお互いの胸の内をきちんと理解した上で、自らの所信を明確に披瀝する李世民の姿は、唐帝国の二代目のリーダーとして、さすがというほかありません。また、李世民の治世論は、現代の社会にも通用します。

ただ、現在の国際社会、日本の政治状況を見たとき、リーダーたちの統率力、指導力、包容力、実行力には、疑問符を付けざるを得ません。今、『貞観政要』を紐解かねばならないのは、内外の政治指導者たちなのです。特にG7各国の指導者たちやロシア、中国のリーダーたちには、80億人に達した人類の幸せ、人類をサポートしてきたこの大宇宙・大自然の手厚い保存等々に関して、強いリーダーシップを発揮し、新しい地球の平和づくりに取り組んでほしいものです。

（令和五年一月号）

演説で魅了した戦前の政治家・中野正剛に学ぶ

長引く新型コロナの世界的蔓延、ロシアの侵攻から一年が経過してもなお、先行き不透明なロシア・ウクライナ戦争、国際経済の不安定化等々、新年は視界不良の中でのスタートとなりました。特に私が心配しているのは、日本の政治・経済が低迷の様相を強めていることです。

岸田文雄政権は自民党議員と旧統一教会との関係を追及され、大臣はじめ政府の要職に就いていた議員が、相次いで辞任に追い込まれる事態となりました。内閣支持率も30％前後まで急落しています。その大きな要因は、疑念を持たれた大臣や議員が、国民が納得できるような反論もできずに、要職を辞任したことにあります。厳しい眼で見れば、反論ができないような事柄に関わったとすれば、それはその人がもともと、国家・国民のために働くという、政治家本来の資質に欠けた人物であり、政治家になる資格がなかった、と言わざるを得ません。岸田総理はこの間、自ら先頭に立って記者会見に応じ、必死に苦境打開に努めましたが、その成果が上がっているようには見えません。それは自民党の各派閥のリーダーにも当てはまります。真言密教で言うところの三密、すなわち身体と言葉と心の三つをフル回転させ、弁舌によって国民を説得し、牽引できる政治リーダーがいないのです。

戦前の国会議員には魂から発する演説で国民を魅了した人が少なくありません。戦前、中野正剛という福岡出身の政治家がいました。早稲田大学を卒業後、朝日新聞に入り、人物評論や論文で健筆を振るいました。その後、政治家に転じた中野正剛は、日本が新時代の発展の原動力として進出を始めた朝鮮と満州を視察し、「満鮮には、やつれ果てたる大和民族の影が映っている。……賊は山中にあるのではなくて、我が同胞の心中に潜む」と、大正九年の時点で、日本の大陸政策を鋭く批判しています。その後、中野正剛は軍閥政治と真っ向から対決し、最後は大東亜（太平洋）戦争に舵を切った東条内閣を徹底的に批判しました。その批判の仕方は、大聴衆を前に三密をフル回転させて大演説をぶつというやり方でした。中野正剛が大政翼賛会を脱会した直後の昭和十六年五月に、両国国技館で開いた演説会には、十万人を超す聴衆が集まったようです。国民がいかに大政翼賛会を脱会した中野正剛に喝采を送り、彼の言葉を聴きたがっていたかがわかります。

敗色が濃厚になってきた昭和十七年の暮れ、中野正剛は共立講堂、早稲田大学大隈講堂、日比谷公会堂で、相次いで東条内閣を徹底的に批判する大演説を行っています。母校の早稲田大学で学生に対して行った演説は、中野正剛の「遺言演説」と言われています。

「戦争は容易ならざる段階に入った。諸君は大学生だ。一念殉国の誠を尽そうではないか。誠なれば通ずる。誠なれば明らかである。誠にして明らかに、理を窮め、性を尽し、気を盛んならしめよ。理気一元の体当たりをやろうじゃないか。諸君は由緒あり、歴史ある早稲田の大学生である。役人、准役人になりなさるな。天下一人を以て興る。諸君みな一人を以て興ろうじゃないか」

演説を聴いた早稲田の学生は感涙にむせんだと言われます。現在の日本も国難状況にあります。ポスト・コロナ禍、ポスト・ロシア vs. ウクライナ戦争の時代に、日本はいかなる国家を創り、平和な国際社会創りにいかに貢献してゆくのか。しかし、政治リーダーから国民に向けて、このような魂の叫びが発せられているでしょうか。

東条内閣は中野正剛の度重なる批判演説に音を上げ、演説会を禁止しました。すると、中野正剛は昭和十八年元旦の朝日新聞に「戦時宰相論」という論文を発表し、「難局日本の名宰相は絶対に強くなければならぬ。強からんがためには、誠忠に、謹慎に、廉潔に、気宇壮大でなければならぬ」と、東条首相を批判しました。死を覚悟した叫びでした。結局、中野正剛は昭和十八年十月に反軍罪で検挙され、一週間後、一時帰宅を許された自宅で、割腹自殺を遂げています。

最近、自公政権は国防問題で新たな方向性を示し、東京都は日本の人口減少に歯止めをかけるため、子育てに対して新たな助成金を長期間にわたって配布することを決定しました。しかし、この「遅かりし国策」状況に責任を感じている政治リーダーが何人いるでしょうか。中野正剛なら大演説会を催し、国難の時を招いた不明を詫びながら、国民を奮い立たせていたと思います。

（令和五年二月号）

出でよ！ 国家・国民の幸せに汗をかく指導者！

雪国では依然として、豪雪に四苦八苦している地方もありますが、立春も過ぎますと、梅の便りも届くようになり、日毎に春の気配が日本列島の津々浦々に広がっていきます。しかし、この春は依然として前途に確たる希望を持てない、暗雲漂う時節といわざるを得ません。

その原因はいうまでもなく、4年目に入った新型コロナ禍の収束が読めないこと、ロシアとウクライナの紛争が勃発して以来1年経過して、停戦どころか、いよいよ深刻化していることがあります。それに加えて、紛争の長期化につれ、食糧、エネルギーなどの高騰を背景に世界経済が停滞し、日本でも電気・ガス料金や食料品の値上げが相次ぎ、家計が一段と厳しくなっている状況です。

このような先行き不透明な政治・経済状況のもとで、岸田文雄政権は「異次元の少子化対策」を前面に押し出しました。同時に岸田政権は他国の侵略に備えるため、大幅な防衛力の強化も打ち出しています。これまでは日本の防衛は日米同盟という「核の傘」に依存してきましたが、その「核の傘」の仕組みは残しつつ、防衛体制を根幹から見直し、新たに自前の防衛力の整備・強化を図ろうというのです。

異次元の少子化対策にしても、防衛力の強化にしても、一朝一夕にできるものではありません。国民世論の了解を得るのはもちろん、国際社会、特に政治体制の異なる国々の視線も気になります。

そうした高いハードルを乗り越えて行くには、高度経済成長時代のように、政財官のトライアングルの足並みを揃え、内閣支持率も盤石なものにしておく必要があります。しかし、年末・年始の支持率は三十パーセント前後の低空飛行です。このままでは岸田内閣の前途は楽観を許さないと思います。

私はコロナ禍状況が依然として尾を引き、ロシアとウクライナの紛争がどういう終戦を迎えるかが不透明な今日の状況下では、かつて池田勇人総理が「所得倍増計画」を打ち出し、政界・財界・官界が一致団結して、その神輿を担いだ時代のようなスクラムを組むのは、至難の業だと思います。

しかし、ポスト・コロナの新時代に日本社会を少子化社会から脱出させ、新しい躍動感の満ち満ちた国として再生させるには、政財官のリーダーたちが率先して新たな国づくりを主導し、国家・国民を挙げて新たな国づくりに参画する体制を築かねばなりません。しかし、最近はバブル崩壊のショックをいまだに引きずっているためか、政治家も財界人も霞が関の役人も、身体全体から仏さまに通じる、煌々たるオーラを発している人が居なくなりました。

高度経済成長時代には、政府の経済政策が揺れると、財界の巨頭が先頭に立って、厳しく批判することがありましたが、昨今、財界トップが政府にお願いをすることはあっても、正面から政府の経済政策を批判する場面は、ほとんど見かけなくなりました。日本企業も経済のグローバル化が進み、もはや国内の政財官で日本経済を主導していく時代ではなくなったという面もあるでしょうが、私には、政財官のリーダーたちの国家・国民の幸福のために汗をかくという意識が薄まってきているような印象も受けるのです。

戦前から戦中にかけて三菱財閥の総帥として日本経済をリードした、岩崎小弥太という人がいます。彼は太平洋戦争が始まった二日後に、三菱財閥の幹部に、こう語っています。「これまで一緒に仕事をしてきた英米人に対して、国法の許す限り、彼らの身辺と権益を擁護するのは、道義に立脚する日本人の責務である。……将来、平和回復の日が来たら、彼らは過去においてそうだったように、将来においても忠実な盟友であり得る。両者が相提携して再び世界の平和、人類の福祉に貢献する機会が到来して欲しい」と。

また、敗戦の二日後には親しい幹部を集め、「諸君が国家に献身せられた功績は、終戦を迎えても、いささかも滅却せらるるものではない。この混乱動揺の時にあたって、諸君はさらに平和存養の力を振るい、自若として任務の遂行に努力せられ、平和産業への切り換えを適切に行うよう希望する」と、社員を鼓舞する指示を出しています。

現在の日本の政財官には「岩崎小弥太」は不在です。令和日本が骨太のリーダーを輩出するためには、やはり日本の伝統精神を重んじる教育が不可欠だと私は思います。

（令和五年三月号）

池口 惠觀（いけぐち・えかん）

高野山真言宗宿老　百萬枚護摩行者　高野山別格本山清淨心院住職　定額位大僧正
鹿児島市烏帽子山最福寺開山　藤沢市江の島大師法主　医学博士

昭和十一年十一月十五日、鹿児島県肝属郡東串良町に生まれる。
高野山大学文学部密教学科卒業。
行者であった両親の指導を受け、幼少の頃から真言密教・修験道の修行に励む。
高野山真言宗北米・南米総監部巡回伝導部長として真言密教の海外布教。
平成元年五月、前人未到の百万枚護摩行を成満。
八千枚護摩行を百二座成満（中国西安大興善寺にて二座）。
世界各地で戦争犠牲者の供養と世界平和祈願の巡礼を行っている。

岡山大学医学部・兵庫医科大学・京都府立医科大学・北海道大学・
山口大学医学部・高野山大学・関西外国語大学等客員教授。
広島大学医学部・広島大学歯学部・金沢大学医学部・久留米大学医学部・
大阪大学健康体育部・大分大学医学部・弘前大学医学部・鳥取大学医学部・
高知大学医学部・福井大学医学部・産業医科大学医学部等非常勤講師。
ロシア連邦ハバロフスク医科大学客員教授・名誉医学博士。
ロシア連邦科学アカデミー東洋学研究所顧問・客員教授・名誉歴史学博士。

台湾大学客員教授。フィリピン大学客員講師。
学校法人高野山学園理事・高野山真言宗宗機顧問等を経て、現在、
山口大学医学部客員教授・高野山大学客員教授・関西外国語大学客員教授・金沢大学医学部非常勤講師。
総理大臣経験者の安倍晋三氏など多くの政治家と親交があることから「永田町の怪僧」の渾名がある。

◆受賞歴
昭和三十二年　全国学生相撲選手権大会優秀選手賞
平成八年　米国カリフォルニア州カルバーシティ名誉市民
平成十四年　密教学芸賞
平成二十四年　朝鮮民主主義人民共和国　親善勲章第一級
平成二十四年　フィリピンマバラカット市名誉市民
平成二十五年　鹿児島県体育協会　体育功労者賞

◆著　書
「密教の秘密」（潮文社）「空海と般若心経の心」（講談社）
「秘密事相」（高野山出版社）「しあわせをつかむ心得」（法蔵館）
「阿字」「生かされて生きる真理」「輪廻転生」（リヨン社）
「般若心経エクササイズ」「医のこころと仏教」（同文舘出版）
「もっともっと良くなれる強くなれる」「弘法大師空海　救いに至る言葉」
「密教　お大師さまが教える生命の真実」「密教の呪術」（ＫＫロングセラーズ）
「いい言葉は三日で人生を変える！」（三笠書房）、他百数冊

日本救国論

2023年3月19日　第1刷発行

著　者　池口惠觀
発行者　南丘喜八郎
発行所　株式会社　ケイアンドケイプレス

〒102-0093
東京都千代田区平河町2-13-1　読売平河町ビル5階
TEL　03-5211-0096
FAX　03-5211-0097

印刷・製本　中央精版印刷　株式会社
乱丁・落丁はお取り替えします。

ISBN　978-4-906674-82-4
2023 Printed in Japan